DIE KELTEN – MYTHOS UND WIRKLICHKEIT

DIE KELTEN – MYTHOS UND WIRKLICHKEIT

HERAUSGEGEBEN VON STEFAN ZIMMER

MIT BEITRÄGEN VON

Norbert Baum
Doris Edel
Gisbert Hemprich
Bernhard Kremer
Bernhard Maier
Michael Richter
Stefan Zimmer

THEISS

Bibliografische Information Der Deutschen Bibliothek
Die Deutsche Bibliothek verzeichnet diese Publikation in der Deutschen Nationalbibliografie; detaillierte bibliografische Daten sind im Internet über http://dnb.ddb.de abrufbar.

Umschlaggestaltung: Stefan Schmid, Stuttgart, unter Verwendung einer Abbildung aus dem Corpus Irish Gosples, MS. 122, 12. Jh.

Alle Karten stammen von Peter Palm, Berlin

Lektorat und Bildredaktion: form & inhalt verlagsservice, Seeheim
Satz und Gestaltung: UMP Utesch Media Processing GmbH, Hamburg
Druck und Bindung: Druckerei Himmer, Augsburg
ISBN 3-8062-1908-7

INHALT

VORWORT

Dieses Buch wendet sich an einen weiten Kreis von Menschen, die – aus welchen Gründen auch immer – an den Kelten und ihrer Kultur interessiert sind. Den Auslagen unserer Buchhandlungen nach zu schließen, sind die Kelten nach wie vor höchst populär. Die einen denken an Asterix und Obelix, die anderen an bretonische Volkstänze, irisches Bier oder schottische Tartans (familientypische Stoffmuster). Aufsehen erregende Bodenfunde, wie das Fürstengrab von Hochdorf mit seinen reichen Schätzen oder das Heiligtum am Glauberg, dessen Statue mit den angeblichen Mickey-Mouse-Ohren (richtig vielmehr mit einer Blattkrone) um alle Welt ging, rufen immer wieder ins Bewusstsein, dass auch Deutschland eine keltische Vergangenheit hat. Viele meinen gar, diese keltische Vergangenheit bis in die Gegenwart verlängern zu können. Heimatforscher und Volkskundler, aber auch Esoteriker aller Spielarten entdecken keltische Züge in Namen und Bräuchen, in Glaubensvorstellungen und vielen anderen rätselhaften Einzelerscheinungen der europäischen Gegenwartskulturen.

In diesem Buch stellen Wissenschaftler aus mehreren Fächern in klarer und allgemein verständlicher Sprache den modernen Stand der Forschung dar und zeigen, in welcher Art und Weise die Wissenschaft sich mit den Kelten auseinander setzt. Wir möchten einem breiten Kreis von Interessenten deutlich machen, was wir wirklich von den Kelten wissen und was wir nicht von ihnen wissen können. Damit wird eine Einschätzung dessen möglich, was in unserer heutigen Kultur noch keltisch genannt werden könnte und was auf keinen Fall keltisch genannt werden sollte.

In den Kapiteln dieses Buches werden ganz unterschiedliche Facetten der Kelten und ihrer Kultur von Vertretern verschiedener Fachrichtungen vorgestellt. Der Leser erfährt nicht nur, was heute von den Kelten gesagt werden und wo man sich über weitere Einzelheiten informieren kann, sondern auch wie das, was in Buchhandlungen so unvermittelt und oft unvereinbar nebeneinander steht, zueinander in Beziehung zu setzen ist.

Diese Beiträge sind ganz bewusst aus deutscher oder besser gesagt mitteleuropäischer Perspektive geschrieben. Bei uns ist das Keltenthema nicht mit ideologischen Konnotationen überfrachtet, wie es zum Beispiel in Frankreich oder noch stärker in Irland und Großbritannien allzu oft der Fall ist. In Deutschland ist der Begriff der Kelten heute politisch völlig unbelastet. Dafür hat in der deutschen Geschichte der letzten 200 Jahre die Germanenideologie gesorgt. Nur gelegentlich wird noch, etwa bei der Alemannischen Fasnacht, in volkskundlichen Zusammenhängen auf vermeintlich keltisches Erbe zurückgegriffen. Das hindert aber das deutsche Publikum in keiner Weise, sich etwa für keltische Musik und keltisches Bier zu begeistern. In der Schweizer Eidgenossenschaft, die sich bisweilen (z. B. auf dem internationalen Autokennzeichen) noch *Confoederatio Helvetica*, »Helvetischer Schwurverband« nennt, ist das etwas anders: Dass die Helvetier ein großes keltisches Volk waren, lernt man dort in der Grundschule.

Wir hoffen, dem deutschsprachigen Publikum mit dem vorliegenden Band einen Leitfaden an die Hand zu geben, der bei entsprechendem Interesse ein weiteres Eindringen in die verschiedenen Aspekte der Wissenschaft von den Kelten, nämlich der Keltologie, erlaubt. Hilfreiche Literatur und Adressen ausgewählter Museen finden sich im Anhang.

DIE AUTOREN

Dr. Norbert Baum, Vor- und Frühgeschichte, Universität Erlangen,
Prof. em. Dr. Doris Edel, vormals Universität Leiden, jetzt Uerikon bei Zürich,
Dr. Gisbert Hemprich, Vergleichende Sprachwissenschaft, Universität Jena,
Dr. Bernhard Kremer, Alte Geschichte, Universität Erlangen,
Prof. Dr. Bernhard Maier, Celtic Department, Universität Aberdeen,
Prof. Dr. Michael Richter, Mittelalterliche Geschichte, Universität Konstanz,
Prof. Dr. Stefan Zimmer, Vergleichende Indogermanische Sprachwissenschaft und Keltologie, Universität Bonn.
Wir danken Herrn Prof. Dr. Erich Poppe, Allgemeine Sprachwissenschaft und Keltologie, Universität Marburg, für die Lektüre der Manuskripte und für seine Verbesserungsvorschläge.
Wir danken Herrn Martin Bredol für seine vorzügliche Lektorierung des schwierigen Manuskripts und geduldige Betreuung der Drucklegung.

Die Autorin und alle Autoren zeichnen für ihren jeweiligen Beitrag verantwortlich.

EINLEITUNG

»Kelten« war im Altertum bei griechischen und später auch römischen Schriftstellern der Name für eine große Gruppe von Völkerschaften, die nördlich der Alpen im mittleren und westlichen Europa wohnten. Später drangen diese Völker auch nach Süd- und Südosteuropa vor und kamen so in nähere Berührung mit den Griechen und Römern. Damit fanden sie einen festen Platz in der Geschichte des Altertums. Ihre Sprache ist aus vielen Inschriften und vor allem aus zahlreichen Eigennamen bekannt, die bei antiken Schriftstellern überliefert sind. Von ihrer Kultur erzählen uns die griechischen und römischen Schriftsteller zwar eine ganze Menge, aber bei weitem nicht alles, was wir gerne wissen möchten. Alle keltischen Völker des Altertums sind in der hellenistischen und provinzial-römischen Kultur aufgegangen. Nur am Rand des Imperiums, in Britannien, und außerhalb seiner Grenzen, in Irland, haben keltische Kultur und Sprache weitergelebt – und das tun sie, wenn auch immer schwächer werdend, bis heute.

Im Mittelalter war das Wissen um die keltische Vergangenheit weitgehend verloren. Die keltischsprachigen Völker hatten kein Bewusstsein von einer früheren gemeinsamen Vergangenheit. In der Artus-Literatur sind enge Beziehungen zwischen Wales, Cornwall und der Bretagne ganz selbstverständlich, aber in der walisischen Literatur werden Iren und Schotten als völlig fremde Völker gezeichnet. Erst im Humanismus, mit dem Rückgriff auf die antiken Literaturen, änderte sich das (vgl. das Kapitel »Die keltischen Sprachen«). Im 18. Jahrhundert entstand dann das, was wir auch heute noch als modernen Keltenbegriff und moderne Keltenbegeisterung kennen. 1707 erschien das erste wissenschaftliche Werk der Keltologie, bald darauf beginnt die keltische Literatur (in Übersetzung) ihren Siegeszug durch ganz Europa, wenn auch zunächst noch in leicht entstellter Form. Aber gerade diese Entstellung mag zu ihrer großen Popularität beigetragen haben. Schon Goethe schwärmte von Ossian (vgl. das Kapitel »Nachleben«). Die Begeisterung für das Nebulös-Schwärmerische des angeblich keltischen Charakters, seinen Hang zu Esoterik und Emotionalität, sein Talent für Poesie und seine angeblich mangelnden Fähigkeiten zur rationalen Bewältigung der Welt spuken bis heute durch das Feuilleton auch angesehener Zeitungen. Ganz unabhängig davon hat die philologische Wissenschaft seit Anfang des 19. Jahrhunderts in mühsamer Kleinarbeit die wissenschaftlichen Grundlagen für die Erschließung der frühmittelalterlichen keltischen Literaturen gelegt. Bald darauf konnten auch die modernen keltischen Sprachen in wissenschaftlich einwandfreier Weise in einen gemeinsamen historischen Zusammenhang mit den keltischen Sprachresten des Altertums gestellt werden. Heute sprechen wir vom keltischen Sprachzweig innerhalb der indogermanischen Sprachfamilie.

Zur Keltologie gehört aber keinesfalls nur die Sprach- und Literaturwissenschaft. Da die keltischen Sprachen bis heute fortleben, ist das gesamte Spektrum der in diesen Sprachen lebenden Kultur Gegenstand der keltologischen Wissenschaft. Ebenso wie die Germanistik weit über Sprache und Literatur hinausgreift, muss auch die Keltologie sich mit Fragen beschäftigen, die von außen an sie herangetragen werden. Diese sind zum Teil politischer, zum Teil allgemein kulturtheoretischer Art. Nicht alle diese Aspekte können in dem vorliegenden Band behandelt werden. Das liegt zum größten Teil daran, dass in der deutschen Bildungstradition das keltische Erbe unserer eigenen Kultur keinen nennenswerten Stellenwert mehr hat und demzufolge auch die wissenschaftliche Auseinandersetzung mit keltologischen Themen kaum noch Platz an deutschen Universitäten findet. So gibt es derzeit nur noch zwei Universitäten in Deutschland, die einen Studiengang Keltologie anbieten (Bonn und Marburg). Beide sind überwiegend sprach- und literaturwissenschaftlich ausgerichtet. Es gibt nirgendwo in Deutschland Lehrstühle für keltologische Archäologie, ganz zu schweigen von keltischer Volkskunde oder gar von Lehrstühlen, die sich schwerpunktmäßig mit den keltischen Regionen Europas beschäftigen. Und da die keltischen Regionen auch in ihren eigenen Ländern in einer Minderheitsposition stehen (auf englisch spricht man gerne von *Celtic fringe*), werden sie selbst dort längst nicht in ausreichendem Maße gefördert. Die Republik Irland und das neuerdings zum Teil intern autonom gewordene Fürstentum Wales machen zwar große Anstrengungen, ihre keltischen Wurzeln auch wissenschaftlich aufzuarbeiten, blenden aber dabei den gesamt-keltischen Zusammenhang weitgehend aus.

Das Keltische lebt nur noch in vier Sprachen: Irisch und Schottisch (auch Schottisch-Gälisch genannt), Walisisch (auch, nach der Eigenbezeichnung, Kymrisch) und Bretonisch. Das Bretonische ist durch Auswanderung aus Britannien wieder zurück auf das Festland getragen worden, wie schon der Name zeigt. Die beiden erst in jüngerer Zeit ausgestorbenen Sprachen Manx und Kornisch werden von winzigen Gruppen, den so genannten *Revivalists*, eifrig gepflegt, dürften aber keinerlei echte Bedeutung mehr für die jeweilige Regionalkultur erlangen. Die Zahl der Menschen, die Irisch und Schottisch sprechen, ist außerordentlich gering; wie viele Menschen Bretonisch sprechen, ist unbekannt. Nur das Walisische hat mit etwa einer halben Million wirklichen Muttersprachlern die Chance, als eine kleine, aber lebenskräftige Sprache die kulturelle Zukunft Europas mitzuprägen. Von alledem wird in den folgenden Kapiteln noch vieles, auch Einzelheiten, zu lesen sein. Wir gehen aber auch auf die vorchristliche Religion der alten Kelten ein und ihr eventuelles Fortleben in volkstümlichen Vorstellungen. Bei der Beantwortung der Frage, ob es auch keltische Kunst, Musik oder Folklore gibt, müssen wir uns notgedrungen kürzer fassen.

Mit diesem Leitfaden möchten wir auch einen Beitrag dazu leisten, die kulturelle Vielfalt Europas hervorzuheben, und ihren Wert für alle diejenigen deutlich zu machen, die sich von der durch die so genannte Globalisierung verbreiteten amerikanischen Lebensart beeinträchtigt fühlen oder gar bedroht sehen. Unser alter Kontinent hat zahlreiche großartige kulturelle Traditionen aufzuweisen, die zu pflegen und zu erforschen sich immer wieder und für jeden als äußerst spannend, lehrreich und lohnend herausstellt. Eine davon ist die in diesem Buch vorgestellte keltische Tradition, die seit 2500 Jahren lebt und die hoffentlich noch recht lange fortleben wird.[1]

WER IST HEUTE NOCH KELTE?

Den in der Keltenforschung tätigen Wissenschaftlern wird immer wieder, v. a. aus Großbritannien, vorgeworfen, mit einem unzulässigen Begriff zu arbeiten. Der Name »Kelten« dürfe nur auf jene Völker angewendet werden, die von Caesar und den anderen antiken Autoren so benannt worden seien. Infolgedessen seien weder die Bewohner Britanniens vor der angelsächsischen Eroberung, noch diejenigen des alten Irland als Kelten zu bezeichnen, und erst recht nicht die modernen Waliser, Schotten, Iren und Bretonen.[2] Der unbestreitbaren Tatsache, dass die Sprachen der genannten Bevölkerungsgruppen nachweislich auf das engste verwandt sind, wird entgegengehalten, Sprache sei nicht mit Kultur und Volkstum (manche sprechen gar unbeschwert von »Rasse«) gleichzusetzen. Das ist zwar im Prinzip richtig; so rigoros und engstirnig angewendet, führt der Grundsatz jedoch zu ganz offensichtlichen Absurditäten. Man darf nicht vergessen, dass die historische Forschung überall vor ähnlichen terminologischen Problemen steht. Die antiken Autoren haben auch die Bewohner Skandinaviens nicht als Germanen bezeichnet, und dennoch bestreitet niemand, dass die Isländer, Norweger, Schweden und Dänen in sprachlicher und kulturhistorischer Sicht eindeutig Germanen sind. Im Falle der Kelten kommt ein gewichtiges Argument dazu, das die englischen Ideologiekritiker und ihre Epigonen gern unterschlagen: In Irland ist die kulturelle Kontinuität von der Bronzezeit bis heute nicht nur sprachlich und literarisch gesichert, sondern auch archäologisch ganz handfest und augenscheinlich nachzuweisen. Es gibt eine materielle Kontinuität der irischen Kultur, die mit der (anfangs) gleichzeitigen, unbestritten keltischen Latènekultur in Gallien usw. praktisch identisch ist. Sie entspricht genau der altkeltischen Kultur, wie sie bei den antiken Schriftstellern geschildert wird; sie findet ihren Niederschlag in der irischen Literatur selbst. Von den archäologischen Zeugnissen ganz unabhängig, hat die historische Sprachwissenschaft mit rein formalen Mitteln – ohne jede Rücksicht auf den Inhalt der Sprachzeugnisse – die enge Verwandtschaft der Sprachen sowohl der altkeltisch-kontinentalen wie der mittelalterlich-insularen Kelten bewiesen. Den erwähnten Völkern und Sprachen die Berechtigung abzusprechen, als »keltisch« klassifiziert zu werden, ist daher unsinnig. Wo solche Versuche unternommen werden, mögen tief liegende Emotionen (Schuldgefühle, die Abwehr und Aggression auslösen?) und politisch motivierte Ideologien (Imperialismus, Rassismus?) zu Tage treten, die eher dem Geist des 19. als dem des 21. Jahrhunderts angehören. Grundsätzlich ist es richtig und wichtig, auch etablierte Begriffe immer wieder in Frage zu stellen und zu prüfen, ob sie noch angemessen sind oder in die Irre führen. Jeder, der dieses Buch gelesen hat, wird genügend Argumente zur Hand haben, seinen eigenen Standpunkt zu finden und abwegigen Bestrebungen, die europäische Kulturgeschichte umzuschreiben, entgegenzutreten.

Dieses Buch hat keine Vorläufer, weder in Deutschland noch anderswo. Es kann auch keine Enzyklopädie sein, da der mögliche Umfang von Anfang an aus ganz nahe liegenden Gründen begrenzt war. Viele Themen können leider nur angeschnitten werden. Die Autoren sind dennoch zuversichtlich, dass das so entstandene Puzzle trotz einiger Lücken den Leserinnen und Lesern ein deutliches und farbiges, vor allem aber zuverlässiges Bild von den Kelten und ihrer Kultur vermittelt.

DIE KELTEN IN DER WELT DER ANTIKE

Der Althistoriker beginnt in aller Regel seine Arbeit dort, wo ihm schriftliche Quellen zur Erhellung der historischen Vergangenheit zur Verfügung stehen. Orientiert man sich an dieser methodischen, nicht inhaltlichen Scheidelinie, so treten die Kelten ab der Mitte des 5. Jahrhunderts v. Chr., also relativ spät ins Rampenlicht der Geschichte. Es ist die Zeit ausgedehnter Wanderzüge, welche keltische Scharen aus ihren Stammsitzen in Mitteleuropa in westlicher und südwestlicher Richtung bis nach Spanien, in südlicher Richtung über die Alpen nach Italien sowie im Südosten auf die Balkanhalbinsel führen. Während die Einwanderungen nach Spanien und auf die Britischen Inseln in der antiken Tradition kaum greifbar sind, hat die Begegnung der Kelten mit der griechisch-römischen Welt ab dem 4. Jahrhundert v. Chr. deutliche literarische Spuren hinterlassen.

Erste sporadische Nachrichten über die Kelten finden sich seit dem 5. Jahrhundert v. Chr. in den Werken griechischer Geschichtsschreiber und Philosophen. So weiß etwa Herodot (ca. 480–424 v. Chr.), dass die Donau im Land der Kelten entspringt, während sich bei Platon und Aristoteles im 4. Jahrhundert v. Chr. bereits nähere Angaben zur keltischen Mentalität finden. Von brauchbaren historischen Informationen ist all dies jedoch noch weit entfernt.

DIE KELTEN IN ITALIEN UND SPANIEN

Als Platon seine Erkenntnisse zu Papier brachte, waren die Kelten weiter westlich in Oberitalien bereits sesshaft geworden. Über die Hintergründe der Einwanderung lassen sich allerdings nur sehr vage Aussagen machen. Der in der Zeit des Augustus schreibende römische Historiker Titus Livius weiß von mehreren Einwanderungsschüben zu berichten, deren letzten er in die Zeit um 400 v. Chr. setzt. Allerdings ist sein Bericht stark von legendenhaften Schilderungen durchsetzt.

Die Landnahme keltischer Stämme in Oberitalien ging auf Kosten der ursprünglich hier ansässigen Etrusker, die nun weitgehend aus jenen Gebieten verdrängt wurden. Aufgrund der keltischen Besiedlung nannten die Römer das Land zwischen Po und Alpen *Gallia Cisalpina* (= Gallien *diesseits* der Alpen im Unterschied zu *Gallia Transalpina*, d. h. Gallien *jenseits* der Alpen).

Diese Bezeichnung hielt sich auch dann noch, als nach Abschluss der Eroberung Norditaliens in der ersten Hälfte des 2. Jahrhunderts v. Chr. das keltische Element längst verdrängt worden war.

Die Gründe, die unsere Quellen für die Migration der Kelten benennen, entsprechen den standardisierten Erklärungsmustern, die man in der Antike für solche Völkerbewegungen zur Hand hatte: Bürgerkriege im eigenen Land, Bevölkerungsüberschuss und im Gefolge davon Ernährungsnotstand, Abenteuerlust sowie die Attraktivität südlicher Gefilde für kulturell und materiell rückständige Barbaren. Dem modernen Betrachter bleibt angesichts des Fehlens zeitnaher Quellenaussagen wohl nicht viel anderes übrig, als die genannten Motive für die Wanderungen zur Kenntnis zu nehmen.

Die Niederlassung von Kelten südlich der Alpen hatte indes nicht nur für die Etrusker, sondern schon sehr bald auch für das aufstrebende Rom gravierende Folgen. Auch wenn wir dem Bericht des Livius in den meisten Einzelheiten nicht vertrauen dürfen, so steht doch fest, dass sich schon sehr bald ein keltischer Heereszug nach Süden bewegte. Am 18. Juli 387 v. Chr. (nach anderer Zeitrechnung 390 v. Chr.) kam es an dem Flüsschen Allia vor den Toren Roms zu einer Schlacht gegen die Römer, welche für Letztere mit einer verheerenden Niederlage endete. Den nun folgenden »Kampf um Rom« schildert Livius in einem dramatischen, mit zahlreichen Anekdoten und Legenden durchsetzten Bericht, der für das, was sich wirklich abgespielt hat, kaum etwas hergibt. Man sollte sich daher vielleicht eher an den nüchternen

^
Der »Sterbende Gallier«. Römische Marmorkopie nach hellenistischer Bronzestatue von einem Siegesdenkmal in Pergamon (Türkei). Um 220 v. Chr.

Bericht des griechischen Historikers Polybios (ca. 200–120 v. Chr.) halten, in dem es kurz und bündig heißt:

»Anfangs behaupteten sie [die Kelten] nicht nur ihr Land, sondern hatten sich auch viele benachbarte Völker untertänig gemacht, die sie durch ihre Kühnheit in Schrecken setzten. Nach einiger Zeit besiegten sie die Römer und ihre Bundesgenossen in einer Schlacht, verfolgten die Fliehenden und eroberten drei Tage später Rom selbst mit Ausnahme des Kapitols. Ein Einfall der Veneter in ihr Land jedoch lenkte sie von Rom ab. Sie schlossen daher einen Vertrag mit den Römern, gaben ihnen ihre Stadt zurück und kehrten heim.«

So etwa mag es gewesen sein. Die Katastrophe bedeutete einen schweren Rückschlag für die Ambitionen Roms in Mittelitalien. Zwar erholte man sich erstaunlich schnell davon, doch blieb die Einnahme der Stadt durch die Barbaren aus dem Norden als traumatische Erfahrung im kollektiven Gedächtnis der Römer haften. Der Tag der Alliaschlacht fand als *dies ater* (wörtlich: schwarzer, d. h. Unheil bringender Tag) Eingang in den römischen Kalender, die Gallier aber galten fortan als Erzfeinde und Angstgegner der Römer. Das Wort vom *metus Gallicus* (Furcht vor den Galliern) machte noch lange Zeit später die Runde, und selbst im fernen Griechenland, wo Rom bis dahin eine eher unbekannte Größe gewesen war, nahm man von dem Ereignis Notiz.

Die Kelten blieben auch in den folgenden Jahrhunderten eine ständige Gefahr für die Sicherheit Roms. Nach zahlreichen Auseinandersetzungen im 4. und 3. Jahrhundert v. Chr. bahnte sich schließlich eine endgültige Entscheidung zugunsten der Römer an. In mehreren großen Schlachten, insbesondere 225 v. Chr. bei Telamon und 222 bei Clastidium, wurden die Kelten vollständig besiegt. Die Zeit des freien Keltentums im Gebiet zwischen Po und Alpen schien abgelaufen, doch es kam – wie so oft in der Geschichte – ganz anders. Als 218 v. Chr. der zweite Punische Krieg ausbrach, nutzten die gerade erst unterworfenen keltischen Stämme die Gelegenheit, um sich auf die Seite des karthagischen Heerführers Hannibal zu schlagen und so ihre Freiheit zurückzugewinnen. Die Hoffnungen erwiesen sich indes als trügerisch. 201 v. Chr. hatte Rom die Karthager nach langem Ringen in die Knie gezwungen und setzte sofort zur Rückeroberung des verlorenen Terrains in der Poebene an. Ende der Neunzigerjahre des 2. Jahrhunderts v. Chr. waren die Kelten nach zahllosen verlustreichen Gefechten endgültig geschlagen, das Ende des freien Keltentums in Italien besiegelt. Doch lebte der Name für das ehemals keltisch geprägte Gebiet, *Gallia Cisalpina*, bis in die Kaiserzeit fort.

Mit dem Sieg über die Karthager war den Römern nicht zuletzt auch die Herrschaft über weite Teile Spaniens zugefallen, wo man nun ebenfalls auf keltische Bevölkerungselemente traf. Die Keltisierung Spaniens ist bis heute ein ungelöstes Problem. Da schriftliche Quellen fehlen, können wir lediglich das Ergebnis, nicht aber den Verlauf jener Entwicklung fassen. Jedenfalls war in der Mitte und im Nordosten der Halbinsel durch Vermischung mit den nichtindogermanischen Iberern eine Kultur entstanden, die schon von den antiken Autoren als keltiberisch bezeichnet wurde. Ausgehend vom Siedlungszentrum der Keltiberer lässt sich keltischer Einfluss jedoch auch in vielen anderen Regionen Spaniens nachweisen, insbesondere bei den Lusitaniern (im Bereich des heutigen Portugal) oder bei den *Gallaeci* (im heutigen Galizien im Nordwesten Spaniens). Die Keltiberer werden in den antiken Quellen als überaus zähe und tapfere Krieger beschrieben, und dies sollten die Römer schon bald zu spüren bekommen. Der zwanzigjährige Kampf der Einheimischen um ihre Freiheit (154–133 v. Chr.) entwickelte sich schon bald zu einem der blutigsten und verlustreichsten Kriege der römischen Geschichte. Am Ende konzentrierte sich der Widerstand der Keltiberer in der Stadt Numantia, die nach langer Belagerung im Jahre 133 v. Chr. schließlich kapitulieren musste. Abgesehen von den Stämmen im äußersten Nordwesten, die erst in der Zeit des Augustus endgültig befriedet wurden, war damit auch die Zeit des freien Keltentums in Spanien abgelaufen.

DIE KELTEN IM OSTEN

Die anfänglichen Erfolge der italischen Kelten gegen Rom scheinen sich in der Mittelmeerwelt schnell herumgesprochen zu haben. Schon bald tauchten sie als Söldner in griechischen Heeren auf. So kämpfte z. B. im Jahre 368 v. Chr. ein keltisches Kontingent auf Seiten der Spartaner gegen Theben. Die entsprechende Mitteilung des griechischen Historikers Xenophon ist der erste Beleg für die Präsenz von Kelten in Griechenland.

Inzwischen war auch die Wanderung keltischer Stämme nach Osten und Südosten in vollem Gange. Zeitlich parallel mit dem Eindringen nach Oberitalien hatten sich die Kelten um etwa 400 v. Chr. von ihren Stammsitzen in Süddeutschland und Frankreich aus über Böhmen bis nach Ungarn ausgebreitet. Von hier stießen sie weiter nach Süden in die Gebiete des ehemaligen Jugoslawien vor, wo sie sich ab etwa der Mitte des 4. Jahrhunderts v. Chr. erfolgreich gegen die einheimischen Stämme behaupten konnten. Berühmt ist ihre diplomatische Kontaktaufnahme mit Alexander dem Großen im Jahre 335 v. Chr. Vom König der Makedonen danach befragt, was sie denn am meisten fürchteten, sollen sie geantwortet haben: nichts, außer dass ihnen der Himmel auf die Köpfe fiele. Damals konnten die Zeitgenossen freilich noch nicht ahnen, dass die Kelten einige Jahrzehnte später zu einer ernsthaften Bedrohung für Griechenland werden sollten.

Im Jahre 280 v. Chr. zogen mehrere keltische Heerhaufen in Richtung Griechenland. Dort bekamen zunächst die Makedonen die Kampfkraft der Barbaren zu spüren. Eine erste Feldschlacht endete mit einer verheerenden Niederlage der Griechen und dem Tod des Königs Ptolemaios Keraunos. Als noch im Sommer des gleichen Jahres ein weiteres Aufgebot unter dem griechischen Strategen Sosthenes die Waffen strecken musste, war der Weg nach Zentralgriechenland frei. Nunmehr richtete sich die Aufmerksamkeit der Barbaren und ihres Anführers Brennos auf die Tempelschätze des panhellenischen Heiligtums in Delphi.

Mittlerweile hatte sich allerdings in Griechenland eine breite Abwehrfront gegen die Eindringlinge gebildet. Vor Delphi wurde der Siegeszug der Kelten gestoppt, wobei den griechischen Verteidigern die einsetzenden Winterstürme zu Hilfe kamen. In panikartiger und verlustreicher Flucht zogen sich die Kelten nach Norden zurück. Der Historiker Pompeius Trogus schreibt dazu:

»Auf diese Weise kam es so weit, dass von einem so gewaltigen Heer, das kurz zuvor noch im Vertrauen auf seine Kraft sogar die Götter glaubte verachten zu dürfen, nicht einmal einer zum Gedächtnis einer solchen Katastrophe übrig war.«

Nicht viel besser erging es einem anderen Keltenschwarm, der sich etwas später als die Gruppe des Brennos in südöstlicher Richtung auf die Meerenge des Hellespont zu bewegte, dort aber von Antigonos Gonatas, dem späteren Herrscher Makedoniens, im Jahr 277 v. Chr. aufgerieben wurde. Wie groß der Schrecken war, den die Kelten mittlerweile auch in der griechischen Welt auslösten, zeigt am besten die Tatsache, dass Antigonos aufgrund seines Sieges weithin begeistert als Retter vor der Keltengefahr gefeiert wurde.

Gleichzeitig bahnte sich eine Entwicklung an, die zur langfristigen Niederlassung von Kelten im griechischen Osten führen sollte. Vom bithynischen König Nikomedes I. um militärische Unterstützung gebeten, setzten die keltischen Stämme der Tolistobogier, Trokmer und Tektosagen noch vor 278 v. Chr. an den Dardanellen und am Bosporus von Europa nach Asien über. Zwar hatten schon zuvor Kelten in verschiedenen Heeren als Söldner gedient. Ihre Verpflichtung durch Nikomedes bedeutete jedoch sowohl in der Art als auch im Umfang des Einsatzes eine völlig neue Qualität. Das Beispiel machte schnell Schule. Ob im Osten oder Westen des Mittelmeerraumes: überall tauchten jetzt die Kelten als heiß begehrte Söldner auf. Nicht ohne Berechtigung hat Theodor Mommsen sie einmal als »die recht eigentlichen Landsknechte des Alterthums« bezeichnet.

Wohl noch auf Initiative des Nikomedes wurden die Kelten in Zentralanatolien (dem Zentralland der heutigen Türkei) angesiedelt. Mit der Zeit gewöhnte man sich an, dieses Gebiet nach seinen neuen Bewohnern *Galatia* (Galatien) zu nennen. In der Folge wurden die Kelten zu einer regelrechten Landplage für die Nachbarstaaten. Sie begnügten sich nicht damit, in ihren neuen Wohnsitzen Ackerbau und Viehzucht zu betreiben oder bei den Heeren der verschiedensten Machthaber als Söldner anzuheuern, sondern unternahmen ausgedehnte Beutezüge in die Umgebung. Nicht selten zog man es vor, sich durch regelmäßige Tribute und Geschenke den Frieden zu erkaufen, anstatt den gefürchteten Barbarenhorden militärisch entgegenzutreten. So schreibt z. B. Livius:

»Sie jagten allen Völkerschaften, die diesseits des Tauros wohnen, einen so großen Schrecken ein, dass sowohl die, die sie heimsuchten, wie die, die sie nicht heimsuchten, die fernsten ebenso wie die Nächsten, ihrem Befehl gehorchten … Und

> sie forderten Tribut in ganz Kleinasien bis zum Tauros; als Wohnsitz aber nahmen sie für sich selbst das Gebiet um den Halys herum. Und so groß war der Schrecken, der von ihnen ausging, zumal sich ihre Anzahl auch noch durch starke Nachkommenschaft vergrößert hatte, dass zuletzt selbst die Könige von Syrien sich nicht weigerten, Tribut zu zahlen.«

Zu den Staaten, die den Kelten offenbar Tribute entrichteten, gehörte zunächst auch die aufstrebende Mittelmacht Pergamon im westlichen Kleinasien. Dies änderte sich unter dem dynamischen Herrscher Attalos I., welcher 241 v. Chr. den Thron bestieg. Er soll der erste Dynast Asiens gewesen sein, der es wagte, die Zahlungen zu verweigern. In den Dreißigerjahren des 3. Jahrhunderts v. Chr. kam es zu mehreren Schlachten gegen die Kelten, aus denen Attalos als gefeierter Sieger hervorging. Seine Erfolge gegen die »Geißel Kleinasiens« führten zu einem enormen Prestigezuwachs für das Pergamenische Reich, Attalos selbst wurde begeistert als *Soter* (Retter) begrüßt. Für wie bedeutsam der Herrscher seine Taten erachtete, zeigt das großartige Siegesdenkmal, das er auf der Akropolis in Pergamon errichten ließ und von dem einige römische Marmorkopien erhalten geblieben sind. Berühmt sind insbesondere der »Sterbende Gallier« (s. S. 12; heute im Kapitolinischen Museum in Rom) sowie die Darstellung eines weiteren Galliers, der angesichts der Niederlage seine Frau getötet hat und sich nun selbst mit dem Schwert niederstreckt (mittlerweile im Palazzo Altemps). Mit großer Aufmerksamkeit für das Detail hat der Künstler Figuren von bemerkenswerter Ausdruckskraft geschaffen, welche die Kelten in heroischer Nacktheit zeigen. Aus dem Werk spricht keineswegs Verachtung, sondern im Gegenteil Respekt für den geschlagenen, dem Tode aber trotzig ins Auge blickenden Gegner.

Die Siege des Attalos über die Kelten hatten indessen nicht zu einer endgültigen Befriedung der Kelten geführt. Diese blieb den Römern vorbehalten, die sich seit 200 v. Chr. militärisch im Osten engagierten. Dort stießen sie nun auf keltische Söldner im Heer des Königs Antiochos III., der damals über weite Teile Asiens herrschte. Nachdem Antiochos besiegt war, bekamen auch die Kelten des Ostens die militärische Schlagkraft Roms zu spüren. Zur Rechtfertigung des Krieges verwies der römische Feldherr Cn. Manlius Vulso u. a. auf die immer noch anhaltende Bedrohung Kleinasiens durch jene grausamen Barbaren. Manlius erfüllte seine Aufgabe ohne größere Probleme. In zwei getrennten Schlachten fügte er zuerst den Tolistobogiern, dann den Tektosagen und Trokmern entscheidende Niederlagen zu. Im folgenden Friedensvertrag mussten sich die Kelten dazu verpflichten, ihr Territorium nicht mehr in kriegerischer Absicht zu verlassen. Manlius aber wurde, wie zuvor schon Attalos und viele andere, von den kleinasiatischen Gemeinden begeistert gefeiert. Als erster Römer trat er in die lange Tradition der umjubelten Retter vor den Plünderungszügen der gefürchteten Barbarenhorden. Hier reihte sich wenig später auch der pergamenische König Eumenes II. (der Sohn Attalos I.) ein, nachdem er seinerseits weitere Erfolge gegen erneut marodierende Keltenscharen errungen hatte. Ganz in der Tradition seines Vaters sorgte auch Eumenes II. dafür, dass seine Siege über die Kelten den passenden künstlerischen Ausdruck fanden. In Pergamon selbst entstand der berühmte (heute im Pergamon-Museum in Berlin befindliche) Zeusaltar, wo die Kelten als Giganten und damit Widersacher der Götter dargestellt waren. Und auf der Akropolis des befreundeten Athen ließ Attalos II., Bruder des Eumenes, ein weiteres Monument errichten, dessen inhaltliche Programmatik uns durch die Beschreibung des Pausanias, eines griechischen Autors aus dem 2. Jahrhundert n. Chr., bekannt ist:

»An der Südmauer hat Attalos den Kampf gegen die Giganten, die einst in Thrakien und auf der Halbinsel Pallene wohnten, und den Kampf der Athener gegen die Amazonen und die Schlacht bei Marathon gegen die Perser und die Vernichtung der Gallier in Mysien aufgestellt, jede Figur zwei Ellen hoch.«

Dadurch, dass der Sieg über die Kelten mit den bedeutendsten Abwehrschlachten der Griechen in Mythos wie Geschichte auf eine Stufe gestellt war, erhielt er also gleichermaßen heroische wie weltgeschichtliche Dimensionen.

Mittlerweile war das Pergamenische Reich des Eumenes II. jedoch bei der römischen Hegemonialmacht in Ungnade gefallen, so dass sich der letzte Sieg (166 v. Chr.) politisch nicht mehr auszahlte. Als Gegengewicht gegen die Ambitionen des Eumenes wurde die formale Unabhängigkeit der Galater von Rom wiederhergestellt. Als Mithridates VI., König von Pontos (im Schwarzmeergebiet), in den Achtzigerjahren des 1. Jahrhunderts v. Chr. Kleinasien und Griechenland besetzte und damit die römische Herrschaft in diesen Gebieten in Frage stellte, erwiesen sich die Galater als treue Bundesgenossen Roms. Ihr weiteres Schicksal war eng verbunden mit dem Fürsten Deiotaros, dem es mit Billigung der Römer gelang, sich als alleiniger Herrscher über die galatischen Teilreiche zu etablieren. Auch nach seinem Tod im Jahre 41 v. Chr. blieb die Herrschaft über die Galater in der Hand eines einzigen Königs vereinigt. Nach dem Tod des Amyntas im Jahre 25 v. Chr. war es jedoch mit der formalen Selbständigkeit vorbei: als Provinz *Galatia* wurde das Gebiet direkter römischer Verwaltung unterstellt.

DIE UNTERWERFUNG DER KELTEN JENSEITS DER ALPEN

Seit sich die Römer als Ergebnis des 2. Punischen Krieges in Spanien festgesetzt und dort zu Beginn des 2. Jahrhunderts v. Chr. zwei Provinzen gegründet hatten, war das südliche Gallien (in etwa das Gebiet der heutigen Provence in Südfrankreich), insbesondere aber der Küstenstreifen zu einer Landbrücke zwischen Italien und der Iberischen Halbinsel geworden. Schon bald kam es zu Zwischenfällen, bei denen durchziehende römische Beamte und Heeresgruppen von den hier siedelnden Kelten und Ligurern angegriffen wurden. Nachdem sich die Römer zunächst mit kurzfristigen Interventionen begnügt hatten, entschlossen sie sich schließlich dazu, das Gebiet dauerhaft dem eigenen Herrschaftsgebiet einzugliedern. Nach mehreren Feldzügen zwischen 125 und 120 v. Chr. war der Widerstand der keltischen Stämme gebrochen. *Gallia Narbonensis*, wie das neu eroberte Gebiet nach seiner Hauptstadt *Narbo Martius* (dem heutigen Narbonne) gerne genannt wurde, entwickelte sich schon bald zu einer der am intensivsten romanisierten Provinzen des Reiches. Der römische Naturforscher Plinius meinte im 1. Jahrhundert n. Chr., der Süden Galliens gleiche eher einem Teil Italiens als einer Provinz. Ein schöneres Kompliment konnte er dieser ehemals keltischen Region aus der Sicht eines Römers gar nicht machen.

Die Feldzüge Caesars in Gallien von 58 bis 51 v. Chr. (vereinfachte Darstellung).

Mit der Eroberung und Provinzialisierung Südgalliens wurde andererseits jedoch das Ende des politisch selbstständigen Keltentums auf dem europäischen Festland eingeläutet. Die Eroberung »ganz Galliens« war untrennbar mit der Person des C. Iulius Caesar (s. Karte S. 19) verbunden, der im Jahre 59 v. Chr. zum höchsten Amt in Rom, dem Konsulat, gelangt war. Damit war freilich sein Ehrgeiz noch lange nicht befriedigt. Er strebte danach, zum ersten und angesehensten Mann im Staate zu werden, was im aristokratisch regierten Rom nur dann möglich war, wenn er überragende militärische Erfolge vorweisen konnte. Als Sprungbrett für seine Ambitionen sollte ihm die Provinz im Süden Galliens dienen, wo er nach seinem Konsulat als Statthalter fungierte.

Für die Ereignisse, die sich im bis dahin noch »freien Gallien« zwischen 58 und 50 v. Chr. abspielten, besitzen wir in den »Kommentarien Caesars über den Gallischen Krieg«, meist einfach *»Bellum Gallicum«* genannt, eine einzigartige Quelle, die uns nicht nur über die militärischen Aktionen unterrichtet, sondern auch wertvolle Einblicke in die politische wie sozioökonomische Struktur Galliens in der späten Latènezeit gestattet. Da Caesar seine eigene, subjektive Sicht der Dinge präsentiert und andere Quellen so gut wie ganz fehlen, muss der Historiker selbstverständlich mit der gebotenen Vorsicht an den Text herangehen. Am überragenden Wert dieser Quelle insbesondere im Hinblick auf unser heutiges Wissen über Gallien und die Gallier ändert dieser Vorbehalt grundsätzlich jedoch nichts.

Anlass für Caesar, sich militärisch in Gallien zu engagieren, war die Auswanderung der Helvetier aus ihren angestammten Wohnsitzen im Gebiet der heutigen Schweiz. Caesar beschreibt die Helvetier als äußerst aggressive und kampfeslustige Naturen, deren Unternehmen für die Sicherheit der angrenzenden römischen Provinz ein nicht zu kalkulierendes Risiko dargestellt hätte. Grund genug für den Prokonsul, sie auf ihrem Marsch nach Westen anzugreifen und zu großen Teilen zu vernichten. Sehr schnell wurde allerdings klar, dass Caesar sich damit nicht begnügen würde. Noch im selben Jahr feierte er einen großen Sieg über Ariovist, einen Heerführer von Germanen, die bereits seit geraumer Zeit über den Rhein nach Gallien drängten und dort für instabile Verhältnisse sorgten. Caesar zufolge hatten ihn zahlreiche Stämme aus ganz Gallien inständig darum gebeten, ihnen Hilfe gegenüber Ariovist zu gewähren. Auf diese Weise präsentierte sich Caesar nicht als Aggressor, sondern als Vorkämpfer für die Freiheit der Gallier. Mit Letzterer sollte es jedoch schon bald vorbei sein: einmal in die Verhältnisse involviert, fasste Caesar spätestens jetzt den Plan, ganz Gallien zu unterwerfen. Schon ein Jahr später, nachdem er in mehreren Schlachten die im Norden siedelnden Belger entscheidend geschlagen und gleichzeitig einer seiner Generäle die Seevölker im Bereich von Bretagne und Normandie unterworfen hatte, meldete er nach Rom: *Gallia omnis pacata* (ganz Gallien ist befriedet).

Die nächsten Jahre sollten indes zeigen, dass von einer wirklichen Befriedung keine Rede sein konnte. In den Jahren 54 und 53 v. Chr. kam es im Norden des Landes zu schweren Aufständen, die der römischen Armee erhebliche Verluste einbrachten und nur mit großer Mühe niedergeschlagen werden konnten. 52 v. Chr. wurde dann zum Jahr der Entscheidung. In dem Arvernerfürsten Vercingetorix war Caesar ein überaus fähiger Gegner erwachsen, dem es endlich gelang, eine breite Koalition fast aller gallischen Stämme unter seinem Oberbefehl zu vereinigen. Die Erfolge blieben nicht aus. Als die Gallier Caesar in Gergovia (in der Nähe des heutigen Clermont-Ferrand) eine empfindliche Niederlage beigebracht hatten, schien sich das Blatt tatsächlich zu wenden. Dann jedoch beging Vercingetorix einen entscheidenden Fehler: Er ließ sich mit seinen Streitkräften von Caesar in Alesia (im nördlichen Burgund) einschließen. Was nun folgte, war ein erbarmungsloser Belagerungskrieg, der von Caesar unter Einsatz aller damals zu Gebote stehenden technischen Mittel betrieben wurde. Die in der Stadt Eingeschlossenen leisteten verzweifelten Widerstand und setzten, als die Nahrungsmittel knapp wurden und Hunger ausbrach, ihre ganze Hoffnung auf das heranrückende Entsatzheer. Als dieses jedoch entscheidend geschlagen wurde, musste Vercingetorix kapitulieren. Er wurde später im Triumphzug Caesars in Rom »vorgeführt« und anschließend hingerichtet. Als Freiheitsheld genießt er bis heute in Frankreich große Verehrung. Auf dem Hügel in Alise-Sainte-Reine, dem »modernen« Alesia, erinnert seit etwa 100 Jahren eine überlebensgroße Statue des Arvernerfürsten an die dramatischen Ereignisse vor nunmehr über 2000 Jahren (s. S. 26).

Der Krieg dauerte zwar noch bis zum Jahre 50 v. Chr., doch handelte es sich hierbei nur noch um die Aushebung letzter, regional begrenzter Widerstandsnester. Als nach acht Jahren die Waffen schwiegen, tat sich für Gallien und seine Bewohner eine grauenvolle Bilanz auf. Dem antiken Caesar-Biographen Plutarch zufolge waren nicht weniger als 2 Millionen, d. h. zwei Drittel (!) aller waffenfähigen Kelten entweder getötet oder in die Sklaverei verkauft, 300 Völkerschaften geschlagen und 800 Städte erobert worden, wobei die Verluste in der Zivilbevölkerung noch gar nicht berücksichtigt sind. Das Land selbst war von den römischen Legionen systematisch verwüstet, ungeheure Schätze waren abtransportiert worden. Der jährliche Tribut von 40 Mio. Sesterzen, der fortan von den Unterlegenen erhoben wurde, war ein vergleichsweise geringer Betrag. Mehr war aus dem völlig darnieder liegenden Land offensichtlich nicht mehr herauszuholen. Auch wenn die Zahlenangaben – wie meist in antiken Quellen – etwas übertreiben, so bedeutete der Krieg Caesars für die Gallier eine furchtbare Katastrophe in jedweder Hinsicht.

Weniger folgenreich waren die beiden Expeditionen Caesars nach Britannien in den Jahren 55 und 54 v. Chr. Die Keltisierung der Britischen Inseln verliert sich, ähnlich wie in Spanien, im Dunkel der Vorgeschichte. Recht deutlich zeichnet sich immerhin eine letzte Einwanderungswelle ab, die etwa um die Wende vom 2. zum 1. Jahrhundert v. Chr. Teile der im Norden Galliens siedelnden Belger auf den südlichen Teil der Insel führte. Caesar weist an mehreren Stellen auf die engen Beziehungen zwischen den Bewohnern beiderseits des Kanals hin. So heißt es u. a., dass die in der Nähe des Meeres wohnenden Britannier am zivilisiertesten seien und sich in ihrer Lebensweise kaum von den Galliern auf dem Festland unterschieden. Die Aktionen Caesars auf der Insel blieben, wie schon angedeutet, ohne durchschlagenden Erfolg. Nachdem sich die erste Überfahrt 55 v. Chr. überhaupt nur auf die Erkundung des Geländes beschränkte, kam es ein Jahr später immerhin zu Kämpfen zwischen den römischen Legionen und einer vom König Cassivellaunus geführten Koalition südbritannischer Stämme. Von einer wirklichen Unterwerfung konnte keine Rede sein, zumal die Aufmerksamkeit Caesars sich in der Folgezeit ganz auf die Niederschlagung der Aufstände in Gallien zu konzentrieren hatte. Eine Eroberung großen Stils erfolgte erst hundert Jahre später unter Kaiser Claudius (41–54 n. Chr.), der Britannien als römische Provinz organisierte. Doch dauerte es immerhin noch weitere fünfzig Jahre, bis eine wirklich flächendeckende Herrschaft endgültig gesichert war. Nach der Errichtung des berühmten Hadrianswalles auf der Linie Carlisle-Newcastle waren Schottland und Irland als letzte Bastionen des freien Keltentums übrig geblieben.

DIE KELTISCHE GESELLSCHAFT AM VORABEND DES KRIEGES

Die Erfolge Caesars waren nicht zuletzt der eklatanten Überlegenheit des römischen Militärwesens in puncto Technik, Strategie und innerer Führung zu verdanken. Allerdings reicht diese unbestrittene Tatsache sicherlich nicht als Erklärung aus. Die Frage, wie es dem römischen Feldherrn gelingen konnte, ein Territorium von 500.000 km² in so kurzer Zeit vollständig zu unterwerfen, führt uns zur inneren Struktur Galliens. Dazu liefert uns Caesar in seinem berühmten Exkurs im 6. Buch des *»Bellum Gallicum«* folgenden Kommentar:

»In Gallien gibt es nicht nur in allen Stämmen, Gauen und Stammesteilen, sondern fast auch in jedem Haus Parteien; Führer dieser Parteien sind die Männer, die nach ihrer Ansicht die stärkste Geltung besitzen; von ihrem Ermessen und Urteil hängen die wichtigsten Entscheidungen und Pläne ab. Dies scheint von alters her so eingerichtet, damit es niemandem aus der Menge an Hilfe gegen einen Mächtigeren fehlt. Keiner nämlich lässt seine Anhänger misshandeln oder übervorteilen; andernfalls ist es mit dem Einfluss bei seinen Leuten vorbei. Dieses Parteiwesen erfasst überhaupt ganz Gallien; denn alle Stämme zerfallen überhaupt in zwei Parteien.«

Die politische Landkarte Galliens wurde also von einer Vielzahl mehr oder weniger großer Stämme (*civitates*) geprägt (Tacitus spricht von insgesamt 64). Diese zerfielen ihrerseits wiederum in Gaue (*pagi*), über deren Funktion aber wenig bekannt ist. Von einer gemeinsamen politischen Organisation konnte nicht die Rede sein, eher das Gegenteil war der Fall. In häufig wechselnden Koalitionen lag man ständig miteinander im Krieg. Eine keltische »Nation« im politischen Sinne hat es also niemals gegeben. Diese Situation kam Caesars Eroberungsabsichten natürlich sehr entgegen, zumal einige der Stämme wie die Haeduer und Remer von vornherein gemeinsame Sache mit ihm machten.

Zu der Zeit, als Caesar in Gallien erschien, war das Königtum weit gehend aus dem politischen Leben der Stämme verschwunden. Lediglich bei einigen Stämmen im Norden hatte sich die Monarchie bis in die Zeit Caesars hinein halten können. Caesar selbst gibt uns zahlreiche Hinweise, die darauf schließen lassen, dass der Umschwung in den Verfassungen der Stämme etwa um die Wende vom 2. zum 1. vorchristlichen Jahrhundert erfolgt sein muss. Bemerkenswert ist, dass es Deiotaros bei den kleinasiatischen Galatern etwa zur gleichen Zeit noch einmal gelang, das Königtum zu etablieren, während sich die Monarchie bei den britannischen Stämmen noch bis weit in die Kaiserzeit hinein halten konnte.

Die Macht der Könige in Gallien war auf eine Schicht von Aristokraten übergegangen, deren Macht sich nach Abstammung, Landbesitz und der Zahl ihrer Klienten bemaß. Ein eindrucksvolles Beispiel liefert wiederum Caesar, der davon berichtet, dass der Helvetierfürst Orgetorix anlässlich einer drohenden Verurteilung durch den Stamm mit nicht weniger als 10.000 Klienten zum Gerichtstermin erschienen sei. Das einfache Volk scheint demgegenüber kaum über irgendwelche Mitspracherechte verfügt zu haben. Eine überragende Rolle in der keltischen Gesellschaft spielten Caesar zufolge dagegen die Druiden. Ihnen unterstand nicht nur das gesamte Kultwesen, sondern auch die öffentliche wie private Rechtspflege mit umfassender Strafgewalt. Die Druiden verfügten als Priesterkaste offensichtlich über eine stammesübergreifende, streng hierarchisch gegliederte Organisation. Einmal im Jahr, so Caesar, kamen Druiden aus allen Teilen Galliens im Gebiet der Carnuten zusammen, um Recht zu sprechen. Angesichts der politischen Zersplitterung waren sie damit eine Instanz, die in der Lage war, das Bewusstsein gemeinsamer Traditionen bei den Stämmen wach zu halten. Aus anderen Quellen sind uns noch die Barden bekannt, die zur Leier Heldenlieder auf die Stammesfürsten bzw. Spottlieder auf die Feinde sangen, sowie die *vates*, über die wir nur sehr wenig wissen, die sich aber jedenfalls mit Philosophie und Weissagung beschäftigt haben sollen.

Die Kelten lebten entweder in Einzelgehöften auf dem Lande, in kleineren, wohl dorfähnlichen Ansiedlungen (sog. *vici*) oder in den berühmten *Oppida* (Sing. *oppidum*). Der Begriff »*Oppidum*« entzieht sich einer einfachen und allgemein verbindlichen Definition. Es handelt sich dabei um Städte oder stadtähnliche Gebilde unterschiedlicher Ausstattung, die seit dem 2. Jahrhundert v. Chr. in Gallien und anderen Teilen der keltischen Welt nachzuweisen sind. *Oppida* entstanden in strategisch günstiger Lage insbesondere auf schwer zugänglichen Bergplateaus oder an Stellen, die durch Flussläufe besonders geschützt waren, wie z. B. Lutetia (Paris) auf der Seine-Insel. Sie waren teilweise von gewaltigen Mauerringen umgeben, die eine typisch keltische Bauweise (*murus Gallicus*) aufwiesen. Caesar hat

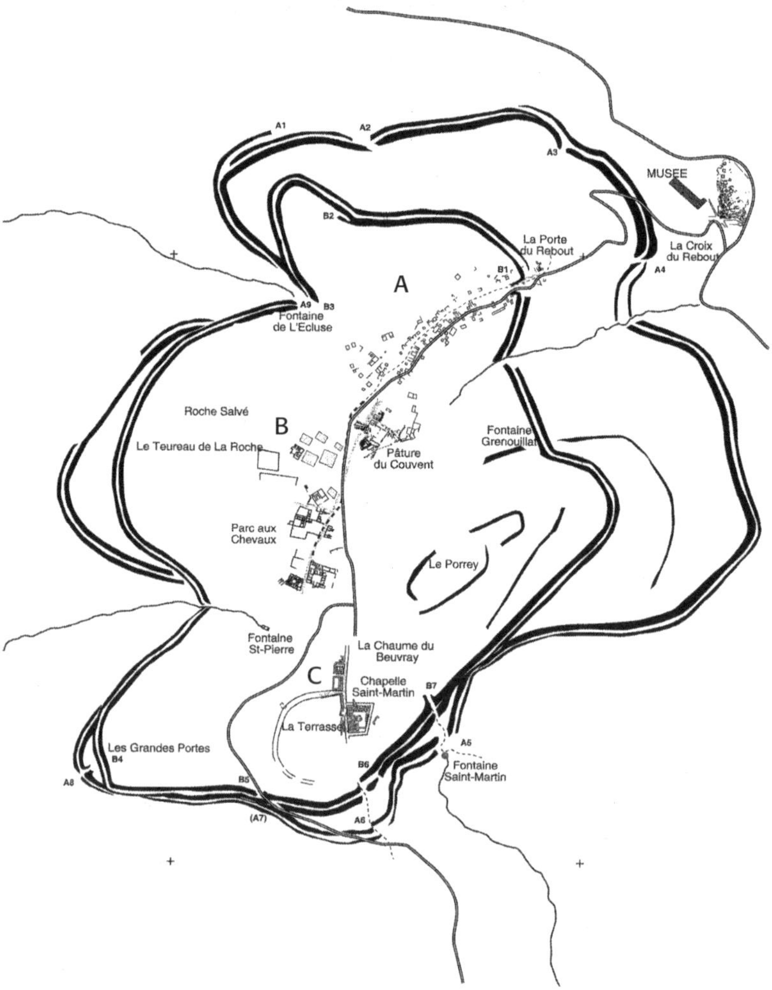

^
Archäologischer Plan von Bibracte mit seinen zwei zeitlich aufeinander folgenden Befestigungsmauern. Im Inneren der Siedlung ließen sich mehrere unterschiedlich geprägte Bereiche unterscheiden: A Gewerbeviertel; B Wohnbezirk mit Villen; C Kultbezirk mit vermuteter Viereckschanze

in seiner Schrift über den Gallischen Krieg ein solches Befestigungswerk ausführlich beschrieben. Das prominenteste und am besten erforschte *Oppidum* in Gallien ist Bibracte (s. Karte oben) im Gebiet der Haeduer, auf dem Plateau des Mont Beuvray in 821 Meter Meereshöhe gelegen (nicht weit entfernt vom heutigen Autun). In einem Atemzug damit zu nennen wären Manching in Süddeutschland (in der Nähe von Ingolstadt), das Oppidum auf dem Magdalensberg in Kärnten oder noch weiter östlich Stradonice in Böhmen.

Sicherlich entsprach die bauliche Ausstattung solcher *Oppida* noch nicht den Standards einer griechischen oder römischen Stadt. Doch lassen der archäologische Befund sowie einige Hinweise Caesars darauf schließen, dass zumindest einige der größeren Anlagen wie Bibracte in politischer, wirtschaftlicher und sakraler Hinsicht durchaus überregionale Bedeutung besaßen. Im Übrigen waren die *Oppida* Zentren der Münzprägung, die im keltischen Bereich schon im 3. Jahrhundert v. Chr. eingesetzt hatte. Während man zunächst griechische und römische Münzbilder nachahmte, ging man später dazu über, auch eigene Typen zu prägen.

DAS BILD DER KELTEN IN DER ANTIKE

Die Kelten »genossen« in der Antike eine denkbar schlechte Presse. Römern wie Griechen erschienen sie als Inbegriff des Barbarischen. Entsprechend fielen die Urteile über sie aus: Sie kannten kein rechtes Maß, weder im Sieg noch in der Niederlage, weder beim Essen noch beim Trinken, waren wort- und vertragsbrüchig, als Söldner notorisch unzuverlässig, verstießen gegen selbstverständliche Normen des Völkerrechts, begingen Grausamkeiten aller Art, versündigten sich an menschlichem wie göttlichem Recht. Das Bild jener keltischen Frevler, die sogar vor der Plünderung der Heiligtümer in Delphi nicht zurückschreckten, fand frühzeitig Eingang in die griechische Überlieferung und in die Bildende Kunst. Entsprechende Vorstellungen wurden auch von römischer Seite bereitwillig aufgenommen. Obwohl man sich über die Gottesfürchtigkeit der Kelten einig war, wurde ihre Religion unter Verweis auf grausam-barbarische Kultpraktiken immer wieder in ein negatives Licht gerückt. Besonders die Menschenopfer stießen auf Unverständnis und Empörung bei Griechen und Römern.

Weit verbreitet war die Vorstellung von keltischen Heeren, die sich mit ungeheurer Wucht und ohrenbetäubendem Lärm in die Schlacht stürzten, deren Ausdauer aber genauso schnell erlahmte, wenn der schnelle Erfolg ausblieb. Hielt man ihrem ersten Ansturm stand, so war der eigene Sieg fast sicher. Gleichzeitig fehlte ihnen jede militärische Disziplin: kaum ein Schlachtenbericht, in dem nicht von schlecht organisierten, völlig disziplinlosen, mitunter sogar betrunkenen Horden die Rede wäre. Der moderne Leser fragt sich unwillkürlich, wie diese Leute derartigen Schrecken bei ihren griechischen und römischen Gegnern auslösen konnten!

Die Antwort fällt nicht allzu schwer. Ungeachtet aller konkreten historischen Erfahrungen erstarrten die Vorstellungen von den Kelten sehr schnell zu Klischees, die mit der Wirklichkeit oft nicht mehr viel gemein hatten. Solche Stereotypen fremder Völker und Kulturen sind ja durchaus ein zeitloses Phänomen. Darüber hinaus teilte eine uralte ethnographische Tradition die bewohnte Erde in verschiedene Klimazonen ein, welche nach weit verbreiteter Auffassung Menschen ganz verschiedenen Aussehens und Charakters hervorbrachten. Demnach lebten in der nördlichen Hemisphäre Menschen mit großen Körpern, weißer und aufgeschwemmter Haut, blauen Augen und rötlich-blonden Haaren, die geistig eher schwerfällig und zu vorausschauender Planung unfähig, dafür aber tapfer bis zur Tollkühnheit waren. Diese Theorie stellte also einen weithin akzeptierten Erklärungsansatz für das Aussehen und die Mentalität der Kelten bereit.

Wie zäh sich solche Vorstellungen hielten, wird – um nur ein Beispiel zu nennen – etwa deutlich, wenn von den Kelten noch zu einer Zeit, als diese schon seit Jahrhunderten an südliches Klima gewöhnt waren, behauptet wurde, sie könnten keine Hitze und keinen Durst ertragen. Ein Mann wie Caesar hatte während seiner Statthalterschaft in Gallien über Jahre hinweg Gelegenheit, Land und Leute persönlich kennen zu lernen. Sein Keltenbild nimmt sich daher sehr viel differenzierter aus. Zwar ist auch er nicht frei von klischeehaften Vorstellungen, doch korrigiert sein Bericht das einseitig negative Barbarenbild in nicht unerheblicher Weise. Plötzlich hören wir von äußerst tapferen Kämpfern, die aufopferungsvoll bis zum bitteren Ende ihre Freiheit verteidigen. Sie gehen nicht selten mit kluger Berechnung und großem taktischen Geschick vor, wobei sie sich als gelehrige Nachahmer römischer Kriegskunst erweisen. Besonders Vercingetorix wird als glänzende Führungspersönlichkeit mit großem strategischen Geschick beschrieben. Von den tumben, planlos agierenden und wenig durchhaltefähigen Barbaren ist da mitunter nicht mehr viel zu spüren. Im Übrigen zeigt sich auch in den entsprechenden Äußerungen Caesars ein Nord-Süd-Gefälle. Durch die relative Nähe zur römischen Provinz hat bei den Kelten Süd- und Zentralgalliens die Akkulturation bereits eingesetzt. In die Rolle des typischen Nordbarbaren schlüpfen jetzt die Germanen jenseits des Rheins.

^
Das Standbild des Vercingetorix auf dem Mont Auxois wurde 1865 errichtet. Die Bronzestatue hat eine Höhe von etwa 7 m.

Die eindringlichsten Bilder von den Kelten hat sicherlich der griechische Philosoph, Naturforscher und Historiker Poseidonios hinterlassen, der im Rahmen seiner Forschungen u. a. auch Gallien bereist hat. Im Mittelpunkt steht hier das wissenschaftlich-ethnographische Interesse eines Universalgelehrten, der seinem Forschungsobjekt mit erstaunlicher Unvoreingenommenheit entgegentritt. Ihm geht es nicht darum, die Kelten im Vergleich mit der griechisch-römischen Zivilisation als gefährliche und charakterlose Barbaren zu erweisen. Er will vielmehr die keltische Volksindividualität ganzheitlich erfassen. Poseidonios verdanken wir u. a. eine mustergültige Beschreibung der äußeren Gestalt der Kelten, die der künstlerischen Darstellung des »Sterbenden Galliers« (s. S. 12) ziemlich nahe kommt:

> »Die Gallier sind hoch gewachsen, mit aufgeschwemmten Muskeln und von weißer Hautfarbe. Ihr Haar ist nicht nur von Natur aus blond, sondern sie verstärken die eigentümliche Farbe mit künstlicher Behandlung. Sie reiben die Haare ständig mit Kalkwasser ein und streichen sie von der Stirn nach oben gegen den Scheitel und die Nackensehnen, so dass sie im Aussehen Satyrn und Panen gleichen. Das Haar wird nämlich dick durch diese Behandlung und unterscheidet sich nicht mehr von einer Pferdemähne. Einige rasieren sich, andere lassen die Barthaare ein wenig wachsen. Die Vornehmen rasieren die Wangen, lassen aber die Haare auf der Oberlippe wachsen, so dass sie den Mund bedecken.«

Ausführlich behandelt Poseidonios auch die Tischsitten. Auf der Speisekarte ganz oben stehen Fleisch und Wein, bei dessen Genuss die Kelten allerdings kein rechtes Maß kennen. Als Philosoph interessiert sich Poseidonios natürlich ganz besonders für Druiden und Wahrsager, nicht zuletzt aber für die Überzeugung der Kelten, wonach ihre Seelen nach dem Tod in einem neuen Körper weiterleben. Kritik äußert er, wie so viele andere Autoren, an den Menschenopfern sowie an der scheinbar weit verbreiteten Sitte, gefallenen Feinden die Köpfe abzutrennen und diese als Trophäen auszustellen. Doch bescheinigt Poseidonios den Kelten bei allen charakterlichen Mängeln wie Prahlsucht, Jähzorn und ungezügeltem Temperament ein offenes und ehrliches Wesen, einen scharfen Verstand, vor allem aber die Fähigkeit und Bereitschaft zum Lernen. Letzteres war schon Caesar aufgefallen. Und in der Tat: nur wenige Jahrzehnte nach der Unterwerfung Galliens lernen wir durch den Geographen Strabon ganz andere Kelten kennen:

> »Jetzt leben sie als Unterworfene in Frieden und nach den Vorschriften ihrer römischen Bezwinger. Der Bericht über sie stammt aus alten Zeiten und entspricht dem, was wir bis zum heutigen Tag bei den Germanen an Sitten und Gebräuchen beobachten können.«

Aus den kriegerischen Barbaren, die einstmals die Mittelmeerwelt in Atem hielten, waren friedliche Bewohner des *Imperium Romanum* geworden. Übrig geblieben war die Bedrohung durch die Germanen rechts des Rheins.

DIE KELTEN – ARCHÄOLOGISCH BETRACHTET

Es ist natürlich ein aussichtsloses Unterfangen, die archäologische Seite der Keltologie auf wenigen Seiten umfassend darstellen zu wollen. Daher werde ich mich regional im Wesentlichen auf das ursprüngliche keltische Kerngebiet beschränken, also auf Süd- und Südwestdeutschland, den Osten Frankreichs und die nördliche Schweiz. Ausblicke auf die Verhältnisse in anderen Regionen der keltischen Welt dienen der Erläuterung. Die Auswahl der angesprochenen Themen und Fundorte ist zwangsläufig subjektiv. Ich werde gelegentlich auch versuchen, Grundlagen archäologischer Methodik anzusprechen. Dies soll vor allem dem Nicht-Archäologen verdeutlichen, was archäologische Forschung zu leisten vermag und wo ihre eindeutigen Grenzen liegen. Sollte ein Leser am Ende des Beitrages das Interesse verspüren, tiefer in diese faszinierende Thematik einzudringen, so werden ihm die angefügten Literaturempfehlungen sicherlich eine Hilfe sein.

Der Beginn einer wissenschaftlichen archäologischen Erforschung der Kelten liegt im 18. Jahrhundert, als man begann, in Grabhügeln und Megalithbauten systematisch nach »heidnischen Alterthümern« zu graben. Die dabei gefundenen Gegenstände wies man, solange man sie nicht als römisch erkannte, in der Regel denjenigen vorchristlichen Völkerschaften zu, die man aus der antiken Literatur kannte, also den »Germanen« und vor allem den »Kelten«. Damals entstand auch das zwar falsche, aber immer noch populäre Bild des »keltischen Druiden« (s. S. 31), der im (nicht nachgewiesenen) weißen, wallenden Gewand vor der (ebenfalls nicht nachgewiesenen) »heiligen Eiche« mit einem (früheisenzeitlichen) Kessel seine religiösen Zeremonien vollzieht. Im Hintergrund ist der beinahe obligatorische (jungsteinzeitliche) Megalithbau erkennbar, die heidnischen »Gläubigen« sind mit (eisenzeitlichen und mittelalterlichen) Waffen und Geräten ausgestattet und die ganze Szene spielt zu allem Überfluss in der Zeit der (christlichen) Missionierung Europas im 1. Jahrtausend n. Chr. Im Jahr 1836 veröffentlichte der Kurator des dänischen Nationalmuseums in Kopenhagen, Christian J. Thomsen, das so genannte »Dreiperiodensystem«, also die zeitliche Abfolge von Stein-, Bronze- und Eisenzeit. In der Folge setzte sich auf breiter Front die Erkenntnis durch, dass die Kelten der jüngsten dieser drei Perioden, der Eisenzeit, zuzurechnen sind. Etwa zur gleichen Zeit begannen groß angelegte Ausgrabungen an Stätten, an denen nach dem Bericht des Julius

Cäsar gallische Kelten gegen Römer gekämpft hatten (1861 Alesia/Alise-St. Reine [Côte d'Or], 1867 Bibracte/Mont Beuvray [Saône-et-Loire]). Die bei diesen Grabungen gefundenen Waffen, Schmuckgegenstände und Münzen galten als sicher »gallisch« und damit als keltisch. In den Jahren 1874/1876 schließlich schlug der schwedische Archäologe Hans Hildebrand die noch heute gültige Zweiteilung der Eisenzeit vor. Die Periode der »älteren vorrömischen Eisenzeit« nannte er nach einem Fundort im österreichischen Salzkammergut »Hallstattzeit«. Dort wurde seit 1846 ein bis heute noch nicht vollständig untersuchter Friedhof mit vermutlich über 5000 Gräbern ausgegraben, die oft reich mit Waffen, Schmuckgegenständen und Keramikgefäßen ausgestattet waren. Die Periode der «jüngeren vorrömischen Eisenzeit« benannte Hildebrand nach einer schweizerischen Fundstelle »Latènezeit«. Nahe dem Ausfluss der Thielle/Zihl aus dem Neuenburger See wurden seit 1856 im Bereich des »La Tène« genannten flachen Seeuferabschnittes eine

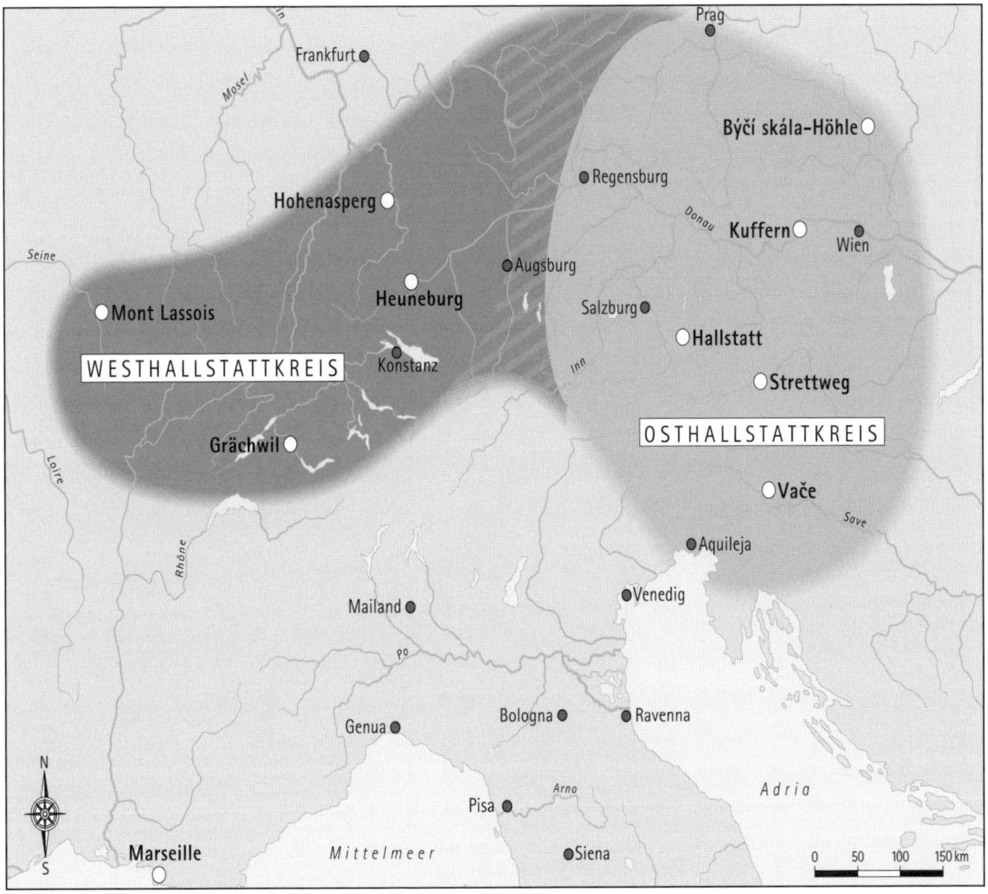

^

Die geographische Ausdehnung des Ost- und des West-Hallstattkreises im 7. bis 5. Jh. v. Chr. Die Grenze zwischen den beiden regionalen Zonen lässt sich nur schwer exakt festlegen.

Vielzahl von Schwertern und anderen Ausrüstungsgegenständen vom Grund des Sees geborgen, die denjenigen aus den Befestigungsgräben von Alesia so ähnlich waren, dass sie der Leiter des Museums in Neuchâtel, Edouard Desor, bereits seit 1865 als »gallisch« und damit auch als keltisch angesehen hatte.

Die Archäologie der Kelten ist in Mitteleuropa also eine Archäologie der Hallstatt- und der Latènezeit. Beide Perioden wurden in der Folge anhand von charakteristischen Gegenständen weiter aufgeteilt. Die Hallstattzeit (s. Karte S. 29) wird allgemein in eine »ältere Hallstattzeit« (etwa 800–640/630 v. Chr.) und eine »jüngere Hallstattzeit« (ca. 640/630–480/450 v. Chr.) untergliedert. Die nachfolgende Latènezeit (Abb.6) unterteilt sich in eine »frühe Latènezeit« (etwa 480/450–ca. 350 v. Chr.), eine »mittlere Latènezeit« (ca. 350–etwa 150 v. Chr.) und schließlich eine »späte Latènezeit« (ab etwa 150 v. Chr.). Diese Gliederung in einzelne Stufen ermöglicht es, Fundgegenstände innerhalb der beiden großen Perioden zeitlich genauer einzuordnen. Für das Ende der Latènezeit lässt sich allerdings kein einheitlicher

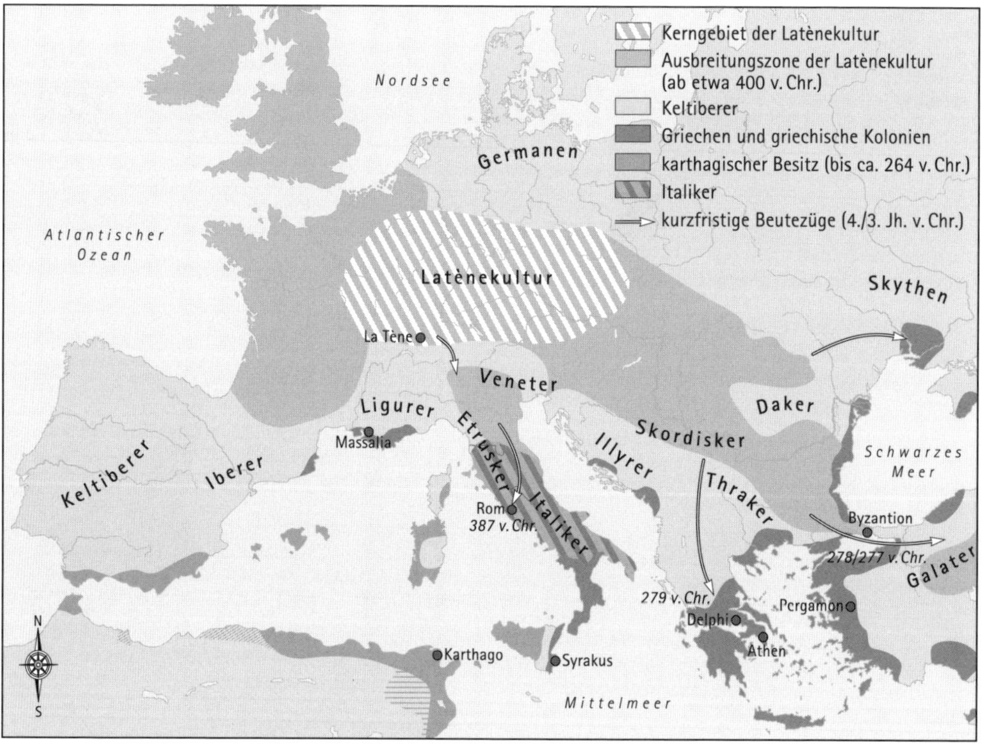

Die Latènekultur breitete sich von Mitteleuropa über Frankreich bis auf die Britischen Inseln und in den Donauraum hinein aus. Keltische Stämme aus Oberitalien unternahmen Raubzüge nach Mittelitalien, donaukeltische Gruppen breiteten sich bis ans Schwarze Meer aus, fielen in Griechenland ein und setzten nach Kleinasien über.

^
Prototyp eines »keltischen Druiden«. – »Germanenbekehrung«. Farblithographie, um 1890, nach einer Vorlage von Johannes Gehrts (geb.1855)

Zeitpunkt angeben. In Mitteleuropa wird das Ende der Eisenzeit als eigenständige und letzte im engeren Sinne vor-geschichtliche Periode mit der Ausbreitung des Römischen Reiches nach Norden verknüpft. In Frankreich endet damit die Latènezeit mit den Feldzügen Julius Caesars in den Jahren 58/52 v. Chr., in Süd- und Südwestdeutschland im Jahr 15 v. Chr. mit den Eroberungen durch Drusus und Tiberius, den beiden Stiefsöhnen des Kaisers Augustus, und in Britannien erst mit der römischen Invasion unter Kaiser Claudius im Jahr 43 n. Chr.

Die Begriffe »Hallstattkultur« und »Latènekultur« ähneln zwar den Bezeichnungen »Hallstattzeit« und »Latènezeit«, sie bedeuten allerdings etwas anderes. Dienen die beiden letzteren der Benennung von Zeiträumen, so bezeichnet der Begriff der »archäologischen Kultur« ganz allgemein eine Gruppe von Fundgegenständen, die entweder immer dieselbe charakteristische Formgebung zeigen oder im selben Stil verziert sind. Diese, gegenüber dem üblichen Kulturbegriff stark eingeschränkte, Definition ergibt sich daraus, dass die prähistorische Archäologie nicht die Gesamtheit der geistigen und künstlerischen Lebensäußerungen von vorgeschichtlichen Völkerschaften erforschen kann, sondern nur den sehr eingeschränkten Bereich der materiellen Kultur, und davon auch nur denjenigen Anteil, der sich zufälligerweise im Erdboden über die Jahrtausende hinweg erhalten hat. Die Beschränkung auf die Reste des materiellen Kulturgutes hat zur Folge, dass die Archäologie über die ethnische Zugehörigkeit der Träger ihrer Kulturen im Grunde nichts auszusagen vermag. Die Gleichsetzung von materieller »Latènekultur« auf der einen und »Kelten« auf der anderen Seite ist daher nur aufgrund der Berichte antiker Autoren und der Ergebnisse sprachwissenschaftlicher Untersuchungen möglich. Und streng genommen ist diese Gleichsetzung auch nur in solchen Regionen wirklich sicher möglich, in denen die antike Überlieferung Kelten kennt, in denen zugleich nachweislich eine keltische Sprache gesprochen wurde und in denen gleichzeitig Gegenstände der Latènekultur verbreitet sind. In allen anderen Regionen bleibt die Identifikation von Trägern der Latènekultur als »Kelten« nur mehr oder weniger wahrscheinliche Spekulation. Am Beispiel Irlands wird das Dilemma klar: die Sprach- und Literaturwissenschaft kann zwar eindeutig belegen, dass etwa südlich der Linie Dublin-Galway keltische Stämme gelebt und auch eine keltische Sprache gesprochen haben. Der Nachweis von Latènekultur beschränkt sich allerdings nur auf einige wenige vereinzelte Funde – der Archäologie bleiben diese Kelten weit gehend verborgen. Auf der anderen Seite kann man aus der weiten Verbreitung von gleichartigen Gegenständen innerhalb der Latènekultur auch nicht auf einheitliche religiöse Vorstellungen bzw. soziale und ökonomische Verhältnisse schließen. Die Archäologie wird vielmehr davon ausgehen müssen, dass sich hinter dem scheinbar monolithischen Block der Latènekultur eine Vielzahl von unterschiedlich großen und nebeneinander existierenden religiösen, sozialen, politischen und ökonomischen Einheiten verbergen, deren einziges wirklich gemeinsames Merkmal die Zugehörigkeit zur selben Sprachfamilie war. Die Beschreibung Galliens durch Julius Caesar im 1. Jahrhundert v. Chr. mag hier der Anschauung dienen.

Ist es also im Einzelfall schon schwierig bis unmöglich, die Kelten der Latènezeit anhand materieller Hinterlassenschaften zu identifizieren, so muss die Frage nach Ursprung und Herkunft der Kelten von archäologischer Seite unbeantwortet bleiben. Es gibt zwar immer wieder Versuche, Kelten aufgrund einer scheinbar ununterbrochenen und kontinuierlichen Kulturentwicklung bis in die späte Bronzezeit (13./12. Jahrhundert v. Chr.) zurückzuverfolgen. Allerdings handelt es sich dabei aus den oben ausgeführten Gründen um reine Spekulationen. Lediglich für die der frühen Latènezeit unmittelbar vorausgehenden Kulturen der späten Hallstattzeit Südwestdeutschlands kann mit einer gewissen Wahrscheinlichkeit angenommen werden, dass deren Träger vermutlich ebenfalls Kelten waren. Denn einerseits lokalisiert Herodot Kelten im Bereich der oberen Donau ziemlich genau zu der Zeit, in der sich dort der Übergang von der späten Hallstatt- zur frühen Latènekultur vollzogen hat, andererseits ist hier archäologisch auch eine sozio-ökonomische und religiöse Kontinuität feststellbar.

Späthallstattzeitliche Siedlungen werden in der Regel bis weit in die frühe Latènezeit hinein bewohnt und auch in den Gräberfeldern werden weiterhin Verstorbene bestattet. Hier ist also trotz des Wechsels in der archäologischen Kultur eine Kontinuität der Bevölkerung erkennbar, die es rechtfertigt, auch die späte Hallstattkultur Südwestdeutschlands als »keltisch« zu bezeichnen.

Diese späte Hallstattkultur unterscheidet sich von den vorausgehenden und den nachfolgenden Perioden hauptsächlich durch die beiden Phänomene »Fürstengräber« bzw. »Fürstensitze« und ausgeprägte Handelsbeziehungen mit der mediterranen Welt. Die Bezeichnung »Fürstengrab« wurde bereits 1876/1877 vom württembergischen Landeskonservator E. Paulus d. J. angesichts von reich mit Goldgegenständen ausgestatteten Grabfunden geprägt. Man hat lange vermutet, dass beide Phänomene ursächlich miteinander in Zusammenhang stehen. Einheimische Stammesführer bzw. Clanchefs seien durch Handelsbeziehungen mit den Kulturen des Mittelmeerraumes, und hier besonders mit der großgriechischen Stadt Massalia/Marseille, zu Reichtum und Macht gekommen. Dies äußere sich in der Anlage von Fürstensitzen und exzeptionell reich ausgestatteten Bestattungen. Allerdings ist das bisher früheste bekannte Fürstengrab, der Magdalenenberg bei Villingen im Schwarzwald, inzwischen exakt datiert worden. Die genaue dendrochronologische Datierung wird durch den Vergleich der Jahresringe der Eichenstämme, aus denen die Grabkammer gezimmert wurde, mit einer Kurve ermöglicht, auf der die von Jahr zu Jahr unterschiedliche Stärke der Jahresringe von Bäumen aufgetragen worden ist. Dieser Jahrringkalender reicht inzwischen bis weit hinter die Hallstattzeit zurück und ermöglicht die jahrgenaue Datierung von Holzgegenständen. Für den Magdalenenberg ergab sich, dass die Eichenstämme für die Grabkammer im Jahr 616 v. Chr. gefällt und noch frisch verarbeitet worden sind. Die Gründung von Massalia durch kleinasiatische Griechen aus Phokaia wird demgegenüber traditionell für das Jahr 600 v. Chr. angenommen und ein nennenswerter Handel mit Südostfrankreich und Südwestdeutschland lässt sich erst im 6. Jahrhundert v. Chr. nachweisen. Es müssen also interne soziologische, ökonomische oder politische Veränderungen innerhalb der späten Hallstattkultur dazu geführt haben, dass einzelne Personen zu überdurchschnittlich großer Macht und zu außergewöhnlichem Reichtum gekommen sind, und dies dann auch im Grabbau repräsentieren konnten und wollten.

Der Magdalenenberg (s. S. 34) ist unter allen Grabhügeln des so genannten Fürstengräberkreises, der sich von Ostfrankreich über Südwestdeutschland bis in die Nordschweiz hinein erstreckt, der bisher älteste und, mit einem Durchmesser von 102 Meter, auch der größte seiner Art. Sein Aufbau ist typisch für alle Fürstengrabhügel: im Zentrum eine große, aus mächtigen Eichenbalken gezimmerte Grabkammer und darüber ein gewaltiger Grabhügel aus Steinen, Grassoden und Erdreich. Bei einer ersten Grabung im Jahr 1890 zeigte sich, dass die zentrale Grabkammer bereits in der Antike ausgeraubt worden war, ein Schicksal, das der Magdalenenberg mit etlichen anderen Großgrabhügeln teilt. Es fanden sich nur noch die spärlichen Über-

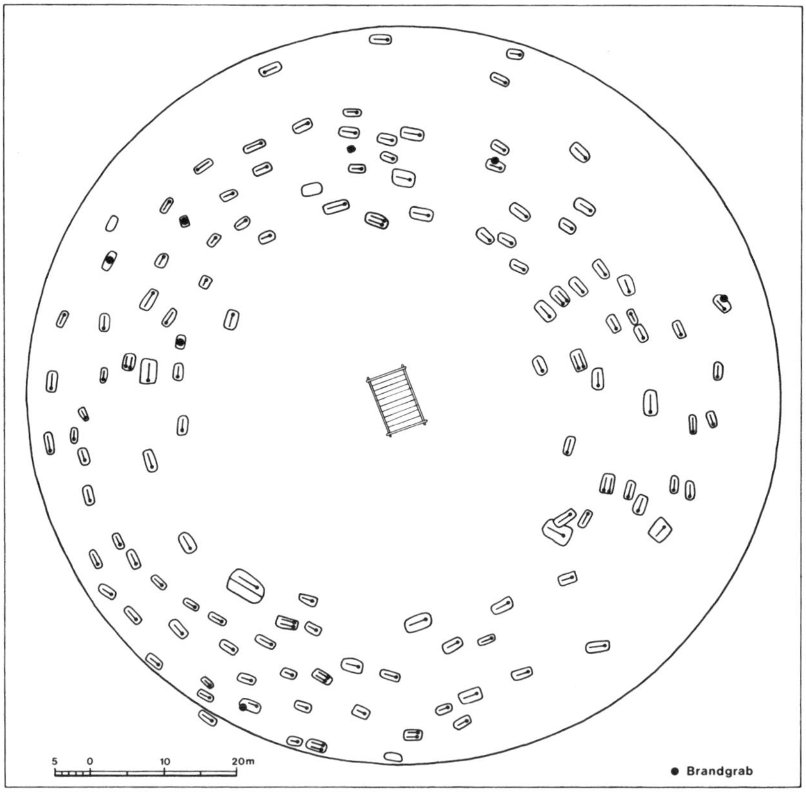

Der Magdalenenberg bei Villingen (Kr. Villingen-Schwenningen). Grundriss des Fürstengrabhügels mit zentraler Grabkammer und noch insgesamt 126 Nachbestattungen.

reste eines Wagens, Teile des Pferdegeschirrs, einige wenige Bronzegegenstände und als Speisebeigabe die Skelettreste eines etwa einjährigen Schweins. Bei der vollständigen Ausgrabung des Hügels zwischen 1970 und 1973 wurden schließlich noch insgesamt 126 weitere Bestattungen entdeckt, die nachträglich in den Grabhügel eingetieft worden waren. Trotz einiger Interpretationsversuche ist immer noch unklar, welcher Personenkreis in diesem Grabhügel nachbestattet hat, denn hinsichtlich der Anzahl und der Qualität der Grabbeigaben unterscheiden sich diese Bestattungen in nichts von solchen, die sich in zeitgleichen Grabhügelfeldern finden. Das Bestatten von Verstorbenen in bereits bestehenden Grabhügeln war allerdings ein allgemeines Phänomen und lässt sich von der späten Hallstattzeit bis in die frühe Latènezeit hinein beobachten.

Ein ungestörtes späthallstattzeitliches Fürstengrab konnte erst 1978/1979 bei Hochdorf, Kr. Ludwigsburg, vollständig ausgegraben werden (s. S. 35 u. 36). Der Verstorbene, ein 40 bis 50 Jahre alter und mit 1,87 m Körperhöhe recht großer Mann, war auf einer Bronzeliege aufgebahrt wor-

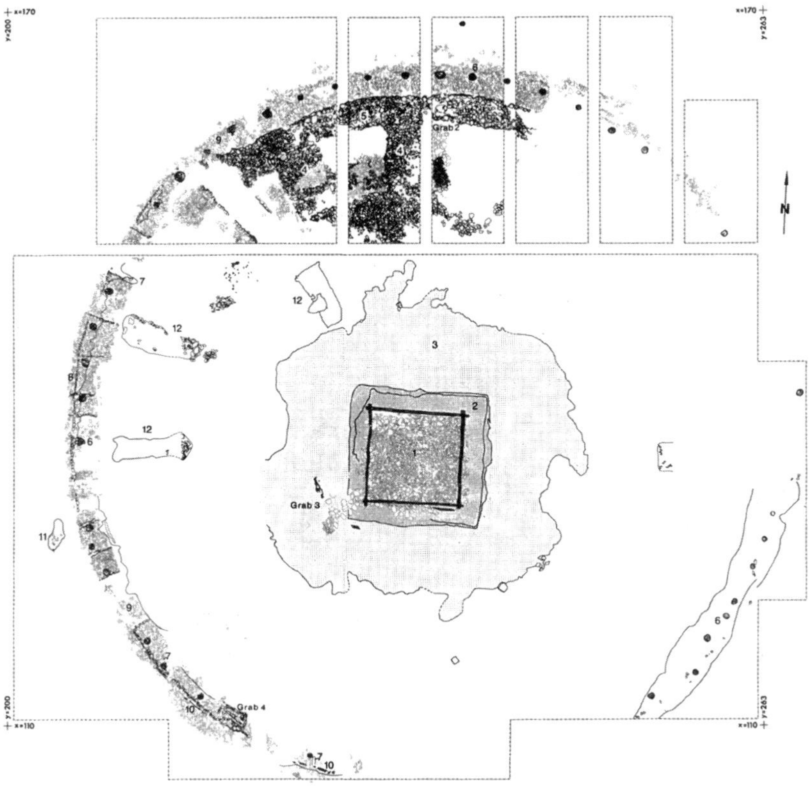

Gesamtplan des Fürstengrabhügels in Hochdorf a. d. Enz (Kr. Ludwigsburg).
1 Zentralgrab
2 Grabschacht
3 Aushub des Grabschachtes
4 aus Steinen gesetzter Eingang
5 Verschluss des Eingangs
6 Pfostenstellungen um den Hügel
7 Holzeinbauten
8 Markierung des Hügelrandes
9 Steinüberdeckung des Hügelfußes
10 Balkenlage
11 Feuerstelle
12 Gruben mit Werkstattresten.

den, die an der westlichen Wand der 4,70 x 4,70 m messenden Grabkammer stand. Diese Liege war auf acht weibliche Bronzefiguren gelagert, die ihrerseits wieder auf Rädern standen. Auf der Lehne ist eine Schwertkampfszene abgebildet – ungewöhnlich für eine Zeit, aus der sonst keinerlei Schwerter, sondern nur Dolche bekannt sind. Der Leichnam war in Tücher eingehüllt, auf die goldene Beigaben aufgelegt worden waren. Oberhalb des Kopfes lag ein Hut aus verzierter Birkenrinde, um den Hals trug der Verstorbene einen

^
Rekonstruktion der zentralen Grabkammer des Fürstengrabes im Keltenmuseum in Hochdorf a. d. Enz (Kr. Ludwigsburg).

breiten Ring aus Goldblech. Auf der Brust fanden sich zwei goldene Fibeln, Gewandspangen zum Drapieren des Gewandes. Um die Hüften war ein Gürtel gelegt, dessen bronzenes Zierblech mit verziertem Goldblech belegt worden war. An seiner rechten Hüfte trug der Tote einen Bronzedolch – ebenfalls mit verziertem Goldblech überzogen. Am rechten Unterarm trug er ein breites Armband aus Goldblech und selbst die Schuhe, Schnabelschuhe mit nach oben gebogenen Spitzen, waren mit Goldblechstreifen verziert worden. Neben ihm lag noch ein Bogen mit einem Pfeilköcher. Zu Füßen des Verstorbenen stand neben der Liege ein importierter großer Bronzekessel mit einem Fassungsvermögen von ca. 500 Litern, der ehemals mit Honigmet oder mit gesüßtem Wein gefüllt war. Seinen Rand zierten drei Henkel und drei Löwenfiguren, von denen einer von einem einheimischen Metallkünstler nachgefertigt worden ist. An der Südwand, die mit Stoffbahnen verkleidet war, die von Fibeln zusammengehalten wurden, hingen insgesamt neun Trinkhörner. Das größte, aus Eisen und Bronze, mit Gold verziert, hatte eine Länge von 1,23 m und fasste 5,5 Liter. Ein Wagen, prächtig mit verziertem Eisenblech beschlagen, stand parallel zur Ostwand der Grabkammer. Auf ihm lagen neun große Bronzeteller, drei Bronzebecken und ein großes Fleischmesser – zusammen mit den Trinkhörnern die Ausstattung für ein großes Gastmahl. Ferner fanden sich auf dem Wagen noch eine eiserne Axt, Teile des Pferdegeschirrs und diverse kleinere Fundstücke. Der große Grabhügel war im Lauf der Jahrhunderte fast vollständig verflacht worden, sodass sich nur noch vier Nachbestattungen erhalten hatten – ursprünglich

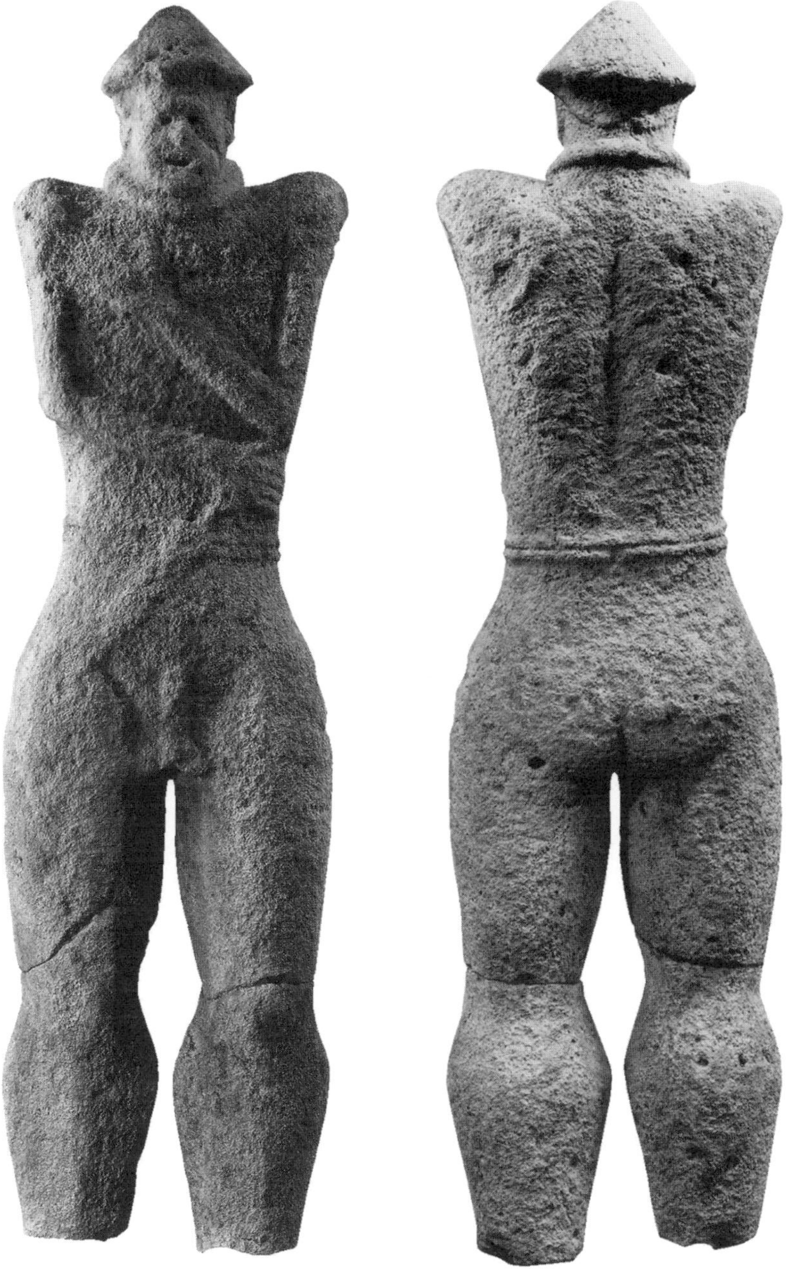

^
So genannter »Krieger von Hirschlanden«. Sandsteinstele mit den Attributen eines späthallstattzeitlichen Fürsten, gefunden bei Hirschlanden (Kr. Ludwigsburg).

waren es, wie beim Magdalenenberg, sicher wesentlich mehr gewesen. Die goldenen Gegenstände des Verstorbenen sind teilweise wohl als Zeichen seiner hohen Stellung innerhalb der Gesellschaft anzusehen. Die bisher früheste Großplastik aus diesem Gebiet (s. S. 37) stellt einen nackten Mann mit einem breiten Halsring, einem Dolch und einem spitzen Hut dar, der dem Birkenrindenhut aus der Grabkammer ähnelt. Diese beinahe lebensgroße Figur aus einheimischem Sandstein wurde wenige Kilometer südlich des Fürstengrabes am Rand eines sonst unscheinbaren Grabhügels bei Hirschlanden gefunden. Sie war dort in vermutlich sekundärer Verwendung aufgestellt worden und stellt wahrscheinlich einen heroisierten späthallstattzeitlichen Fürsten dar. Der Fürst von Hochdorf hatte, genau wie die übrigen Verstorbenen aus den fürstlichen Bestattungen dieser Region, seinen Sitz wohl auf dem nahe gelegenen Hohenasperg, der heute allerdings durch eine Festungsanlage überbaut ist.

Einen Eindruck von einem solchen Fürstensitz gewinnt man durch eine Anlage, die sich bei Sigmaringen an der oberen Donau befindet (s. unten). Auch diesen Fürstensitz umgibt eine ganze Reihe von mächtigen Grabhügeln, in einigen davon wurden auch reiche Bestattungen entdeckt. Diese »Heuneburg« genannte Befestigung liegt oberhalb des Flusses und war weithin zu sehen. Die Anlage selbst war ursprünglich von einer Befestigungsmauer umgeben, die in der traditionellen einheimischen Technik aus Holzbalken und Erdreich gebaut war. Daran angeschlossen war ein großes Dorf.

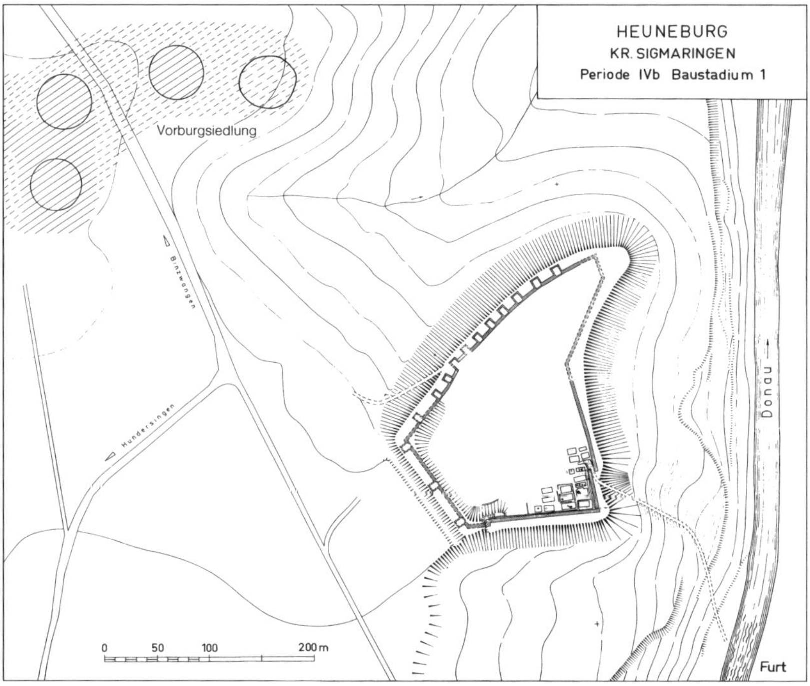

Die Heuneburg bei Hundersingen (Kr. Sigmaringen). Grundriss der Lehmziegelmauer des Fürstensitzes. Neuere Ausgrabungen haben ergeben, dass sich die Vorburgsiedlung wesentlich weiter nach Süden erstreckt hat, als auf der Karte eingetragen.

^
Modell der stadtartigen Bebauung in der Südostecke der Heuneburg zur Zeit der Lehmziegelmauer. Zwischen den eng aneinander gebauten Häusern verliefen schmale Wege und Gassen.

In einer frühen Phase der späten Hallstattzeit wurde diese Befestigung dann durch eine Mauer ersetzt, die bisher nördlich der Alpen einzigartig geblieben ist und die ihre nächsten Vergleiche erst wieder in den großgriechischen Städten des Mittelmeergebietes findet (s. oben). Auf einem Fundament aus behauenen Steinen wurde eine Mauer aus luftgetrockneten Lehmziegeln hochgezogen und mit einem hölzernen Wehrgang versehen. Dieses Bollwerk mit seinen vorspringenden viereckigen Bastionen war weiß gekalkt und bot sicherlich einen prächtigen Anblick. Im Inneren der Festung reihte sich Haus an Haus. In der ausgegrabenen Südostecke befanden sich Werkstätten, in denen Handwerker Eisen, Bronze, Horn, Bein und das fossile Holz Gagat/Lignit zu Werkzeugen und Schmuckstücken verarbeiteten. Das Bruchstück einer Gussform für einen Gefäßhenkel, wie er sonst nur in Italien hergestellt wurde, deutet auf Beziehungen über die Pässe der Alpen hinweg nach Etrurien. Auf Beziehungen zu Griechenland und zu Massalia/Marseille weisen Bruchstücke von bemalten griechischen Gefäßen hin, große *Kratere* zum Mischen von Wein mit Wasser, Kannen und vor allem Trinkschalen und Becher. Der Wein, das zeigen Reste von Transportamphoren, wurde in Massalia abgefüllt und über die Täler der Rhône und Saône bis zur Heuneburg transportiert. Nahe der Mündung des Doubs in die Saône wurden bei Bragny-sur-Saône in einer ebenfalls späthallstattzeitlichen Siedlung etliche Reste von Transportamphoren entdeckt. Hier befand sich wohl einer der Umschlagplätze für den Warenstrom nach Norden. Was als Gegenleistung für diese Importgüter nach Süden verhandelt wurde, ist nicht bekannt. Denkbar wären Waren wie Eisen, Zinn, Salz oder Bernstein. Man hat auch vermutet, der Wein wäre mit Sklaven bezahlt worden.

Die späthallstattzeitlichen Fürsten müssen für das Mittelmeergebiet eine große Bedeutung gehabt haben. Darauf weist ein 1953 zufällig beim Pflügen entdecktes Grab bei Vix (Côte d'Or) in Burgund hin. Hier war fast am

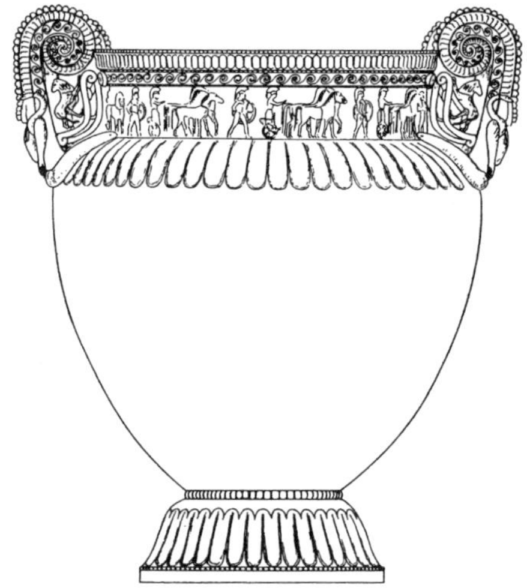

^
Der Bronzekrater aus dem Fürstinnengrab in Vix (Côte d'Or) ist mit 1,64 m Höhe das größte erhaltene Bronzegefäß der Antike. Er wurde um 530 v. Chr. in einer großgriechischen Werkstatt angefertigt.

Ende der späten Hallstattzeit eine 30 bis 35 Jahre alte Frau bestattet worden. In Anlehnung an die Fürsten wird sie »Prinzessin von Vix« genannt, obwohl man bisher über ihre ehemalige Stellung innerhalb der Gesellschaft nur spekulieren kann. Das Grab enthielt einen verzierten Wagen, auf dem die Verstorbene gebettet worden war. Die Räder hatte man vorher abmontiert und an die Wand der Grabkammer gelehnt. Neben etlichen Schmuckstücken trug die Tote einen goldenen Halsring bzw. ein Diadem, ein Importstück. Das Trinkgeschirr setzte sich aus zwei griechischen Trinkschalen, drei Bronzebecken und einer etruskischen Bronzekanne zusammen. Das beeindruckendste Fundstück war allerdings ein riesiger griechischer Mischkrater aus Bronze (s. oben). Mit einer Höhe von 1,64 m und einem Fassungsvermögen von 1100 Litern ist er das größte erhalten gebliebene Bronzegefäß der Antike. Man hat in ihm ein diplomatisches Geschenk an die Fürsten auf dem nahe gelegenen befestigten Mont Lassois gesehen. Grabungen auf diesem Fürstensitz erbrachten auch hier Reste von griechischer Importkeramik.

Eines der jüngsten Fürstengräber, es stammt bereits aus der frühen Latènezeit, wurde 1987 am Glauberg in der hessischen Wetterau entdeckt und in den Jahren 1994/1995 ausgegraben. Die imposante Anlage besteht aus einem großen Grabhügel mit einem Durchmesser von 48 m, zu dem eine 350 m lange und durchschnittlich 10 m breite Prozessionsstraße hinführte (s. S. 41). Zugangsweg und Hügel säumt ein 6,70 m breiter und 2,80 m tiefer Graben. In diesem Graben entdeckte man neben dem Hügel eine vollständige und die Reste von weiteren drei zertrümmerten Sandsteinplastiken. Wie bei der Figur von Hirschlanden handelt es sich hier wohl um die heroisierende Darstellung

^

Der Glauberg bei Glauburg (Wetterau-Kreis). Gesamtplan der Wallanlagen und der Grabungs- und Prospektionsbefunde. Im Zentrum der kreisförmige Graben des Fürstengrabes und die so genannte Prozessionsstraße.

eines Fürsten (s. S. 42). Die Figur trägt einen Panzer, einen Schild, ein Schwert, einen Halsring mit drei knospenförmigen Zierstücken, am rechten Unterarm einen Armring, an der rechten Hand einen Fingerring und am linken Oberarm drei Armringe. Auf dem Kopf trägt er eine so genannte »Blattkrone«. Das Gesicht ist stilisiert dargestellt, mit großen Augen, Schnurr- und Kinnbart. Im Grabhügel wurden zwei Gräber entdeckt. Interessant ist besonders Bestattung 1. Das Grab eines etwa 30 Jahre alten und ca. 1,70 m großen Mannes enthielt als Beigabe eine Bronzekanne, die ursprünglich mit Met gefüllt war. Dem Verstorbenen hatte man ein Schwert, drei Lanzen, Pfeil und Bogen sowie einen Schild mitgegeben. Er trug einen verzierten Gürtel sowie zwei goldene Ohrringe, einen Goldhalsring mit drei knospenförmigen Zierstücken, einen goldenen Armring am rechten Handgelenk und an der rechten

^
Lebensgroße Sandsteinstatue eines Kriegers, gefunden im Grabensystem beim Fürstengrabhügel Glauberg bei Glauburg (Wetterau-Kreis). Die Ausstattung der Figur entspricht den Grabbeigaben in Grab 1 des Fürstengrabhügels.

Hand einen goldenen Fingerring. Weiterhin fanden sich drei Bronzearmringe und drei figural verzierte frühlatènezeitliche Fibeln. Die Ähnlichkeit dieser Ausstattung mit derjenigen der aufgefundenen Sandsteinfigur zeigt, dass hier wohl der Tote aus Bestattung 1 dargestellt wurde. Einen Hinweis auf den Einflussbereich dieses Fürsten ergab die Untersuchung der Metreste in der Bronzekanne: der zur Herstellung des Weines verwendete Honig wurde teilweise aus einer Entfernung von über 100 km herantransportiert.

Reich ausgestattete fürstliche Bestattungen in Großgrabhügeln werden nach der frühen Latènezeit nicht mehr angelegt. Als Hintergrund für die Aufgabe dieser Bestattungssitte müssen wohl interne soziologische, ökonomische oder politische Veränderungen innerhalb der frühen Latènekultur angenommen werden, die sich jedoch bisher einem archäologischen Nachweis entziehen.

Die übrige Bevölkerung lebte in unterschiedlich großen Dörfern, Weilern und Einzelgehöften. Die wirtschaftliche Grundlage ihrer Existenz waren Ackerbau und Viehhaltung. Untersuchungen von Blütenpollen in Hessen und Südwestdeutschland lassen auf eine stark entwaldete Landschaft schließen. Der intensive Ackerbau erstreckte sich bis in eher ungünstige Berglagen. Daneben finden sich Hinweise auf eine intensive Weidewirtschaft. Man baute Gerste, Hirse und die Weizensorten Emmer, Einkorn, Dinkel und Nacktweizen an. Ein Teil der Gerste wurde möglicherweise vergoren. Dies legt zumindest ein Befund aus der Siedlung Hochdorf-Reps nahe, der als Braustätte interpretiert wird. Daneben wurden Hülsenfrüchte wie Erbsen, Linsen oder Ackerbohnen, sowie Ölpflanzen wie Leindotter, Lein und Mohn angebaut. Wildfrüchte wie beispielsweise Himbeeren, Brombeeren, Holunderbeeren, Schlehen oder Traubenkirschen ergänzten die Ernährung. Einen ungewöhnlichen Fund stellen die Feigen in der frühlatènezeitlichen Siedlung von Bad Nauheim dar. Als Haustiere wurden Rinder, Schweine, Schafe, Ziegen, Pferde und Hunde gehalten. Wildtiere spielten, nach Ausweis der Knochenfunde, für die Ernährung kaum eine Rolle.

Die verschiedenen Gemeinschaften bestatteten ihre Verstorbenen oft in Grabhügeln, wobei entweder für den Toten ein neuer Grabhügel errichtet oder dieser in einem schon bestehenden Hügel nachbestattet wurde. Die persönlichen Grabausstattungen sind bei Männern eher einfach (s. S. 44). Ein Halsring, Fibeln, ein mit einem Bronze- oder Eisenblech verzierter Gürtel und Armringe kommen als Grabbeigaben vor. An Waffen erhielten jüngere Männer Lanzen und ältere Männer oft einen kunstvoll gearbeiteten Dolch mit ins Grab. Frauenbestattungen sind demgegenüber häufig mit reichem Kopf-, Hals-, Arm- und Beinschmuck ausgestattet. In der Regel handelt es sich dabei um Körperbestattungen. Im Gegensatz dazu stehen eher ärmlich ausgestattete Brandgräber, die sich sowohl in Grabhügelfeldern zwischen den Hügeln, als auch in eigens angelegten Brandgräberfriedhöfen finden. Man hat versucht, den Unterschied in der Ausstattungsqualität zwischen den beiden Bestattungsarten soziologisch zu interpretieren und in den ärmlich wirkenden Brandgräbern eine Unterschicht gesehen. Allerdings liegt der Unterschied zwischen Brand- und Körperbestattung wohl eher in unterschiedlichen religiösen Vorstellungen begründet, die dann auch andere Beigabenregeln zur Folge haben können. Eher selten sind Bestattungen in Siedlungen. Innerhalb der Heuneburg hat man beispielsweise die Bestattung einer Frau gefunden. Auch in den Karsthöhlen der Alb wurden Verstorbene bestattet, entweder in den Höhlenboden eingetieft oder in so genannte »Schachthöhlen« hinabgelassen.

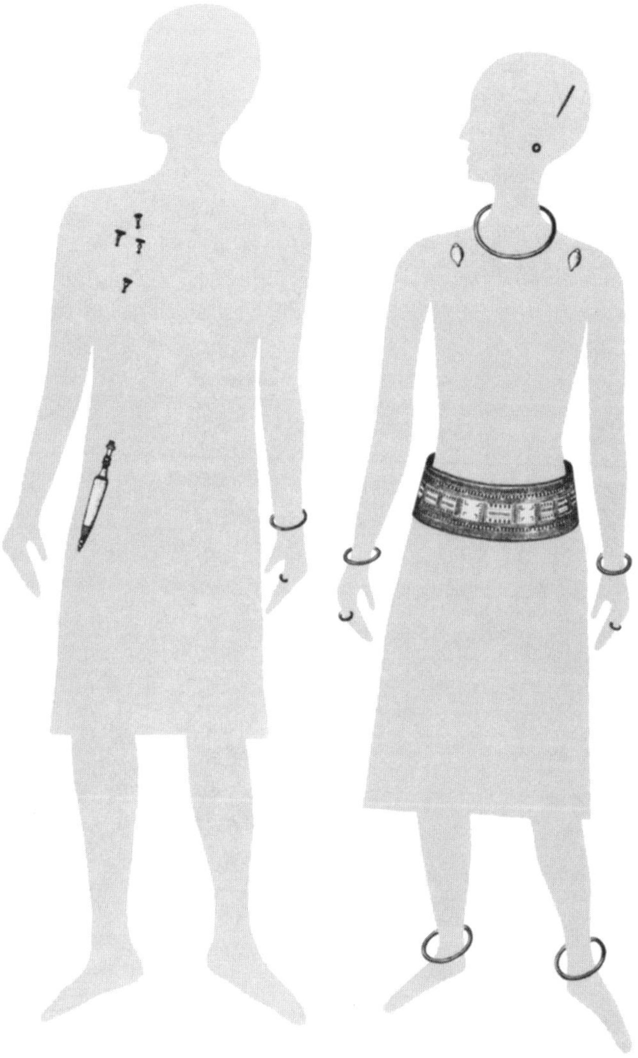

^

Schmuck und Waffen der späten Hallstattzeit.
Links: Männergrab aus Hegnach (Rems-Murr-Kreis) mit Dolchmesser, 4 Fibeln, Armring und Fingerring aus Bronze.
Rechts: Frauengrab aus Mühlacker (Enzkreis) mit Haarnadel, Ohrringen, Halsring, 2 Paukenfibeln, Gürtelblech, Arm- und Fingerringen sowie Fußringen aus Bronze (Hügel 1, Grab 1).

Über die religiöse Vorstellungswelt der späten Hallstatt- und frühen Latènekultur kann die prähistorische Archäologie nur sehr eingeschränkte Aussagen machen. Alles das, was das Wesen einer Religion ausmacht, also Glaubensinhalte, Welt- und Menschenbilder, Mythen und Gebete, zeichnet sich kaum in Bodenfunden ab und ist ohne schriftliche Überlieferung für immer verloren. Wohl aber sind der Archäologie Aussagen über die Praxis prähistorischer Religionsausübung möglich. Der Nachweis sich wiederholender und wahrscheinlich religiös begründeter ritualisierter Handlungsabläufe im archäologischen Befund lässt religiöses Handeln erkennen, allerdings ohne dass ein Rückschluss auf die zugrunde liegenden religiösen Vorstellungen möglich wäre. So konnten bisher in erster Linie Opferfunde nachgewiesen werden. Gegenstände wurden oft an oder in Gewässern wie Flüssen, Seen oder Quellen niedergelegt. Die Fundstelle La Tène wird beispielsweise als Platz diskutiert, an dem immer wieder Opfergaben in den See versenkt worden seien. Offensichtliche Opfergaben wurden auch an so genannten »naturheiligen Plätzen« entdeckt. Ein Beispiel dafür ist der am Heidentor, einer brückenartigen natürlichen Felsformation bei Egesheim, Kr. Tuttlingen, entdeckte Opferfund. Hier wurden vom Beginn der späten Hallstattzeit bis in die mittlere Latènezeit hinein insgesamt 114 Fibeln, Ringe, Pfeilspitzen und andere Kleinfunde aus Eisen, Bronze und Gold niedergelegt. Warum dieser Ort als Opferplatz ausgewählt wurde, muss mangels Überlieferung letztlich unbekannt bleiben. Daran ändert auch eine esoterisch-falsche Ansprache des Platzes als »starker Ort« nichts, wie ein Blick auf viele christliche Kirchen zeigt: ohne überlieferte Gründungslegende wäre deren Standort in der Regel nicht zu erklären. Ein lange Zeit angenommener Opferkult, bei dem die Reste von Menschenopfern in Schachthöhlen eingeworfen worden sein sollen, hat sich in den letzten Jahren als Fehlinterpretation erwiesen. Bei vielen der oft in Schachthöhlen gefundenen menschlichen Skelettreste handelt es sich in Wirklichkeit um Überreste von regulären Bestattungen.

Zu Beginn der mittleren Latènezeit ändert sich das archäologische Bild grundlegend. Aus den figürlichen Anfängen der frühen Latènekultur bildete sich ein typischer Kunststil heraus, der sich in den folgenden Jahrhunderten immer weiter entwickelte und ausbreitete. Die überwiegende Mehrzahl der bisher bewohnten Siedlungen wurde aufgegeben und es verschwand auch die Sitte, Verstorbene in Grabhügeln zu bestatten. Die Toten wurden jetzt unverbrannt in teilweise recht lange genutzten Flachgräberfriedhöfen begraben. Außerdem kam es um etwa 400 v. Chr. innerhalb etwa eines Jahrzehnts zu einer drastischen Verschlechterung des Klimas. Die Winter wurden länger und schneereicher, die Sommer kürzer und feuchter. Dies muss zu verheerenden Einbrüchen in der bäuerlichen Produktivität geführt haben. Ob es damals auch zu Hungersnöten gekommen ist, lässt sich bisher nicht belegen – man hat aber auch noch nicht nach Hinweisen auf solche Katastrophen geforscht. Immerhin waren diejenigen Kelten, die etwa um die gleiche Zeit in Oberitalien einfallen, nach Aussage der antiken Überlieferung auf der Suche nach Ackerland.

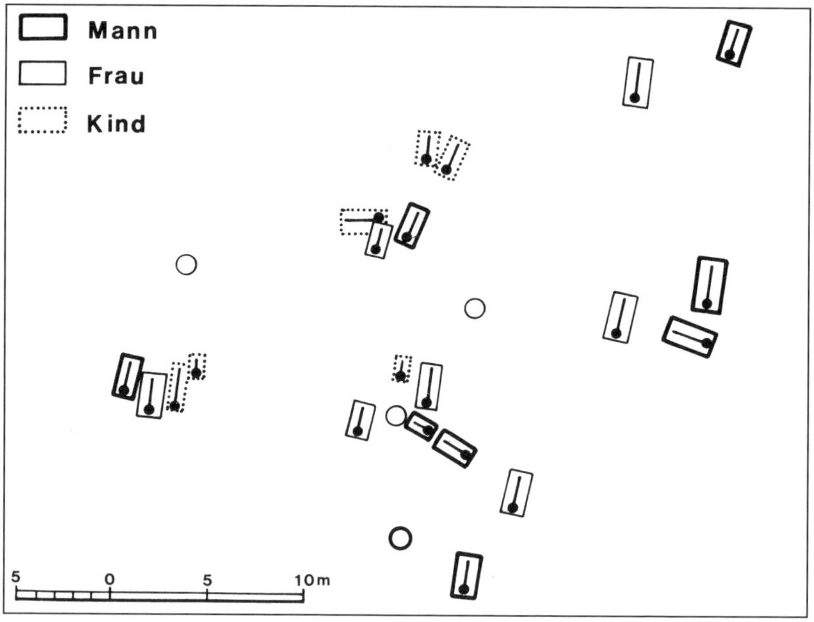

^
Plan des Flachgräberfeldes bei Nebringen (Kr. Böblingen). Die in den sechs erkennbaren Grabgruppen bestatteten Personen waren miteinander verwandt.

In Südwestdeutschland ist die Zahl der archäologisch nachweisbaren Fundstellen aus der mittleren Latènezeit im Vergleich zu denen aus der frühen Latènezeit deutlich geringer. Man hat lange Zeit angenommen, dass die gesamte Region bevölkerungsleer geworden sei. Inzwischen konnte allerdings eine zwar lockere, aber flächendeckende Streuung von Einzelgräbern, kleinen Siedlungsstellen und Friedhöfen nachgewiesen werden, was auf eine ebenso lockere Besiedlung schließen lässt. In einem dieser kleinen Gräberfelder werden erstmals direkte Hinweise auf die Sozialstruktur der damaligen Gesellschaft erkennbar. Im Jahr 1959 wurden bei Nebringen, Kr. Böblingen, 25 Gräber ausgegraben, der Friedhof erstreckte sich auf einer Fläche von nur 50 x 30 m (s. oben). Hier wurden insgesamt neun Männer und Knaben, zehn Frauen und Mädchen und sechs Kinder bestattet. Die Grabbeigaben sind typisch für die mittlere Latènezeit (s. S. 47). Männern wurden Waffen wie Schwerter oder Lanzen sowie Rüstungsteile wie Schilde oder gelegentlich auch Helme mit ins Grab gelegt. Dazu kamen Fibeln, in der Regel aus Eisen. Frauengräber sind durch die Beigabe von Bronzeschmuck charakterisiert. Halsringe, Bronzefibeln, Arm- und Fußringe sowie Anhänger aus unterschiedlichem Material gehören zur Ausstattung. In den Kindergräbern befanden sich neben Speiseresten und Tongefäßen je einmal eine Muschel, ein Pferdezahn und ein Tierknochen, wobei es sich vermutlich um Amulette gehandelt hat. Die Gräber sind zu kleineren Grabgruppen zusammengefasst,

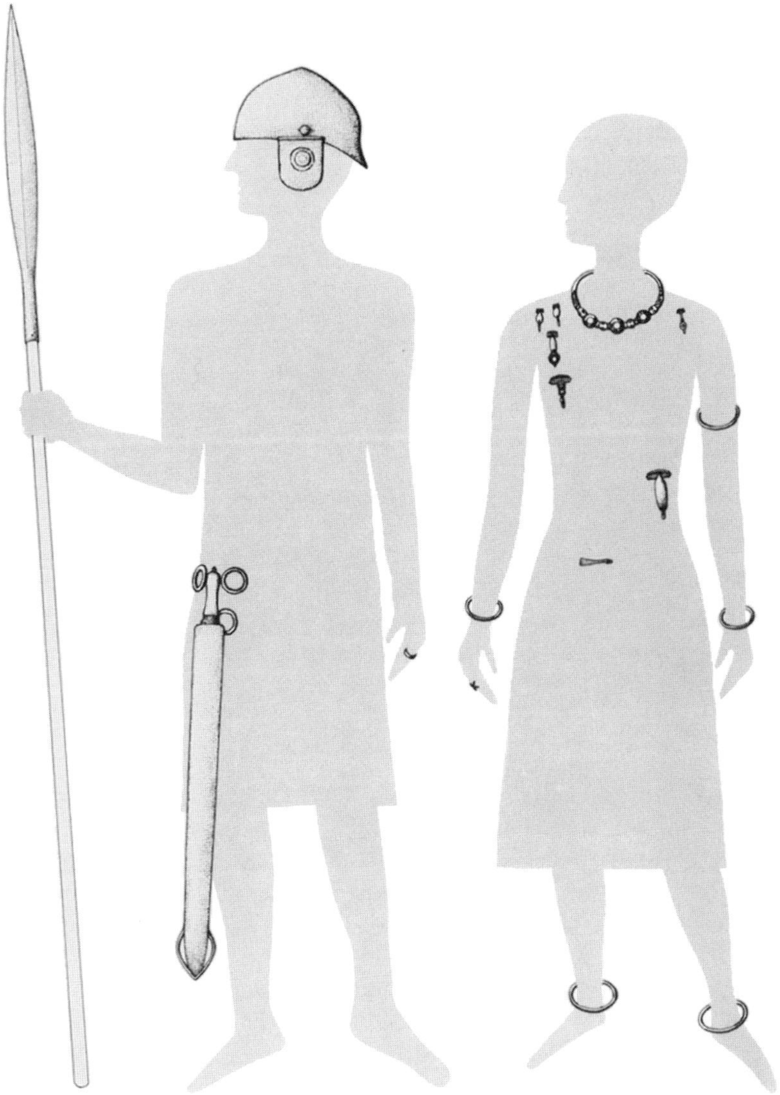

^
Schmuck und Waffen der mittleren Latènezeit:
Links: Kriegergrab 11 von Nebringen (Kr. Böblingen) mit Helm, Lanze und Eisenschwert sowie einem goldenen Fingerring.
Rechts: Frauengrab 4 aus Nebringen mit Scheibenhalsring, Bronze- und Eisenfibeln, Gürtelhaken, Arm- und Fußringen sowie goldenem Fingerring.

auf die beide Geschlechter und die Altersgruppen so gleichmäßig verteilt waren, dass schon früh vermutet wurde, hier würden sich verwandtschaftliche Beziehungen widerspiegeln. Eine erst vor kurzem an den erhaltenen Skelettresten durchgeführte gentechnische DNA-Analyse konnte diese Vermutung bestätigen. Die vorrangige soziale Bezugsgröße in der Gesellschaft

^
Kunst der Latènezeit – »früher Stil«: Bronzefibel aus Oberwittighausen (Main-Tauber-Kreis) mit stilisierten menschlichen und tierischen Maskendarstellungen.

dieser Zeit war offensichtlich die Familie. Dass daneben übergeordnete Strukturen wie Familienverbände, Clans oder Stämme existierten, ist zwar wahrscheinlich, aber bisher nicht nachgewiesen.

In der mittleren Latènezeit bildet sich auch der oft als typisch keltisch angesehene »Latènestil« aus. Was die Zuweisung eines Kunststils zu einer ethnischen Gruppe anbelangt, muss an die einschränkenden Bemerkungen zu Beginn dieses Beitrags erinnert werden. Allgemein lässt sich sagen, dass einerseits nicht überall dort, wo Kelten nachgewiesen sind, auch Latènekunst verbreitet ist, und dass sich im Latènestil verzierte Gegenstände auch in Regionen finden, in denen aller Wahrscheinlichkeit nach nie Kelten gelebt haben. Die Kunst der Latènezeit wird nach der von P. Jacobsthal 1944 vorgeschlagenen Einteilung in verschiedene aufeinander folgende Entwicklungsphasen eingeteilt.

Aus dem »frühen Stil« der beginnenden Latènezeit (oben), der durch figürliche Darstellungen, Masken, Zirkelornamentik und über Griechenland und Etrurien vermittelte Lotosblüten- und Palmettenmuster charakterisiert ist, wird der »reife Stil«, der nach einem reichen Grabfund im Hunsrück auch »Waldalgesheimstil« genannt wird (s. S. 49 oben). Dieser Stil zeichnet sich

^
Kunst der Latènezeit – »reifer Stil«: Detail des Goldhalsringes und der Armreifen aus Waldalgesheim (Kr. Mainz-Bingen) mit plastischer Ranken- und Wirbelornamentik.

durch aufgelöste und stark stilisierte Palmetten und schwungvolle Wirbelornamente aus. Farblich unterstützt wird die Ornamentik oft durch Einlagen aus roter Koralle oder Email, etwa auf Fibeln oder Halsringen. Der darauf folgende »plastische Stil« (s. unten) und verschiedene »Schwertstile« zeichnen sich durch eine verstärkt dreidimensionale Anlage von komplex ineinander verschlungenen menschlichen, tierischen und pflanzlichen Motiven aus. Das gemeinsame Charakteristikum all dieser Stile ist, dass durchaus mediterrane und orientalische Motive aufgegriffen werden. Diese werden allerdings frei

^
Kunst der Latènezeit – »plastischer Stil«: Bronzefußringe aus Straubing mit plastisch verzierten Hohlbuckeln.

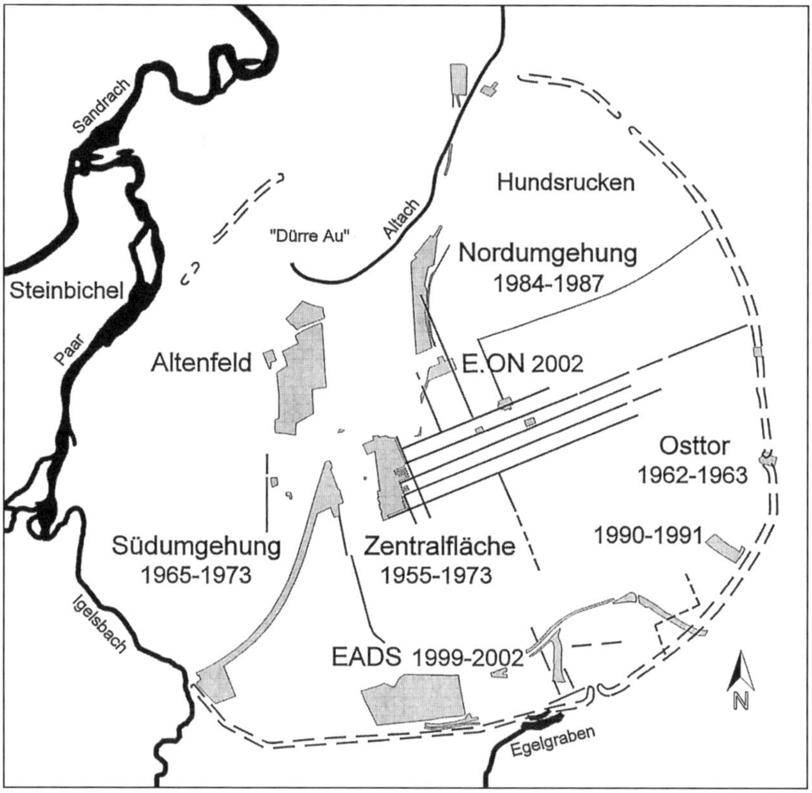

Plan des *Oppidums* bei Manching (Kr. Pfaffenhofen a. d. Ilm) mit Verlauf der Mauer (gestrichelte Linien) und den Grabungsflächen seit 1955.

mit Elementen der einheimischen Tradition kombiniert und eigenständig zu einer typischen Formsprache weiterentwickelt.

Während der fortgeschrittenen mittleren Latènezeit beginnen dann Entwicklungen, die schließlich zu den bedeutendsten archäologischen Strukturen der späten Latènezeit führen, den *Oppida* und den so genannten »Viereckschanzen«.

Die archäologische Bezeichnung »*Oppidum*« leitet sich vom lateinischen Sprachgebrauch Julius Caesars ab, der mit diesem Begriff stadtähnliche und befestigte Ansiedlungen in Gallien bezeichnete. Dort waren sie zentrale Orte der jeweiligen Stammesgemeinschaften, in denen Märkte und Gerichtstage abgehalten wurden. Hier befanden sich Verwaltungseinrichtungen, und es wurden Zölle erhoben, hier lebten Angehörige der Oberschicht und hoch spezialisierte Handwerker.

Das große *Oppidum* von Manching (s. oben), in dem seit 1955 immer wieder Ausgrabungen stattfinden, lässt Entstehung und Aufbau einer solchen stadtähnlichen Ansiedlung gut erkennen. Eine seit der mittleren Latènezeit bestehende Siedlung vergrößert sich und wird in der späten Latènezeit mit einem 7,2 km langen *»murus gallicus«* befestigt. Auch dieser Begriff geht auf Julius Caesar zurück und bezeichnet eine Befestigungsmauer, die aus einem Rahmenwerk aus kräftigen und miteinander vernagelten Balken besteht. Dieses Rahmenwerk wird mit Steinen aufgefüllt, die Außenseite mit einer Mauer verblendet und die Innenseite mit einer Erdrampe verstärkt. Das Befestigungswerk umschloss eine Innenfläche von 380 Hektar, die allerdings nie vollständig bebaut war. Im Inneren ist ein nach den Himmelsrichtungen ausgerichtetes Straßensystem zu erkennen, die Bebauung wird vom Zentrum zur Peripherie hin immer lockerer. Im Zentrum befanden sich mindestens drei Tempelanlagen, große repräsentative Gebäude und Speicherbauten. Daneben entwickelte sich ein Handwerkerviertel. Außen lagen dann entlang der Straßenzüge größere eingezäunte Flächen mit Gebäuden, die als Hofstellen gedeutet werden. An Haustieren sind Rinder, Schweine, Schafe, Ziegen und nur wenige Pferde und Hunde nachgewiesen.

Das *Oppidum* ist wohl als Wirtschafts- und Handelsmetropole anzusehen; die Handelsbeziehungen reichten bis nach Böhmen. Bronzene Rahmen von Schreibtafeln und Griffel aus Bronze, Eisen und Bein lassen auf den Gebrauch von Schrift schließen. Waren und Rohstoffe wurden wohl über die nahe Donau angeliefert. Die Handwerkerbetriebe des *Oppidums* verarbeiteten Eisen, Bronze, Edelmetalle, Bein, Glas und viele andere Materialien, und

^

Latènezeitliche Goldmünzen (Vorder- und Rückseite):
1 Vierundzwanzigstelstater mit Doppelkopf (Giengen a. d. Brenz, Kr. Heidenheim)
2 Regenbogenschüsselchen mit Kopfdarstellung (Nagold, Kr. Calw)
3 Regenbogenschüsselchen mit Inschrift ATVLLOS (Fundort unbekannt)

man konnte ein eigenständiges Maß- und Gewichtssystem rekonstruieren. Daneben produzierten Töpfereien hochwertige und teilweise bemalte Gefäße. Funde von Münzen aus Silber und stark zinnhaltiger Bronze (Potin) lassen auf eine funktionierende Geldwirtschaft schließen.

Die Prägung von Münzen begann bereits während der mittleren Latènezeit (s. S. 51). Die Vorbilder waren griechische und römische Münzen. Dabei handelt es sich oft um Goldstatere, die Philipp II. von Makedonien und sein Sohn Alexander III., der Große, auch zur Entlohnung von Söldnern prägen ließen. Daneben standen aber auch Denare der Römischen Republik und Silbermünzen griechischer Städte wie etwa Emporion, Rhoda, Thasos oder Massalia. Die Bildmotive der jeweiligen Vorbilder wurden in der Folge rasch stilisiert, abgewandelt und neu gestaltet. Genau wie in der Latènekunst entwickelt sich hier eine eigene Bildsprache. Münzen wurden aus Gold und Silber geprägt sowie aus Potin gegossen. Nur auf einigen Prägeserien finden sich Namen in griechischer oder lateinischer Schrift, in iberischen oder oberitalischen Alphabeten. Vermutlich handelt es sich dabei um Namen von Stammesfürsten. Auf iberischen Münzen werden oft auch die Prägeorte genannt. Die Prägung von Münzen war nicht auf *Oppida* beschränkt. Auch in großen unbefestigten Siedlungen wie etwa in Pollanten bei Berching und in kleinen Ansiedlungen wie etwa derjenigen auf dem Karlstein bei Bad Reichenhall lässt sich Münzprägung nachweisen. Die latènezeitliche Münzprägung endet uneinheitlich teils bereits vor und zum Teil mit der römischen Eroberung. In Südengland und am Niederrhein dauerte die Prägung von Münzen bis weit in das 1. Jh. n. Chr. in die römische Kaiserzeit hinein an. In einigen Regionen führte die Anwesenheit der römischen Geldwirtschaft offensichtlich zu einem Anstieg der lokalen Produktion gerade von Potinmünzen. Dies lässt möglicherweise auf einen großen Wertunterschied zwischen römischem und latènezeitlichem Geld schließen, der eine größere Anzahl gerade der kleinen Münznominale erforderte.

Eine weitere charakteristische Baustruktur der späten Latènezeit stellen in Süd- und Südwestdeutschland die so genannten »Viereckschanzen« dar. Dabei handelt es sich um unterschiedlich große rechteckige Anlagen, die mit einem Wall und einem Graben umgeben waren (s. S. 53). Der Eingang befindet sich oft im Osten der Anlagen, nie im Norden. Die Diskussion über die einstige Funktion dieser Bauwerke lässt die Schwierigkeiten der prähistorischen Archäologie erkennen, ausgegrabene Befunde zu interpretieren und zeigt überdies, wie abhängig solche Interpretationen vom jeweiligen Stand der Forschung sind. Im 19. Jahrhundert galten Viereckschanzen als Überreste römischer Befestigungsanlagen. Um die Jahrhundertwende wurden sie als spätlatènezeitlich datiert und als befestigte Bauernhöfe angesehen. Nachdem einige dieser Anlagen ausgegraben worden waren, wurde eine regelmäßige Innenaufteilung erkennbar: Der Innenraum war weit gehend unbebaut, lediglich in einer oder zwei der Ecken standen Gebäude mit rechteckigem oder quadratischem Grundriss, der oft an spätere so genannte »gallorömische Umgangstempel« erinnert. Außerdem fanden sich ein oder meh-

^
Luftbildaufnahme der Viereckschanze bei Westerheim (Alb-Donau-Kreis) mit Wall und umlaufendem Graben.

rere unterschiedlich tief in den Boden hineinreichende Schächte. In der Folge sah man Viereckschanzen nicht mehr als Bauernhöfe, sondern als Heiligtümer an. Ihre Bestätigung fand diese Interpretation in der 1958/1959 ausgegrabenen Viereckschanze von Holzhausen, Kr. München. Hier führten drei Schächte teilweise über 30 m tief in den Boden. Die zwischen Erdreich

^
Die hölzerne Hirschfigur aus Fellbach-Schmiden (Rems-Murr-Kreis) fand sich im Brunnenschacht der dortigen Viereckschanze. Sie ist 77 cm hoch, wurde im 2./1.Jh. v.Chr. angefertigt und war wahrscheinlich Teil eines Kultbildes.

und organischem Material abwechselnden Auffüllschichten wurden als Hinweis auf Blut- und Fleischopfer interpretiert. Bei der Ausgrabung einer Viereckschanze bei Fellbach-Schmiden, Rems-Murr-Kreis, in den Jahren 1977–1980 entdeckte man in einem holzverschalten Brunnenschacht drei geschnitzte Holzfiguren (s. oben), an denen noch Reste der ursprünglichen gelben Bemalung erkennbar waren. Die beiden Ziegenböcke und die Hirsch-

^
Zeichnerische Rekonstruktion des Viereckheiligtums von Gournay-sur-Aronde in Nordostfrankreich im 2. Jh. v. Chr. mit schädelgeschmücktem Tor, zur Schau gestellten Waffen und einem offenen Holzbau mit Opfergrube im Zentrum.

figur waren vermutlich Teile von zwei Kultbildern, die in einem Gebäude der Viereckschanze aufgestellt worden waren. Seit dem Ende der Achtzigerjahre des 20. Jahrhunderts wurde eine Reihe weiterer Viereckschanzen vollständig untersucht, die eine andere Innenbebauung erkennen ließen. Hier fehlten tiefe Schächte völlig und im Innenraum der Anlagen waren mehrere Gebäude verstreut, die man jetzt als Wirtschaftsgebäude rekonstruierte. Die Viereckschanze von Bopfingen im Nördlinger Ries befand sich neben bzw. in einer zeitgleichen Siedlung. Heute werden Viereckschanzen als umfriedete Hofstellen von möglicherweise adeligen Personen angesehen, aber die Diskussion ist noch nicht abgeschlossen. Möglicherweise liegen die Schwierigkeiten bei der Interpretation darin, dass man für eine relativ einfache Baustruktur nur eine einzige Nutzungsart annimmt. Vielleicht waren ja einzelne dieser Anlagen eingefriedete Bauernhöfe und andere wiederum tatsächlich Heiligtümer.

Schließlich sind in Nordfrankreich viereckig eingefriedete Kultstätten sicher nachgewiesen. In Gournay-sur-Aronde (Oise) (s. oben) fand sich innerhalb einer mit einem viereckigen Graben und einer Palisade umgebenen Anlage eine große Grube, in die man die Reste von geopferten Rindern gelegt hatte. Im Graben lag eine Vielzahl an rituell beschädigten oder zerstörten Waffen, hauptsächlich Schwerter und Schildreste. In Ribemont-surl'Ancre (Somme) waren demgegenüber die Knochen von mehreren hundert Verstorbenen zu einem *Ossuarium* aufgeschichtet worden. Möglicherweise waren an den hier durchgeführten Zeremonien auch Druiden beteiligt. Beide Kultstätten liegen in Gallien, wo es nach Julius Caesar auch Druiden gab. Man muss es allerdings einmal klar und deutlich sagen: Druiden sind archäologisch bisher nicht sicher nachweisbar! Beide Heiligtümer wurden noch vor der römischen Eroberung planiert und in römischer Zeit an derselben Stelle und mit der gleichen Ausrichtung wie ihre Vorgängerbauten als gallorömische Tempelanlagen wieder errichtet.

Das Ende der archäologisch nachweisbaren Latènekultur vollzog sich regional auf unterschiedliche Art und Weise. In Nordböhmen etwa scheint latènezeitliche Keramik nur ganz allmählich verschwunden zu sein. In Süd- und Südwestdeutschland sind die Verhältnisse noch unklar. Das große *Oppidum* von Manching wurde sicher nicht von Römern erobert, sondern bereits eine ganze Zeit lang vorher aus nicht bekannten Gründen aufgelassen. Aus den Jahrzehnten vor 15 v. Chr. sind nur vereinzelte Funde bekannt, sodass man hier bisher nur auf Vermutungen angewiesen ist. Im Gebiet von Saar und Mosel wurden offensichtlich spätlatènezeitliche Bauernhöfe abgerissen und an ihrer Stelle römische Villen errichtet, die sich in ihrer Raumaufteilung an den Vorgängerbauten orientierten. In Gräberfeldern wie dem von Hoppstädten, Kr. Birkenfeld, lässt sich ablesen, dass die spätlatènezeitliche Oberschicht bereits vor der römischen Eroberung begonnen hatte, sich an römischer Lebensart zu orientieren. In Friedhöfen wie dem großen, etwa 2500 Bestattungen umfassenden Gräberfeld bei Wederath werden noch bis in das 4. Jahrhundert n. Chr. Verstorbene begraben. Hier setzt mit der römischen Eroberung, genau wie in Gallien nach 52 v. Chr. oder in Britannien nach 43 n. Chr., ein differenziert verlaufender Romanisierungsprozess ein. In dessen Folge verschwinden die Zeugnisse der Latènekultur rasch aus dem archäologischen Fundgut und es entsteht eine neue, die gallo-römische Kultur.

DIE RELIGION DER KELTEN

1648 beendete der Westfälische Friede den Dreißigjährigen Krieg. Im gleichen Jahr erschien in Amsterdam aus der Feder des jungen Gelehrten Elias Schede in lateinischer Sprache das 505 Seiten starke Werk »Vier Bücher über die germanischen Götter oder die alte Religion der Germanen, Gallier, Britannier und Vandalen«. In der Geschichte der Vergleichenden Religionswissenschaft nimmt diese Darstellung in mehrerer Hinsicht eine besondere Stellung ein: zum Ersten wegen der – seinerzeit ganz modernen – Anwendung des Wortes *religio* auf die vorchristlichen Kulte und Riten Europas, zum Zweiten wegen der erstaunlich breiten Auswertung antiker literarischer Texte und Inschriften, zum Dritten schließlich wegen der darin enthaltenen religionsvergleichenden Bemerkungen über mutmaßliche Beziehungen der Religionen Alteuropas zu denen des Mittelmeerraums und Vorderasiens. Dem Forschungsstand der Zeit entsprechend bilden Kelten (Gallier und Britannier) und Germanen (Vandalen) für den Verfasser noch eine Einheit, und er kennt weder archäologische Funde aus Gräbern, Siedlungen und Kultstätten noch das Zeugnis der inselkeltischen Literaturen. Wie er und seine Zeitgenossen sich die Religion der Kelten vorstellten, lässt der Stich auf dem Titelblatt ahnen: Zu sehen sind ein Eichenhain mit einer von nackten, kopflosen Leichen übersäten Lichtung, ein bärtiger und laubbekränzter Priester mit krummem Opfermesser und Opferkelch und seine Begleiterin oder Assistentin, die mit Hilfe zweier Knochen als Schlegel die Trommel schlägt.

Wie die religionsgeschichtliche Wirklichkeit aussah, ist auch über 350 Jahre später nicht leicht festzustellen, denn wir kennen die vorrömische Religion der Kelten nur aus wenigen Notizen griechischer und römischer Autoren und den archäologischen Überresten jener weitgehend schriftlosen Zeit. Was aus den keltischsprachigen Regionen des Römischen Reichs an Inschriften, Statuen und Reliefs überliefert ist, kann das Bild zwar ergänzen, doch darf man längst nicht alles davon für die vorrömische Zeit voraussetzen. In hohem Maße fragwürdig sind auch die Aussagen irischer und walisischer Texte des Mittelalters und erst recht volkskundliche Beobachtungen der Neuzeit, zumal die romantische Begeisterung für das keltische Erbe den kritischen Blick nicht eben schärfte. Dies gilt insbesondere für all jene Forscher, die seit dem späten 18. Jahrhundert Sprache, Sitte, Recht und Religion als Ausdruck eines überzeitlichen Volksgeistes ansahen, so dass sie wegen des Weiterlebens keltischer Sprachen auf den Britischen Inseln immer wieder tatsächliche oder auch nur vermeintliche Erkenntnisse über die vorchristliche Religion der Iren und Waliser auf das römische und vorrömische Gallien übertrugen. Eine neue Perspektive auf die Religion der Kelten ermöglichen heute neben der gewachsenen Einsicht in die historischen Voraussetzungen unseres modernen Keltenbegriffs und dem geschärften Problembewusstsein der modernen Religionswissenschaft vor allem die zahlreichen neuen Erkenntnisse auf den Gebieten der Archäologie, Sprachwissenschaft und Keltischen Philologie. Im Hinblick darauf sei im Folgenden eine knappe Zusammenfassung unseres derzeitigen Wissens versucht.

»Ihr Wissen aufzuschreiben, halten sie für frevelhaft, obwohl sie in fast allen übrigen Angelegenheiten, seien es öffentliche oder private Geschäfte, die griechische Schrift benutzen. Dies scheinen sie mir aus zwei Gründen so eingerichtet zu haben: Zum einen wollen sie nicht, dass ihre Lehre sich im Volk verbreite, zum anderen sollen die Schüler nicht im Vertrauen auf Geschriebenes weniger das Gedächtnis üben, wie ja die meisten Menschen beim Gebrauch der Schrift in ihrem Lerneifer und ihrer Gedächtnisleistung nachlassen.«

So erklärte um die Mitte des 1. Jahrhunderts v. Chr. Gaius Iulius Caesar die Ablehnung der mediterranen Schriftsysteme durch die keltischen Priester und das daraus resultierende Fehlen religiöser Texte. Ob seine Erklärung das Richtige trifft, ist schwer zu sagen, denn das Klischee vom negativen Einfluss des Schriftgebrauchs auf das Gedächtnis stammt letztlich aus der antiken Popularphilosophie, und die Vorstellung von den Druiden als einer Art Geheimgesellschaft ist vor Caesar nicht bezeugt und vielleicht überhaupt erst durch die oben zitierte Bemerkung entstanden. Gleichwohl ist festzuhalten, dass Gebete, Hymnen und Mythen der Kelten in vorchristlicher Zeit allem Anschein nach ausschließlich mündlich überliefert wurden und somit unwiederbringlich verloren sind. Dementsprechend liegen wesentliche Bereiche ihres religiösen Weltbilds nahezu völlig im Dunkeln. Bereits der Geograph Strabon erwähnt jedoch – vermutlich in Anlehnung an Poseidonios – die keltische Anschauung von der Unzerstörbarkeit der Seelen und der Welt, obschon dereinst Feuer und Wasser die Oberhand behalten würden. Im Zusammenhang damit bezeugen antike und mittelalterliche Quellen die Vorstellung vom Himmel als einem Gewölbe und seinem Einsturz am Ende der Zeiten. Den ältesten Beleg dafür bietet Strabon, der sich dafür auf eine Quelle aus der Zeit Alexanders des Großen beruft:

»Ptolemaios Lagu sagt, auf diesem Feldzug seien zum Abschluss eines Bündnisses und zur Herstellung freundschaftlicher Beziehungen auch die an der Adria lebenden Kelten mit Alexander zusammengekommen. Der König habe sie freundlich empfangen und nach einem Umtrunk die Frage gestellt, was sie am meisten fürchteten, da er geglaubt habe, sie würden sagen: ihn selbst. Sie aber hätten geantwortet, sie

> fürchteten nichts, außer dass der Himmel über ihnen einstürzen könnte, schätzten aber die Freundschaft eines Mannes wie er es sei über alles.«

Mit ganz ähnlichen Worten schwört in der mittelalterlichen irischen Erzählung »Der Rinderraub von Cuailnge« ein König seinen Feinden blutige Rache,

> »wenn nicht das Firmament mit seiner Sternenfülle auf die Erde fällt, wenn nicht die Erde sich durch ein Erdbeben auftut, und wenn nicht das fischreiche, blau gesäumte Meer die Welt überflutet«.

In der mittelalterlichen walisischen Überlieferung findet man eine entsprechende Stelle in der »Erzählung von Culhwch und Olwen«. Weitere Hinweise auf einen drohenden Weltuntergang findet man in einigen, dem walisischen Seher Myrddin zugeschriebenen, prophetischen Gedichten, doch unterscheidet sich das dort skizzierte Bild einer Auflösung der kosmischen und sozialen Ordnung kaum von dem, was man im europäischen Mittelalter ganz allgemein vom Ende der Geschichte erwartete. Wie bei allen mittelalterlichen Texten ist daher auch hier der Einfluss biblisch-christlichen Gedankenguts und dessen Rückspiegelung in die vorchristliche Vergangenheit nicht auszuschließen.

Nur inselkeltisch bezeugt ist die Vorstellung einer unterirdischen, der Menschenwelt parallelen »anderen« Welt der Geister. Die irische Überlieferung kennt dafür die Bezeichnung *síde*, die sich auf die künstlich aufgeschütteten Hügelgräber der vorkeltischen Bevölkerung Irland bezieht und – sprachverwandt mit lateinisch *sedes* und griechisch *hédos* – ursprünglich »(Wohn-)Sitz« bedeutet haben dürfte. Die geisterhaften Bewohner dieser vorgeschichtlichen Hügelgräber, die man sich teilweise als eine Art Vorbevölkerung Irlands vorstellte, bezeichnete man nach ihren Behausungen zumeist als *fir/mná/áes síde*, »Männer/Frauen/Leute des *síd*« oder ganz einfach als *síde*. Die Anschauungen, die man in Irland mit dieser Bezeichnung verband, unterlagen im Lauf der Geschichte vielfältigen Veränderungen. So etwa fehlt in den ältesten Quellen die in der Neuzeit gängige Vorstellung von der Kleinwüchsigkeit der *sióga* (Elfen), wie sie in den modernen Bezeichnungen *na daoine beaga* und *an mhuintir bheaga* (»die kleinen Leute«) zum Ausdruck kommt. Jüngeren Datums ist vermutlich auch die Auffassung der Elfen als Luftgeister, wie sie die Bezeichnungen *an dream aerach* (»die luftige Schar«) und *an slua aerach* (»das luftige Heer«) bezeugen. Dagegen bewahren Ausdrücke wie *bunadh na gcnoc* und *cuid na gcnoc* (»das Hügelvolk«) noch heute die ursprüngliche Anschauung von einer unterirdischen Behausung der *síde*.

Eine kymrische (walisische) Entsprechung des irischen Wortes *síde* ist nicht bekannt, doch findet man es in einem frühen Gedicht aus dem Sagenkreis um Arthur/Artus als Fremdwort in dem Ausdruck *kaer sidi*, »Jenseitsfestung«. Die gängige walisische Bezeichnung der »anderen Welt« ist indessen das Wort *Annw(f)n*, dessen zweiter Bestandteil mit kymrisch *dwfn*, »tief«

und gallisch *dumno-*, »Welt«, identisch ist. Nicht sicher zu deuten ist der erste Bestandteil des Wortes, *An-*, den man als steigernde Vorsilbe (»Große Tiefe«), Verneinung (»Nicht-Welt«) oder als kymrische Entsprechung des gallischen Wortes *ande* (»Innen-Welt«) verstehen wollte. Dass man *Annw(f)n* im mittelalterlichen Wales als eine Art Unterwelt ansah, zeigt nicht zuletzt die spätere Verwendung des Begriffs zur Bezeichnung der (christlichen) Hölle.

Der inselkeltische Sprachgebrauch lässt vermuten, dass sich die Kelten in Richtung des Sonnenaufgangs orientierten, wobei die rechte Seite (also der Süden) und die rechtsläufige Bewegung im Uhrzeigersinn als glückhaft

Ein Ausschnitt aus dem Ritualkalender von Coligny in Südostfrankreich (um 200 n. Chr.), dem bedeutendsten überlieferten Schriftzeugnis in gallischer Sprache.

galten. Identisch sind dementsprechend die altirischen Wörter für »im Norden« und »links« (*túaid*), »im Süden« und »rechts« (*dess*), »im Osten« und »vorne« (*t-air*) sowie »im Westen« und »hinten« (*t-íar*). Dabei bedeutet *dess* zugleich »gerecht«, »angemessen« und »schicklich« (daher neuirisch *deas* »hübsch, nett«), während *túath-* in zusammengesetzten Begriffen soviel wie »böse« oder »übel« bedeutet. Charakteristisch für diese irische Orientierung (im wörtlichen Sinn) ist eine altirische Glosse zu den Paulusbriefen, die das paulinische Wort von den »Waffen der Gerechtigkeit in der Rechten und Linken« (also zum Angriff und zur Verteidigung) als bildhaften Ausdruck für den Wechsel von Glück und Unglück im Leben eines Christen deutet.

Wie eine vergleichende Betrachtung zeigt, finden die Ausrichtung nach Osten und die positive Bewertung der rechten Seite bzw. des Südens auch außerhalb der keltischen Kultur vielfältige Entsprechungen. Dabei mag neben der Bedeutung des Sonnenlaufs in den religiösen Symbolsystemen auch die allgemein menschliche Erfahrung von der »geschickten« rechten Hand und der schwächeren »linkischen« linken Hand eine Rolle gespielt haben. Erinnert sei hier nur an den sprachgeschichtlichen Zusammenhang zwischen althochdeutsch *nord* und italisch (umbrisch) *nertru*, »links«, sowie an hamitosemitisch *jmn*, »links«, das im Altägyptischen (mit Blickrichtung zu den Nilquellen nach Süden) den Westen, im Semitischen aber (mit Blickrichtung gen Sonnenaufgang nach Osten) den Süden bezeichnet. Welche Rolle diese Symbolik in der keltischen Religion spielte, ist nur schwer abzuschätzen, da man bei der späten inselkeltischen Überlieferung stets mit dem Einfluss der im Wesentlichen parallelen biblisch-christlichen Symbolik rechnen muss und die archäologischen Überreste der vorchristlichen Zeit noch nicht umfassend auf diese Frage hin untersucht wurden. Auffällig erscheint immerhin, dass die teilweise als Kultstätten gedeuteten so genannten Viereckschanzen der unmittelbar vorrömischen Zeit und die galloromischen Umgangstempel der Kaiserzeit den Eingang nie auf der Nordseite haben.

Die keltische Zeitrechnung und Zeiteinteilung kennen wir durch Nachrichten der antiken Autoren, Fragmente zweier gallorömischer Kalender und vereinzelte Hinweise in den inselkeltischen Literaturen des Mittelalters. Einen der ältesten Hinweise verdanken wir Caesar, der die gallische Zeitrechnung auf eine Lehre der Druiden zurückführt:

> »Alle Gallier rühmen sich, von Dis Pater abzustammen und sagen, dies sei ihnen von den Druiden überliefert worden. Deshalb bestimmen sie sämtliche Zeiträume nicht nach der Anzahl der Tage, sondern der Nächte. Die Geburtstage sowie die Anfänge der Monate und Jahre berechnen sie so, dass der Tag auf die Nacht folgt.«

Seit 1897 kennt man die Fragmente des mit lateinischen Buchstaben, aber in gallischer Sprache abgefassten Kalenders von Coligny (s. S. 60), der vielleicht um 200 n. Chr. im römischen Gallien aufgezeichnet wurde und einen Fünfjahreszyklus mit 5 x 12 Mondmonaten und zwei Schaltmonaten zum

Ausgleich der Abweichung vom Sonnenjahr darstellt. Jahreszeitlich gebundene religiöse Feste sind uns jedoch erst in mittelalterlichen und neuzeitlichen Quellen aus Irland und Wales überliefert und können schon wegen des andersartigen Klimas in dieser Form nicht für die antiken Kelten des europäischen Festlands vorausgesetzt werden.

Rückschlüsse auf Vorstellungen von einem Leben nach dem Tode gestattet das Grabbrauchtum, das innerhalb der meist kleinräumig organisierten Gemeinschaften häufig eine ausgeprägte Kontinuität erkennen lässt. Charakteristisch erscheinen hier eine strikte Trennung des Bereichs der Lebenden von dem der Toten (weshalb man Gräber in aller Regel außerhalb der Siedlungen anlegte), zugleich aber auch Vorstellungen von einer fortdauernden Verbundenheit beider Sphären. Dies belegen zum einen die archäologischen Hinweise auf einen Toten- oder Ahnenkult im Zusammenhang mit den so genannten Fürstengräbern, zum anderen die Verwendung Schaden abwehrender Amulette im Grabbrauch sowie auffällige Gräber mit ungewöhnlichen Manipulationen am Leichnam, die wohl eine Wiederkehr des Toten verhindern sollten. So etwa enthielt eines der Gräber vom Dürrnberg bei Hallein neben zwei Kleinkindern in Hockerlage das beigabenlose Skelett eines Mannes, dem man mit einem großen Steinblock Kopf und Brust zerquetscht hatte. Bei einem anderen Grab desselben Gräberfelds hatte man einem erwachsenen Mann das Becken entfernt und auf der Brust niedergelegt. Zudem lagen beide Oberschenkelknochen unnatürlich eng zusammen, was auf eine rituelle Fesselung hinweisen könnte.

Was antike und mittelalterliche Schriftquellen zu unserer Kenntnis der keltischen Bestattungssitten beitragen, ist eher bescheiden. So etwa berichtet Caesar in dem ältesten uns erhaltenen Zeugnis dazu:

»Die Leichenbegängnisse sind im Vergleich zur Lebensweise der Gallier prunkvoll und aufwendig. Alles, von dem sie glauben, dass es den Lebenden am Herzen lag, werfen sie ins Feuer, selbst Lebewesen, und noch vor nicht allzu langer Zeit wurden Diener und Hörige, die bekanntermaßen von den Verstorbenen besonders geschätzt worden waren, nach dem Abschluss der traditionellen Leichenfeiern mit ihnen zusammen verbrannt.«

Vorchristliche Bestattungen erwähnen gelegentlich auch jene mittelalterlichen inselkeltischen Erzählungen, deren Handlung in der heidnischen Zeit spielt. So etwa heißt es in der mittelkymrischen Erzählung *»Branwen«* von der Titelheldin: »Man machte ein viereckiges Grab für sie und bestattete sie dort am Ufer des Flusses Alaw.« Von einem im Zweikampf gefallenen Krieger berichtet die »Geschichte des Rinderraubs« von Cuailnge: »Dann schüttet man seinen Grabhügel auf, errichtet seinen Grabstein, verzeichnet seinen Namen in Ogam-Schrift und erhebt die Totenklage um ihn.« Als religionsgeschichtliche Quellen sind diese und ähnliche Bemerkungen jedoch kaum brauchbar, da der unbekannte walisische Autor von »Branwen« Hinweise auf heidnische Riten generell sorgfältig vermeidet, während man bei der irischen Erzählung mit einer Rückspiegelung christlicher Vorstellungen und Bräuche rechnen muss.

Vielfach dürfte man sich das Jenseits als eine Fortsetzung des diesseitigen Lebens vorgestellt haben, wie dies insbesondere die von Geschlecht, Lebensalter und gesellschaftlicher Stellung abhängigen Grabbeigaben vermuten lassen. Mehrere antike Autoren erwähnen einen keltischen Glauben an die Seelenwanderung, der jedoch durch spätere inselkeltische Quellen nicht bestätigt wird und letztlich rätselhaft bleibt. Erst in mittelalterlichen irischen und walisischen Texten begegnet die bereits erwähnte Vorstellung von einer unterirdischen oder jenseits des Meeres gelegenen »anderen Welt« der Geister, die jedoch nicht oder nicht in erster Linie ein Totenreich darstellt und deren Schilderungen bereits den Einfluss der antiken Literatur sowie der christlichen Polarität von Diesseits und Jenseits erkennen lassen.

Keltische Götter und Göttinnen sind uns dem Namen nach im Allgemeinen erst aus Weihinschriften (s. unten) der römischen Zeit oder – sehr viel seltener – aus Erwähnungen in der antiken Literatur bekannt. Charakteristisch für die Weihinschriften ist die heute so genannte *Interpretatio Romana*, derzufolge zahlreiche verschiedene keltische Namen (oder Beinamen) mit vergleichsweise wenigen römischen Götternamen verbunden wurden. So kennt man z. B. sowohl einen Apollo *Amarcolitanus* (»dessen Blick weit ist«) als auch einen Apollo *Anextlomarus* (»der umfassenden Schutz gewährt«). Häufig ist die inschriftliche Verbindung männlicher und weiblicher Gottheiten zu Götterpaaren, bei denen zumeist entweder beide Partner oder zumindest die Göttinnen mit keltischen Namen benannt werden. Ob man sich den Gott und die Göttin dabei in jedem Fall als Gatten vorstellte, ist unbekannt. Immerhin denkbar erscheint auch, dass zwei Gottheiten lediglich wegen ähnlicher Funktionen oder Zuständigkeitsbereiche einander zugeordnet wurden. Als Dreiergruppen erscheinen die vor allem im Rheinland, aber auch in Britannien und Südfrankreich verbreiteten Matronen, die man sich wohl als mütterliche Schutzgottheiten vorstellte. Vergleichsweise häufig begegnet in der Namengebung und bildlichen Darstellung keltischer Götter die Verbindung mit bestimmten Tieren wie etwa dem Bären, dem Eber, dem Hirsch und dem Stier.

Die Versuchung liegt nahe, die vergleichsweise seltenen Erwähnungen keltischer Götter in der antiken Literatur als Indiz für deren herausgehobene

^
Weihetafel in griechischer Schrift an den Donnergott Taranis, gefunden in Orgon, Südfrankreich.

^
Das Quellheiligtum des Gottes Glanis und der Muttergottheiten bildete die Keimzelle des Salluvier-Oppidums und der späteren römischen Stadt *Glanum* bei St-Remy-de-Provence. Die Heilquelle blieb bis ins 3. Jh. n. Chr. ein Ort der Verehrung.

Bedeutung zu werten, doch geben die Weihinschriften keinen Anhaltspunkt für eine solche Schlussfolgerung. So etwa erwähnt der römische Dichter Lucan in einer oft zitierten Stelle drei keltische Götter namens Teutates, Esus und Taranis, doch begegnet Teutates nur in vier Inschriften, Esus nur in einer und Taranis in dieser Form als Göttername überhaupt nicht. Möglicherweise stellten Namen wie die oben zitierten auch nur schmückende Beinamen dar, die dann in geographisch weit voneinander entfernten Inschriften ganz verschiedene Götter bezeichnen konnten. Dafür spricht auch der Umstand, dass eine Reihe keltischer Namen nach Ausweis der Inschriften sowohl für Götter als auch für Menschen Verwendung fanden. Dass alle oder die meisten keltischen Stämme dieselben Götter verehrt hätten, erscheint kaum glaubhaft, da viele Gottheiten nach der Romanisierung noch immer nur lokale oder regionale Verehrung genossen und die überregionale Ausbreitung einzelner Gottheiten wie etwa der Pferdegöttin Epona oder des Heilgottes Apollo Grannus erst für die römische Kaiserzeit nachzuweisen ist. Nach der Christianisierung wurden viele keltische Gottheiten zu sterblichen Menschen aus einer fernen Vergangenheit umgedeutet. In der mittelalterlichen irischen und walisischen Literatur begegnen sie vielfach als Sagengestalten, deren Ursprung in der vorchristlichen Mythologie wenn überhaupt nur noch in einzelnen Zügen der Überlieferung zu erkennen ist.

Ausschließlich aus Hinweisen griechischer und römischer Autoren, nicht aber aus den Bodenfunden, kennt man Riten zur Erkundung des göttlichen Willens, die bei den Kelten wie in allen polytheistischen Religionen der Antike eine wichtige Rolle spielten. Bezeugt sind die Auslegung von Opfervorgängen, die Beobachtung des Vogelflugs und die Wahrsagung mit Hilfe von Traumoffenbarungen an Gräbern. Besondere Aufmerksamkeit schenkten die antiken Autoren ferner dem Opferwesen, wobei blutige Opfer und insbesondere Menschenopfer aus propagandistischen Gründen besonders häufig Erwähnung finden. Nach Ausweis der archäologischen Funde opferte man sowohl Gegenstände als auch Tiere und Menschen, wobei man Objekte vor ihrer Opferung häufig durch Zerbrechen oder Verbiegen unbrauchbar machte. Wie Knochenfunde zeigen, wurden geopferte Tiere entweder als Ganzes der Gottheit übereignet oder bei rituellen Opfermahlzeiten gemeinsam verzehrt. Vergleichsweise spärlich und schwer zu deuten sind demgegenüber archäologische Hinweise auf Menschenopfer, deren Existenz gleichwohl nicht grundsätzlich zu bestreiten ist. Mehrfach bezeugen antike Autoren den Brauch der keltischen Krieger, dem gefallenen Gegner den Kopf abzuschlagen. Diese Beschreibungen sind zwar vermutlich von entsprechenden Schilderungen skythischer Sitten durch den griechischen Historiker Herodot angeregt oder beeinflusst, doch wird der Brauch an sich doch durch archäologische Funde und bildliche Darstellungen bestätigt.

Werden keltische Heiligtümer in der antiken Literatur nur selten und eher beiläufig erwähnt, so ermöglichen neuere archäologische Grabungen vor allem in Nordfrankreich zahlreiche Rückschlüsse auf vorrömische Kult-

^

Die so genannte Opferungsszene auf dem Kessel von Gundestrup. Der silberne Kessel mit einem Durchmesser von 70 cm wurde 1891 in Dänemark in einem Moor gefunden. Die hier abgebildete Szene wird von etlichen Wissenschaftlern als Menschenopfer gedeutet.

stätten und die in ihnen vollzogenen Opfer. Im Allgemeinen bestanden Heiligtümer in vorrömischer Zeit aus Einfriedungen eines zumeist rechteckigen Platzes mit Hilfe von Wällen, Gräben und hölzernen Palisaden. Ausschlaggebend für die Wahl des Platzes waren zum einen natürliche Gegebenheiten, zum anderen der Bezug zu den politischen Grenzen des jeweiligen Stammesterritoriums. Steinerne Tempel entwickelten sich in den keltischsprachigen Gebieten erst unter dem Einfluss der Mittelmeerkulturen, wobei gerade in der jüngsten Vergangenheit unter den Fundamenten kaiserzeitlicher Tempel häufig die Überreste vorrömischer Kultstätten nachgewiesen wurden.

Besondere Beachtung findet in der antiken Ethnographie die Priesterschaft der Druiden, die jedoch nur in Texten der unmittelbar vorrömischen Zeit näher beschrieben wird und in der archäologischen Hinterlassenschaft der Kelten nicht fassbar ist. Die erste ausführliche Darstellung der Druiden verdanken wir dem stoischen Philosophen und Historiker Poseidonios, dessen heute verlorene Schilderung wir aus einem Vergleich entsprechender Bemerkungen bei dem Geographen Strabon sowie bei den Historikern Diodor von Sizilien und Ammianus Marcellinus zumindest in Umrissen rekonstruieren können. Diodor erwähnt die Druiden als dritte Gruppe neben den als Barden bezeichneten Dichtern und den Wahrsagern und bezeichnet sie als hoch geehrte Theologen und Philosophen, in deren Händen das gesamte Opferwesen liege. In ähnlicher Weise äußert sich Strabon, der den Druiden ferner die Schlichtung privater und öffentlicher Streitigkeiten und die Entscheidungsgewalt bei Tötungsdelikten zuspricht. Ebenfalls aus Poseidonios schöpft schließlich Ammianus Marcellinus, nach dessen Darstellung die Druiden entsprechend der Lehre des griechischen Philosophen Pythagoras in Bruderschaften organisiert waren.

Die ausführliche Schilderung der Druiden aus der Feder Caesars deckt sich weitgehend mit den Angaben der von Poseidonios abhängigen Autoren, bietet aber darüber hinaus zahlreiche weitere Informationen, die nur bei ihm zu finden sind. So schreibt Caesar – und nur er –, an der Spitze aller Druiden stehe ein Mann, der unter ihnen das höchste Ansehen genieße. Zu einer bestimmten Jahreszeit versammelten sich alle Druiden im Gebiet der Carnuten, das man für die Mitte ganz Galliens halte, an einem geweihten Ort. Von überall her kämen dorthin alle, die im Streit miteinander lägen, zusammen, und beugten sich den Anordnungen und Entscheidungen der Druiden. Es herrsche die Auffassung, ihre Lehre sei in Britannien aufgekommen und von dort nach Gallien gelangt. Die Druiden beteiligten sich nicht am Krieg und zahlten auch keine Abgaben wie die anderen. Vom Kriegsdienst und von allen anderen Leistungen seien sie befreit. Ihr Wissen aufzuschreiben, hielten sie für frevelhaft, obwohl sie in fast allen übrigen Angelegenheiten, seien es öffentliche oder private Geschäfte, die griechische Schrift benutzten.

Die Übereinstimmungen in der Funktionsbestimmung der Druiden, der Hinweis auf die Seelenwanderungslehre und die Bemerkung über den Gebrauch der vorwiegend in Südgallien verbreiteten griechischen Schrift lassen vermuten, dass Caesar hier ebenso wie die zuvor genannten Autoren von

Poseidonios abhängig ist. Die Annahme, Caesar habe die Schilderung des Poseidonios aus seiner eigenen Kenntnis der gallischen Verhältnisse erweitert und vielleicht auch aktualisiert, könnte zwar seine Abweichungen und Zusatzinformationen erklären, steht jedoch in einem gewissen Gegensatz zu der Tatsache, dass in Caesars Beschreibungen seiner Kämpfe und diplomatischen Verhandlungen mit den Galliern von Druiden nirgendwo die Rede ist. Den Schlüssel zum Verständnis bietet wohl Caesars abschätzige Bemerkung, dass die Germanen – im Gegensatz zu den Galliern – weder Priester noch ein besonders ausgeprägtes Opferwesen besäßen. Da Caesar auch sonst die Unterschiede zwischen Galliern und Germanen stark übertreibt, um die Akkulturationsfähigkeit der Gallier in ein möglichst günstiges Licht zu rücken, dürfte seine Schilderung der Druiden in erster Linie den Zweck verfolgen, diese für seine römischen Leser in die Nähe der ihnen gut bekannten römischen Sakralbehörde der *pontifices* zu rücken: Wie diese haben Caesars Druiden die oberste Entscheidungsgewalt in allen sakralrechtlichen Fragen, üben durch die Kontrolle des Opferwesens erheblichen politischen Einfluss aus, genießen Befreiung vom Kriegsdienst und unterstehen der Aufsicht eines auf Lebenszeit gewählten und damit dem *pontifex maximus* vergleichbaren Oberpriesters. Römischem Denken verpflichtet erscheinen nicht zuletzt Caesars Hinweis auf Erlasse der ansonsten schriftlosen Druiden sowie die mehrfach erwähnte Unterscheidung zwischen öffentlichen und privaten Angelegenheiten.

Hat Caesar die keltischen Priester also wider besseres Wissen als Gegenstück der römischen *pontifices* geschildert, um auch hier die Akkulturationsfähigkeit der Gallier gebührend zu unterstreichen, sind nähere Übereinstimmungen zwischen seiner Darstellung und den späteren inselkeltische Quellen von vornherein nicht zu erwarten. Tatsächlich treten Druiden in der mittelalterlichen irischen Literatur zwar mehrfach in Erscheinung, doch werden sie dort durchweg fast ohne Rücksicht auf die religionsgeschichtliche Wirklichkeit als eine Art negatives Spiegelbild des christlichen Priesters gezeichnet. Dies lässt vermuten, dass die tatsächliche Kultpraxis der vorchristlichen Zeit schon bald nach der Christianisierung zunehmend in Vergessenheit geraten war.

Die Idealisierung der Druiden durch antike Autoren wie Poseidonios wurde bereits von den Humanisten begeistert aufgegriffen und gewann insbesondere seit dem späten 18. Jahrhundert im Zuge des Interesses an der vermeintlich keltischen Ossian-Dichtung weite Verbreitung. Von großer Tragweite erwies sich dabei, dass stein- und bronzezeitliche Steinsetzungen wie etwa Stonehenge irrtümlich der keltischen Priesterschaft zugewiesen wurden, was im 19. und 20. Jahrhundert zu ebenso phantasievollen wie anachronistischen Vorstellungen von der Religion der Kelten führte. Die Vorstellung, eine »keltische Spiritualität« habe auch das »keltische Christentum« in Irland, Schottland und Wales geprägt, gehört zu den Auswüchsen dieser Entwicklung, die man jedoch nicht der Religionsgeschichte der Kelten, sondern vielmehr der europäischen Moderne zurechnen sollte.

ABRISS DER GESCHICHTE DER KELTISCHSPRACHIGEN LÄNDER SEIT DEM MITTELALTER

In vorrömischer Zeit waren weite Teile Westeuropas von den Kelten besiedelt. In nachrömischer Zeit überlebten Kelten nur noch in wenigen Randzonen Westeuropas. Diese Gebiete zeigen unterschiedliche Entwicklungen, wenn sie auch zum Teil miteinander verbunden sind. Die keltischen Sprachen sind heute in allen diesen Gebieten in der Minderheit.

IRLAND

Die Anfänge

Mittelalter bezeichnet konventionell die Zeit zwischen Antike und Neuzeit, also das Jahrtausend zwischen etwa 500 und 1500. Wenn dieser Begriff auch für Irland gebraucht wird, muss man klarstellen, dass es dort keine Antike in dem Sinn gegeben hat, wie er anderswo gilt. Es handelt sich einfach um die Verwendung chronologischer Begrifflichkeit.

Irland tritt im frühen 5. Jahrhundert in Form von zeitgenössischen Schriftquellen in die Geschichte ein. Die Zeit davor wäre nach festländischem Verständnis somit Vor- und Frühgeschichte. Für die irische Geschichte ist von großer Bedeutung, dass die Insel, die von den Römern *Scotia* (später setzte sich die Bezeichnung *Hibernia* durch) genannt wurde, von den Einheimischen aber *Ériu,* außerhalb des römischen Weltreichs geblieben war. Dadurch findet man im frühen Irland einheimische Sozialstrukturen, die tiefere Wurzeln hatten, sich offenbar in der Vorzeit bewährt hatten und tatsächlich weiter wirkten. In der irischen Wissenschaft ist dies umstritten. Es wird argumentiert, dass das umfangreiche irische Recht, welches um 700 in irischer Sprache erstmals aufgezeichnet wurde, von der christlichen Religion stark beeinflusst, also nicht archaisch ist, wie andere Kreise behaupten. Während zugegeben werden kann, dass tatsächlich durch die christliche Religion einige Elemente in das irische Recht gelangten, ist es schwierig, diese zu quantifizieren und damit zu gewichten. Im Kern ist das irische Recht sicher alt. Man kann zudem in lateinischen Quellen aus der Zeit vor 700 gelegentlich Hinweise auf Sozialstrukturen finden, die in den später aufgezeichneten Rechtstexten Entsprechungen haben. Dies weist zweifellos auf das hohe Alter der gesellschaftlichen Strukturen hin. Diese

Angelegenheit ist von grundlegender Bedeutung für die Rolle, die der christlichen Religion in Irland seit dem frühen Mittelalter zugewiesen wird. Wie sehr hat die katholische Kirche die irische Gesellschaft geprägt? Ihrem heutigen Selbstverständnis nach war die irische Gesellschaft sehr schnell tief katholisch geworden. Diese Sicht ist ein nationaler Mythos, der auch bei den irischen Historikern nicht hinterfragt wird. Er wurde durch die Tatsache gestärkt, dass in Irland die Geschichtsschreibung zum Mittelalter lange Zeit vorwiegend in der Hand von Geistlichen lag. Verstärkt wurde dies ferner dadurch, dass die vorliegenden sehr reichhaltigen Quellen in irischer Sprache von den Historikern in der Regel zu wenig herangezogen wurden. Für sie war die Geschichte des Mittelalters, vor allem die frühe Geschichte, im wesentlichen Kirchengeschichte auf der Grundlage der ganz überwiegend durch die Kirche hervorgebrachten lateinischen Quellen. Diese sind in der Tat bemerkenswert, aber wenn man sie historisiert und kontextualisiert, verändert sich das Bild der irischen Gesellschaft im Mittelalter grundlegend.

In den frühen irischen Quellen ist für die Insel als Ganze der Begriff *Ériu* bezeugt, das Recht der Bewohner als das Recht der Männer von *Ériu.* Es gab also das Bewusstsein von der Insel als Einheit. Politisch war sie in fünf Provinzen gegliedert, *coicedaig*, »Fünftel«. Somit wurde die Provinz als Teilmenge einer Gesamtheit verstanden. In jeder der Provinzen wiederum gab es zahlreiche Königreiche unterschiedlicher Größe. Es kam im Verlauf des Mittelalters zur Verstärkung einzelner Reiche auf Kosten ihrer Nachbarn, aber nie zur Errichtung einer einzigen zentralen Herrschaft. Der Grundzug der politischen Ordnung war also Vielfalt. Dies sollte sich auf Dauer in mehrerer Hinsicht als Vorteil erweisen. Eine leichte Eroberung von außen war damals nicht möglich, wie sich wiederholt erweisen sollte.

Die politische Geschichte deckt somit nur eine Teilmenge irischer Vergangenheit ab. Sehr bedeutend waren die kulturellen und sozialen Verhältnisse. Während des gesamten Mittelalters, somit als Erbe der Vorzeit, gab es in der irischen Gesellschaft, einzigartig in Europa (mit einigen schwächeren Parallelen in Wales) ein gut funktionierendes einheimisches Kultursystem, charakterisiert durch eine gesellschaftliche Gruppe, die als *áes dána*, »Männer des Könnens« bezeichnet wurden. Es waren die Personen, die das gesamtgesellschaftliche Wissen verwalteten und tradierten. Es gab bei diesen Spezialisten u. a. für Recht, Geschichte, Heilkunde, Genealogien und Dichtung. Dieses Wissen wurde den Spezialisten von ihren Lehrern in langjähriger Ausbildung mündlich vermittelt und wurde im Wesentlichen mündlich tradiert. Es war in irischer Sprache formuliert, die in ihren frühen Bezeugungen in altirischer Zeit als einheitliche Kultursprache aufscheint. Verschriftlichungen des Wissens der *áes dána*, die sich auch erhalten haben, sind sekundärer Art. Das mündliche Wissen dieser »Männer des Könnens« war für die Existenz der irischen Gesellschaft unverzichtbar, und die Spezialisten ließen sich für ihr Können sehr hoch bezahlen. Ihre gesellschaftliche Stellung lässt sich an ihrem *log n-énech*, »Gesichtspreis« ablesen, der nach einigen Rechtsquellen so hoch war wie der des Königs oder des Bischofs. Zudem hatten die »Männer des Könnens« offenbar Anrecht auf Gefolgschaft in einer Größe, die mit der eines Königs durchaus vergleichbar war. Diese Spezialisten genossen in ganz Irland Recht und Schutz und sorgten für den kulturellen Zusammenhalt. Sie überlebten in ihrer gehobenen Stellung die Christianisierung. Die christliche Religion benötigte Gelehrte in lateinischer Sprache. Wie diese mit den »Männern des Könnens« koexistierten, ist bis heute nicht befriedigend geklärt.

Im früheren Mittelalter erscheint die irische Gesellschaft als Agrargesellschaft mit hohem Anteil an Viehzucht. Bezeichnenderweise ist das Thema des großen frühmittelalterlichen Nationalepos »Táin Bó Cuailgne« (»Das Wegtreiben der Rinder von Cooley«) diesem Bereich zentral gewidmet. (Siehe das Kapitel »Keltische Literatur«). Die irische Gesellschaft war ständisch gegliedert in Unfreie, Freie, Adlige. Die Rechtstexte vermitteln den Eindruck einer übermäßigen Systematik dieser Gliederung. Nach Ausweis der archäologischen Untersuchungen lässt sich vermuten, dass Irland im früheren Mittelalter recht dicht besiedelt war und die Gesellschaft wohl recht gut lebte. Größere demographische Einbrüche sind mit der Pest in der 2. Hälfte des 7. Jahrhunderts anzusetzen.

Christianisierung

Die alphabetische Schriftkultur kam mit der christlichen Religion ab etwa 400 nach Irland. Sie manifestierte sich dort primär in lateinischer, sekundär in irischer Sprache. Heute noch erhaltene Schriftzeugnisse gibt es seit etwa 600. Oben angedeutete Grenzen der Christianisierung der irischen Gesellschaft zeigen sich exemplarisch in der Institution der einheimischen Ehescheidung, die im irischen Recht gut dokumentiert ist. Es ist bezeugt, dass sie während des gesamten Mittelalters praktiziert wurde, trotz vielfacher Versuche der Kirche, sie zu verbieten.

Das katholische Christentum (in Absetzung zum damals an den Grenzen des Römischen Reichs weit verbreiteten Arianismus) kam nach Irland wohl in erster Linie aus dem benachbarten Britannien, besonders aus dem Raum, der später Wales heißen sollte. Einer der Faktoren, die dies begünstigten, war die Expansion einiger Gruppen aus Irland nach Britannien. Zwei Gebiete waren davon betroffen, zum einen das nachmalige Wales, das damals bereits christianisiert war, zum anderen der Norden Britanniens, das Gebiet des späteren Argyll, das damals noch nicht christianisiert war. Zudem gab es beträchtliche Einflüsse aus Gallien; ein wichtiges Zeugnis dafür ist die Verehrung des heiligen Martin von Tours in Irland zu einem frühen Zeitpunkt.

Die bekannteste Person, die für die Christianisierung Irlands steht, ist Patricius, *St. Patrick* (Feiertag 17. März), der im 5. Jahrhundert etwa 30 Jahre lang in Irland wirkte. Er stammte aus Britannien, woher genau, weiß man nicht. Für viele Historiker gilt das Jahr 432 als der Beginn seiner Tätigkeit. (Symbolträchtig lud die irische Regierung im Jahr 1932 den eucharistischen Weltkongress nach Dublin ein.) Nach Patricks Schriften hatte er mit dieser Tätigkeit großen Erfolg, auch wenn diese mit Gefahren und Rück-

^
Muireadach's Cross, ein Hochkreuz auf dem Areal des Klosters Monasterboice (Prov. Leinster, Grafsch. Louth, Irland), 9./10. Jh. Das Kreuz ist etwa 5,10 m hoch und zeigt im Zentrum die Kreuzigung Christi; auf ihm finden sich außerdem eine Inschrift in irischer Sprache und die Abbildung von zwei Katzen.

schlägen verbunden war. In diesen Schriften finden sich Bezüge auf kleinere irische Könige sowie auf Spezialisten des Rechts, sie zeigen also Aspekte der irischen Gesellschaft, die in den später aufgezeichneten Rechtstexten zu finden sind. Patrick war Bischof, und in der frühen Kirche Irlands spielten Bischöfe wie auch anderswo eine wichtige Rolle. Allerdings gab es in Irland damals keine Städte, Siedlungen, in denen nach römischen Vorstellungen die Bischöfe zu residieren hatten. Man weiß unvergleichlich mehr über Klöster in Irland, weil diese eine lokale Kontinuität über Jahrhunderte aufwiesen. Irland hatte nie eine reine Klosterkirche. Dass irische Christen sich eng an Rom gebunden fühlten, ist seit ca. 600 bezeugt (Columban); alte Vorstellungen einer »romfreien unabhängigen keltischen Kirche« werden den Tatsachen nicht gerecht. Dass das frühe irische Christentum auf Grund der lükkenhaften Quellenlage nur unzureichend erfasst werden kann, hat anderswo zahlreiche Parallelen. Die bereits angesprochene Einseitigkeit der Quellen hat zum Schlagwort von Irland als dem Land der *Saints and Scholars*, der »Heiligen und Gelehrten« geführt, das man als irreführend bezeichnen muss. Seit dem ausgehenden 6. Jahrhundert wissen wir von strenggläu-

^
Eine Schmuckseite aus dem Book of Durrow. Kreis- und Spiralmuster mit Dreiwirbeln im Latènestil werden von einem Flechtbandmuster umrahmt – ein Beispiel für die Vermischung keltischer Stilelemente mit germanischen Einflüssen.

bigen Iren, die freiwillig um ihrer Erlösung willen ein lebenslanges Exil wählten, die *peregrini*. Ihr bekanntester Vertreter ist Columban d. Jüngere (gest. 615 in Bobbio, Italien).

Die frühesten lateinischen Schriftquellen aus Irland stammen aus dem 7. Jahrhundert. In den Bibeltexten erscheinen die ersten Glossierungen in irischer Sprache. Buchmalerei setzte im ausgehenden 7. Jahrhundert ein, zum Teil mit Parallelen in der weltlichen Kunst. Ein gutes Beispiel dafür ist das um 675 n. Chr. wohl in England angefertigte »*Book of Durrow*« (s. S. 72). Zeugnisse dieser Art gibt es auch aus dem stark von irischen Geistlichen geprägten englischen Northumbrien. Den absoluten Höhepunkt der Buchmalerei bildet unstrittig das »*Book of Kells*«, das heute im *Trinity College Dublin* aufbewahrt wird. Das dem heiligen Columban d. Ältere (*Colum Cille*) zugehörige Kloster Kells wurde um 800 gegründet, als Mönche aus dem Kloster Iona (vor der Insel Mull in Argyll, Schottland, gelegen) vor den Wikingern flohen. Wenn das »*Book of Kells*« vor 800 entstanden ist, wird als Entstehungsort das Kloster Iona zu vermuten sein. In diesem Fall wären piktische Einflüsse auf die Buchmalerei nicht abwegig.

Im Lauf des 7. Jahrhunderts wurde die Führung der irischen Kirche vermehrt von Armagh beansprucht, das mit Patrick in Verbindung gebracht wurde. Armagh wurde 1111 Sitz eines Erzbischofs, und seit 1152 ist der Erzbischof von Armagh der Primas der Kirche Irlands.

Die Wikingerzeit

Im letzten Jahrzehnt des 8. Jahrhunderts kam es zu den ersten Überfällen und Einfällen der Wikinger aus Skandinavien, die längerfristig bedeutend wurden. Dies betraf ganz Westeuropa. Man weiß am meisten über die Plünderung von Klöstern, die in vieler Hinsicht besonders geeignete Objekte für die Wikinger waren und auf Verteidigung nicht vorbereitet waren. Zudem wurden in Klöstern Chroniken verfasst. Die Wikinger waren auf Menschen wie auf Edelmetalle aus. Ihre überlegene Schiffstechnik machte sie zu erfolgreichen Aggressoren. Seit der Mitte des 9. Jahrhunderts ließen sich Wikinger dauerhaft in Irland nieder, kleinräumig, an den Küsten, in der südlichen Hälfte mehr als im Norden. Von der Geographie her ist dies überraschend; möglicherweise konnten sich die nördlichen Territorien erfolgreicher gegen wikingische Einfälle verteidigen. Wir wissen aus einheimischen Quellen, dass dort die Machtkonzentration stärker war als im Süden, vor allem weil sich dort die Reiche der *Uí Néill* befanden.

Die Wikinger wurden von Plünderern zu Siedlern, dadurch zu Gründern von Stützpunkten, die sich zu Städten entwickelten, einer Siedlungsform, die es in Irland bislang nicht gegeben hatten. Die Namen mancher dieser Städte enthalten zum Teil heute noch skandinavische Elemente: Arklow, Wexford, Waterford, Cork, Limerick. Sie machten den südlichen Teil der Insel langfristig wirtschaftlich bedeutender als den Norden.

Die Städte waren die Zentren wikingischer Kleinreiche, die, abgesehen von der Stadt, in mancher Hinsicht den irischen Königreichen ähnelten. Was sie indes auszeichnete, war ihre kontinuierliche Bindung an die Welt Westeuropas außerhalb Irlands. Sie wurden zu Zentren des Außenhandel, den die Wikinger intensiv betrieben. Wichtig dafür waren wikingische Siedlungen in England (besonders York), aber auch im Frankenreich. Wikinger lebten auf Dauer mit Iren zusammen. Dies schlägt sich in der irischen Sprache vielfältig nieder (Entlehnungen u. a. im Bereich des Schiffbaus, des Handels; auch der Name *Ireland* ist skandinavischen Ursprungs). Das Münzwesen wurde in Irland durch die Wikinger eingeführt. Besonders gut bezeugt ist die langfristige skandinavische Präsenz in Dublin. Diese Stadt trägt zwar einen irischen Namen (*dubh linn*, »dunkles Wasser«), dort gab es aber vor der Mitte des 9. Jahrhunderts keine Siedlung, wie die irische Gesellschaft überhaupt binnenländisch orientiert gewesen war und es im Wesentlichen auch blieb. Dublin wurde zum wichtigsten Zentrum wikingischen Lebens in Irland bis ins spätere 12. Jahrhundert. Bedeutende archäologische Grabungen in den Siebziger- und Achtzigerjahren des 20. Jahrhunderts (*Wood Quay*) haben eindrucksvoll die große soziale Dynamik der Wikinger bestätigt.

Die meisten Gebiete Irlands waren von den wikingischen Einfällen und Siedlungen nicht betroffen. Dort bildeten sich in diesem Zeitraum größere Königreiche heraus, die den Anspruch auf Oberherrschaft über eine ganze Provinz erhoben. Einige der Könige dieser Reiche beanspruchten sogar die Vorherrschaft in ganz Irland. Allerdings war die Kluft zwischen Anspruch und Wirklichkeit enorm. Irland als ganzes blieb politisch vielfältig gegliedert.

Die englische Dimension – Teil I

Im irischen kollektiven Gedächtnis, aber auch in der irischen wissenschaftlichen Geschichtsschreibung gilt 1169 als Epocheneinschnitt, das Jahr, in dem die Anglo-Normannen nach Irland kamen. Im irischen Bewusstsein wurde dies der Beginn des englischen Jochs, unter dem sie 700 Jahre zu leiden hatten. Man muss die Sache allerdings differenzierter sehen.

Die englische Einflussnahme ist nämlich schon früher erkennbar, auch wenn es nur einen Teil der irischen Gesellschaft betraf. Im kirchlichen Bereich kam es, ausgehend von der so genannten Gregorianischen Reform seit der zweiten Hälfte des 11. Jahrhunderts, zur allmählichen Reform auch der irischen Kirche, besonders sichtbar in der Errichtung territorial fest abgegrenzter Bistümer. Einige der Bischöfe dieser neuen Diözesen wurden seit 1070 in Canterbury geweiht, und die Erzbischöfe von Canterbury beanspruchten daraufhin die Oberaufsicht über die irische Kirche. Allerdings wurde die Reform der Kirche in Irland bald von einheimischen Kräften fortgeführt, was zu einer Minderung des englischen Einflusses führte. Diese Reform wurde 1152 durch die Synode von Kells/Mellifont unter der Leitung eines päpstlichen Legaten erfolgreich abgeschlossen, der englische Anspruch auf Oberhoheit hier beendet. Die katholische Kirche mit ihrer neuen Zentralisierung hatte Irland in nie zuvor da gewesener Weise in das lateinische Europa eingebunden, ihm aber zugleich eine rechtlich gesicherte Selbständigkeit, besonders England gegenüber, gewährt.

Weiterhin: Die Nachbarn (man bezeichnet sie am besten als Anglo-Waliser bzw. Engländer, nicht Anglo-Normannen, denn *Angli* ist deren zeitgenössisch bezeugte Selbstbezeichnung) kamen anfangs auf Einladung nach Irland, um Dermot Mac Murrough, dem König von Leinster, die Rückgewinnung seines Reichs zu ermöglichen. Diese militärische Intervention hatte die Billigung des englischen Königs. In kurzer Zeit entwickelte die Tätigkeit der Engländer in Irland eine Eigendynamik, die zu Beginn nicht absehbar gewesen war. Viele Anglo-Waliser setzten sich auf Dauer fest, und schon ab etwa 1172 wurde Dublin ihr politisches Zentrum. In der längerfristigen Perspektive sollte schon jetzt festgehalten werden, dass diese »englische Eroberung« zwar große Folgen für Irland haben sollte, aber in den folgenden Jahrhunderten unvollständig blieb und nie die ganze Insel umfasste. Ein wichtiger Grund dafür war sicher die Tatsache, dass Irland immer noch politisch kleinräumig organisiert war. Die Engländer, die sich in Irland niederließen, glichen sich im Lauf der Zeit deutlich den Iren an. Man könnte die These vertreten, dass in dieser Phase die Engländer Irland nicht wesentlich mehr veränderten als es die Wikinger zuvor getan hatten. Man könnte weiterhin sagen, dass die englische Präsenz Irland auch im weltlichen Bereich stärker in Westeuropa integrierte als zuvor. Vor allem im wirtschaftlichen Bereich war dies für die Iren bereichernd.

Die längerfristige Anpassung der Engländer an die Iren zeigt sich nachhaltig im kulturellen Bereich. Die »Männer des Könnens« waren weiterhin integraler Bestandteil der irischen politischen Kreise; ab dem 14. Jahrhundert ist zu erkennen, dass auch führende Personen englischer Herkunft, inzwischen oft mit Iren verschwägert, auf ihre Dienste zurückgriffen. Die Statuten von Kilkenny von 1366, die den Assimilierungsprozess rückgängig machen sollten, zeigen, wie weit er bereits fortgeschritten war. Mit ihnen erging die strenge Anweisung, die englische Lebensweise beizubehalten. Es fehlten den englischen Vertretern der Krone aber die Mittel, dies durchzusetzen.

Seit dem Ausgang des 12. Jahrhunderts führte der englische König den Titel »Herr von Irland«, *dominus Hiberniae*. Es war eine englische Verwaltung aufgebaut worden, die im Namen des Königs von England handelte, die aber in ihren Handlungsmöglichkeiten beschränkt blieb, vor allem angesichts der mangelnden personellen Kontinuität. Die englische Krone griff nur ungern auf die Anglo-Iren zurück, die sich im Land dauerhaft niedergelassen hatten, eben weil sie sich mit den Iren weitgehend arrangiert hatten. Eine qualitative Änderung ist mit dem Übergang vom Mittelalter zur Neuzeit zu erkennen und wird besonders durch die Reformation sichtbar.

Die englische Dimension – Teil II

Als sich der englische König Heinrich VIII. im Jahr 1534 zum König von Irland erklärte, hatte er bereits mit Rom gebrochen und seine eigene Kirche gebildet, welche die anglikanische Kirche werden sollte. Während der neue Titel des englischen Königs für Irland wenig veränderte, schuf die neue englische religiöse Orientierung die erste Grundlage für die religiöse Kluft zwischen Engländern und Iren, die von Dauer werden sollte. Neben den Iren weigerten sich auch die Anglo-Iren, ihren katholischen Glauben aufzugeben und zur anglikanischen Konfession überzutreten. Dies wiederum bewirkte eine verstärkte Intervention der englischen Krone in Irland. Im Verlauf eines halben Jahrhunderts wurde erreicht, dass es keine katholischen Landbesitzer mehr in Irland gab. Irland wurde systematisch kolonisiert. Katholiken wurden Menschen zweiter Klasse. Im Jahr 1592 wurde das Trinity College auf Initiative Königin Elisabeths I. gegründet, als Hort des Anglikanismus (und es blieb bis 1973 die Universität der Iren der späteren Church of Ireland). Gegen diese Kolonisierung gab es keinen großflächig geschlossenen Widerstand. Der Katholizismus ging für zwei Jahrhunderte in den Untergrund und wurde erst dadurch eigentlich Markenzeichen irischer Identität.

Es kam zu ersten systematischern Ansiedlungen (*plantations*) von Engländern vor allem im Süden der Insel, in Munster, die allerdings nicht von dauerhaftem Erfolg gekrönt waren. Am stärksten irisch geprägt blieb der Nordwesten des Landes, Ulster, besonders Tirconnell (später Donegal) und Tyrone, wo einheimische Dynastien kurzfristig mit der englischen Krone kooperierten. Diese letzte Bastion der einheimischen Dynasten fiel 1607, als eine Gruppe von Adligen unter der Führung von Hugh O' Neill und Rory O' Donnell ins Ausland floh (*flight of the earls*). Es kam zur Errichtung von irischen katholischen Zentren (*Irish colleges*) in Louvain, Salamanca und Rom, die fast zweihundert Jahre lang Rückzugsorte und Stätten irischer Kultur werden sollten. Es war der Beginn von unfreiwilliger Auswanderung, das ein Markenzeichen irischer Geschichte bis in die Gegenwart bleiben sollte, auch wenn sie wechselnde Hintergründe und Ziele hatte.

Gleichsam wie in kommunizierenden Röhren bewirkte die Flucht der führenden Kreise aus Ulster die planmäßige Ansiedlung fremder Gruppen (*Ulster plantations*), diesmal aber nicht von Engländern, sondern von Schotten, die nicht Anglikaner, sondern Presbyterianer waren (siehe unten) und ihre Verbindungen nach Schottland aufrechterhielten und in gleicher Distanz zu irischen Katholiken und anglikanischen Kolonisten verharrten, sich selbst aber als Auserwählte des Herrn betrachteten. Die Zusammensetzung der Bevölkerung der Insel wurde dadurch noch komplexer. Die *Ulster plantations* wurden durch die Tatsache gefördert, dass 1601 der Schotte James VI. als James I. den englischen Thron bestiegen hatte, der die Presbyterianer gewähren ließ.

Wie so oft in der irischen Geschichte wurden Entwicklungen in England für die Nachbarinsel von Bedeutung. Der Nachfolger von James I., sein Sohn Karl I., versuchte eine katholische Restauration in England. In Irland bewirkte das 1641 einen Aufstand mit dem Ziel, die *Ulster plantations* rückgängig zu machen. In England wurde Karl I. entmachtet und hingerichtet, ihm folgte Oliver Cromwell als *Lord Protector*. Im Jahr 1649 bewirkte Oliver Cromwell nach einem Aufstand die vollständige militärische Eroberung Irlands und die weitgehende Entwaldung der Insel. Im kollektiven Gedächtnis der Iren hat Cromwell seinen festen Platz in der Hölle. In der Folge wurde der Katholizismus nun zum nationalen Einigungselement.

Am Ende des 18. Jahrhunderts wurde Irland für zwei Jahrzehnte die selbstständige Gesetzgebung zugestanden. Als in Folge der französischen Revolution die irischen *Colleges* in Westeuropa geschlossen wurden, wurde 1795 ein Priesterseminar in Maynooth errichtet. Dies war der Anfang einer allmählichen öffentlichen Anerkennung der katholischen Konfession, die 1829 ihren Abschluss fand. Allerdings kam es im Jahr 1800 zur Vereinigung des britischen und irischen Parlaments und 1801 trat die Unionsakte in Kraft, die Großbritannien und Irland vereinigte. Damit waren die Voraussetzungen für die Unabhängigkeitsbewegung in Irland geschaffen. Es folgte die kulturelle Erneuerung des gälischen Erbes mit den »*National Schools*« und 1893 der Gründung der »*Gaelic League*«.

1845-1849 erlebte die irische Gesellschaft aufgrund von Hungersnöten als Folge der Kartoffelpest, von Seuchen und Auswanderung eine Halbierung der Bevölkerung. In der Folge kam es zu einer weit gehenden Aufgabe der irischen Sprache zu Gunsten des Englischen. 1908 wurden die *National University of Ireland* und die *Queen's University* gegründet. Der Aufstand mit dem Zentrum im Hauptpostamt in Dublin am Ostermontag 1916 war der entscheidende Schritt zur Wiedererlangung der Unabhängigkeit.

Teilung und Unabhängigkeit

1921 kam es zur Einigung mit England, die irische Seite wurde von Michael Collins vertreten, über die Teilung des Landes: 26 Grafschaften wurden unabhängig, sechs Grafschaften verblieben im Vereinigten Königreich von Großbritannien und Nordirland. Es kam zur dauerhaften Spaltung der irischen politischen Landschaft in *pro-treaty* Parteien und Gegner (*Fianna Fail*). 1922 verließen die Briten die Irische Republik. Die Republik wurde zum irischen Freistaat mit Dominium-Status. Noch im selben Jahr wurde Michael Collins ermordet.

1937 gaben Eamonn De Valera und Erzbischof John Charles McQuaid dem unabhängigen Staat Éire die bis heute gültige Verfassung. Als Staatsgebiet wurde die ganze Insel festgeschrieben, die Verfassung sollte aber nur für die 26 Grafschaften gelten. In Artikel 44 wurde die besondere Rolle der katholischen Kirche verankert. 1974 wurde dieser Artikel durch Volksentscheid gestrichen, um die Beziehungen zu Nordirland zu verbessern. Im Zweiten Weltkrieg blieb Irland neutral. 1945 kondoliert De Valera Dönitz zum Tod Hitlers. Am Ostermontag des Jahres 1949 trat Irland aus dem Commonwealth aus, 1973 trat das Land der EWG bei.

SCHOTTLAND

Britannien nördlich des Limes (der Linie zwischen Edinburgh und Glasgow) war in nachrömischer Zeit von den Pikten beherrscht. Ihre Sprache war vielleicht eine p-keltische Sprache wie die der Briten und Bretonen (siehe Kapitel »Die keltischen Sprachen«). Man kennt sie vornehmlich aus Orts- und Landschaftsnamen. Zwei Regionen werden unterschieden, die der südlichen und die der nördlichen Pikten. Letztere lebten wohl auch auf den Orkney- und den Shetland-Inseln. In der Zeit ihrer frühen Christianisierung brachten sie eine bedeutende weltliche Kunst hervor, vor allem in Steinmetzarbeiten, die zum Teil in engem Zusammenhang mit christlicher Kunst erhalten ist. Die *Scotti* aus Irland, die seit etwa 500 auf den Inseln im mittleren Westen von Nordbritannien siedelten, errichteten dort kleine Reiche mit irischer Sprache. Dort wurde das Kloster Iona 563 errichtet. Von dort erfolgten auch die ersten Versuche, die nördlichen Pikten zu christianisieren, während es im Süden zur Christianisierung durch die südlichen Nachbarn kam. Beide Vorgänge sind schlecht bezeugt.

Seit dem 9. Jahrhundert brachten die Wikinger gewaltige Veränderungen. Sie ließen sich dauerhaft auf den Shetlands, den Orkneys und den Hebriden, der Isle of Man, aber auch im Westen und Norden Britanniens nieder. Die *Scotti* von *Dál Riada* (Argyll) wichen nach Osten aus, und in der Mitte des 9. Jahrhunderts kam es zur Vereinigung der (verkleinerten) Reiche der Pikten und *Scotti*, dem Kernland Schottland. Es befand sich vornehmlich in *Fife*, in der Ebene des mittleren Ostens. Während des gesamten Mittelalters war Schottland keine politische Einheit, sondern in regionale Herrschaftsgebiete (*Earldoms*) gegliedert, die der Krone nur lose verbunden waren. Am Ende des Mittelalters war der Westen, die *Lordship of the Isles*, der Teil, der am stärksten eine gälische Kultur aufwies. Es ist nicht bekannt, wann die dort zuvor bestimmende wikingische Kultur verdrängt worden war. Die Regionen Schottlands hatten eine Größe, die Schriftkultur weit gehend entbehrlich machte; dies erschwert ihre Erfassung durch den Historiker. Wenn wir im Folgenden hauptsächlich vom Königreich Schottland handeln, ist in Erinnerung zu behalten, dass dieses nur einen Teil des geographischen Raumes umfasste, den wir heute unter Schottland verstehen. Die sprachlich gälisch geprägten Gebiete des Nordens Britanniens hatten dieselben Gelehrtengruppen wie in Irland, und es bestand enger Kontakt zwischen diesen Regionen. Sie pflegten eine weit gehend identische Hochsprache. Die älteste Universität in Schottland, St Andrews, wurde 1410 gegründet. Dadurch erhielt Schottland den geistigen Anschluss an die festländischen Entwicklungen.

Größere Veränderungen, hauptsächlich im Süden, brachte die normannische Eroberung Englands 1066. Englische Flüchtlinge siedelten in den südlichen Gebieten Schottlands. 1069 heiratete der schottische König Malcolm Canmore die Engländerin Margaret, Tochter von Edgar Aetheling, der durch Wilhelm den Eroberer enterbt worden war. Die Nachkommen von Malcolm und Margaret (die später heilig gesprochen wurde) hatten den schottischen Thron bis 1286 inne. Es gab im 13. Jahrhundert Eheverbindungen mit der englischen Monarchie. In dieser Zeit kam es auch zur Ansiedlung französischer Adliger vor allem im Südwesten Schottlands, darunter auch die Familie Bruce. Als 1286 Alexander III. ohne Nachkommen starb, entschieden die Schotten, ein Kind aus dieser Familie, Margarete von Norwegen, zu ihrer Königin zu wählen. Sie starb aber auf der Reise nach Schottland.

In den folgenden Jahren versuchte der englische König Eduard I. massiv, einen ihm gefügigen Kandidaten auf den schottischen Thron zu setzen. Er erreichte dies auch für einige Jahre mit John Balliol (1292–1296, Abdankung, gest. 1313). In den Wirren der darauf folgenden Jahre versuchte Eduard, Schottland militärisch zu unterwerfen. Es war aber Robert Bruce, der sich mit viel Gewalt schließlich 1306 durchsetzte. Er profitierte vom Tod Eduards I. 1307 und der Herrschaftsübernahme durch dessen viel weniger fähigen Sohn Eduard II. Bruce musste sich zunächst im eigenen Land gegen größere Widerstände durchsetzen. Seine Position wurde letztlich unanfechtbar, als er 1314 Eduard II. bei Bannockburn besiegte und damit die Unabhängigkeit Schottlands rettete. Sein Sohn David II. (1329–71), der erste schottische König, der eine kirchliche Salbung empfing, verbrachte lange Jahre außerhalb des Reiches, erst im Hundertjährigen Krieg auf französischer Seite, dann in englischer Gefangenschaft (1346–57). Die Tatsache, dass die Monarchie dies in Schottland überstand, zeigt, dass die Institution von den führenden Kreisen akzeptiert war, dass es aber der Präsenz des Königs kaum bedurfte. Die Schotten entwickelten zu einem frühen Zeitpunkt das transpersonale Konzept der *communitas regni* (Gemeinschaft des Reiches), die dem König zur Seite stand, wenn er da war, und in seinem Namen handelte, wenn er abwesend war. Nach Davids Tod begann mit Robert II. die Dynastie der Stuarts, 1603 mit Jakob VI., der Elizabeth I. als Jakob I. folgte, auf den englischen Thron gelangte. Es war eine Herrschaft in Personalunion über zwei Reiche, die aber darauf hinauslief, dass Schottland fortan ein Schattendasein führte, besonders nach dem Ende der Dynastie der Stuarts 1688, als Jakob II. vor Wilhelm von Oranien ins Exil nach Frankreich floh. Nach einem katholischen Zwischenspiel unter den Stuarts wurde England wieder der anglikanischen Denomination zugeführt. In Schottland hatte der in lange Genf im Exil lebende John Knox seit 1559 den Calvinismus gepredigt (Presbyterianer). 1707 wurde Schottland in einer Realunion mit England verbunden, und das erste Parlament des Vereinigten Königreichs von Großbritannien trat zusammen.

WALES

Das Ende der römischen Herrschaft in Britannien im frühen 5. Jahrhundert wurde unter anderem durch germanische Einfälle vom Festland beschleunigt, die sich nach 409 verstärkten. Die Sprache der Bevölkerung Britanniens nach dem Abzug der römischen Legionen war weiterhin Keltisch bzw. Britisch, mit regionalen Varianten, aber alle diese Ausprägungen waren stark vom Lateinischen beeinflusst und unterschieden sich dadurch stark von der keltischen Sprache in Irland, dem Gälischen. Die nachrömische politische Ordnung in Britannien war kleinräumig gestaltet. Nach späteren Überlieferungen sollen die Angeln, Sachsen und Jüten vom britischen Herrscher Vortigern ins Land gerufen worden sein und sich bald darauf selbstständig gemacht haben. Tatsache ist in jedem Fall eine sich verstärkende Präsenz heidnischer germanischer Siedler in Britannien. Die Kelten wurden teils assimiliert, teils nach Westen gedrängt, wo sie die schnelle und dauerhafte Germanisierung eines Großteils der Insel »überlebten«. Die »Befreiung vom sächsischen Joch« wurde ein wichtiges Thema der britischen und später walisischen geistigen Elite. Die größte politische Kontinuität zeigte sich in dem Gebiet, das seit dem 12. Jahrhundert u. a. Wales heißt. Die Kelten dieses Gebietes bezeichneten sich teils als Briten, teils als *Cymry* (die gemeinsamen Bewohner). Inschriften bezeugen in Wales eine längere Fortdauer der römischen Kultur nach dem Abzug der römischen Legionen. Die Briten waren seit der späten Römerzeit Christen, unternahmen aber keine erkennbaren Anstrengungen, die benachbarten heidnischen Angelsachsen zu bekehren. Es gab aber im politischen und religiösen Bereich einen Austausch mit Irland. Wales war politisch kleinräumig organisiert und blieb dies bis ins Hochmittelalter. Es gab wohl, ähnlich wie in Irland, eine weltliche Gelehrtenschicht. Das walisische Recht wurde erst ab etwa 1200 in lateinischer und in walisischer Sprache kodifiziert.

In Folge der normannischen Eroberung begann England allmählich besonders in den Süden von Wales zu expandieren. Normannische Adlige setzten sich dort an die Stelle walisischer Kleinkönige und übernahmen deren rechtliche Positionen (*Marcher Lords*). Die kleinräumige politische Organisation verhinderte eine schnelle Eroberung. Im 12. Jahrhundert kam die Bezeichnung *Wallia* für dieses Gebiet und der Begriff *Walenses* für die Bevölkerung auf. Letzterer entstammte der germanischen Sprache der östlichen Nachbarn und bedeutete »die Fremden«. In den Herrschertiteln wird diese Fremdbezeichnung seit etwa 1200 übernommen.

Ab etwa 1200 kam es zu einer erheblichen Neugestaltung der politischen Ordnung im Norden von Wales. Dem Fürsten von *Gwynedd* (lat. *Venedotia*) gelang es, ein größeres geschlossenes Territorium unter seine Herrschaft zu bringen. Das war nur möglich, indem traditionelle einheimische Institutionen, besonders die Erbteilung unter alle männliche Nachfahren, durch feudale Strukturen ersetzt wurden. 1258 nahm der Herrscher von Nordwales, *Llywelyn ap Gruffudd*, den Titel *princeps Walliae*, »Fürst von Wales« an und wurde als solcher 1265 auch vom englischen König anerkannt. Sein Vorgänger hatte sich noch »Fürst von Nordwales« genannt. Das Fürstentum von *Llywelyn ap Gruffudd* umfasste zu seinen besten Zeiten allerdings nur einen Teil von Wales. Der Aufstieg von Nordwales wurde ermöglicht durch die Schwäche der englischen Krone unter Heinrich III.

Dessen Sohn Eduard I. wurde aktiver und vollzog die militärische Eroberung des Fürstentums von Wales 1282. Die einheimische Dynastie wurde ausgerottet. Gewaltige Burgen, darunter Caernarfon, wurden in Nordwales errichtet, um die englische Präsenz dauerhaft zu sichern. Daneben kam es zur Errichtung von kleinen Städten, in denen die Waliser kein Wohnrecht hatten. Diese Politik war im Großen und Ganzen erfolgreich. Es gab wenig bedeutenden Widerstand (z. B. *Owain Glyn Dwr*) gegen die englische Kolonisierung. Das Fürstentum Wales blieb formal bestehen, allerdings unter englischer Herrschaft. Eduard I. ernannte seinen Sohn und späteren Nachfolger Eduard zum ersten »englischen« *Prince of Wales* (*princeps Wallie*). Im Lauf der Zeit wurden potenzielle Nachfolger im englischen Königsamt mit diesem Titel belegt, freilich nicht immer. 1485 kam mit Heinrich VII. die Dynastie der Tudors auf den englischen Thron, die walisische Vorfahren hatten; erkennbare Vorteile erwuchsen den Walisern daraus nicht. Sie führten jahrhundertelang ein Schattendasein am Rande des englischen Reichs.

Während die Schotten in den Neunzigerjahren des letzten Jahrhunderts mit großer Mehrheit für ein eigenes Parlament (mit sehr beschränkten Kompetenzen) stimmten, gab es in Wales für eine vergleichbare Institution nur eine knappe Mehrheit. Die einheimische Kultur wird durch jährliche Wettbewerbe im Bereich der Dichtung und Musik gepflegt (*Eisteddfod*). Das *Eisteddfod ist* erstmals für 1176 bezeugt, ist aber sicher eine sehr viel ältere Institution.

BRETAGNE

In den lateinischen Quellen des Mittelalters heißt die Bretagne *Britannia minor*, »das kleinere Britannien«. Dieser Name verweist auf die Ursprünge dieser keltischen Region. Unter dem Druck der germanischen Besiedlung Britanniens in nachrömischer Zeit wanderten Briten in westliche Richtung ab und eine beträchtliche Zahl zog schließlich aus dem Westen und Südwesten Britanniens, aus Wales und Cornwall, übers Meer und siedelten an der Nordwestspitze Galliens in der *Aremorica*, wie sie es auch nannten, »das Land dem Meer vorgelagert«. Die römische Herrschaft in Gallien war zum Erliegen gekommen, und die Franken breiteten sich erst allmählich in der östlichen Hälfte Galliens aus, in Neustrien und Burgund.

Die bretonische Sprache ist dem Walisischen sehr nahe, und das weist darauf hin, dass man im Nordwesten Galliens nicht mit einer keltischen Kontinuität aus vorrömischer Zeit rechnen kann (was auch erwogen wurde). Das Gebiet der Bretagne in seiner Gesamtheit war allerdings nie der bretonischen Sprache verpflichtet, der Osten blieb lateinisch, später französisch.

Die frühe Geschichte der Bretagne ist schlecht bezeugt. Es lässt sich in der Kirche Kontinuität in den Bistümern von Vannes, Rennes und Nantes erkennen, die zum Erzbistum Tours gehörten. Auch haben die bedeutenden Klöster von Redon und Landévennec umfangreiche Urkundensammlungen erhalten, die bis ins frühere Mittelalter zurückreichen und wenigstens die Regionen dieser Klöster etwas beleuchten. Die bedeutendsten Kirchenmänner der Frühzeit waren Äbte wie Samson von Dol, Paulus Aurelianus von Saint-Pol-de-Léon, Briocus von Saint Brieuc, Winwaloe von Lanévennec und Tudwal von Treguier. Man erhielt die Erinnerung an sie in späteren Hagiographien.

Aus vorkarolingischer Zeit sind vier politische Regionen bezeugt: Léon, Domnonia, Cornubia und Bro Waroc. Die politischen Führer werden in den lateinischen Quellen als *tyranni* bezeichnet, der entsprechende Begriff ist bretonisch *machtiern*. Es sagt etwas über die politische Stärke der Region aus, dass die in viele Richtungen gewalttätig expandierenden karolingischen Franken nicht in der Lage waren, die Bretagne zu erobern. Sie errichteten eine bretonische Mark. Der fränkische Markgraf der bretonischen Mark, Roland, kam im Jahr 778 in den Pyrenäen bei einem Überfall der Basken auf das fränkische Heer ums Leben. Er wurde im Rolandslied, das drei Jahrhunderte nach dem Ereignis in die Schriftlichkeit überführt wurde, als tragischer Held besungen.

Die anhaltende fränkische Bedrohung führte zu einer Machtkonsolidierung in der Bretagne unter Königen bzw. Herzögen. Der Westen des Landes wurde in dieser Zeit durch Wikinger bedroht, die aber auch die Franken schwächten. Bestrebungen, eine eigene Landeskirche zu errichten mit Dol als Erzbistum, konnten nicht umgesetzt werden. Allerdings profitierten die bretonischen Herzöge von der großen Schwäche des zerfallenden Frankenreichs im 9. Jahrhundert. Im folgenden Jahrhundert ging die größte Bedrohung von der Normandie aus, wo sich ein kraftvolles Herzogtum herausbildete. Durch diese Kontakte kam es auch zur Verbreitung des Lehnswesens in der Bretagne. Die Bretagne war zu einem Teil des Westfrankenreichs geworden. An der normannischen Eroberung Englands 1066 waren zahlreiche Bretonen beteiligt. Um diese Zeit waren die drei Grafschaften von Nantes, Rennes und Cornouailles in der Hand des Herzogs Houel vereinigt. Im 12. Jahrhundert dehnte der englische König Heinrich II., der weite Teile Frankreichs beherrschte, den Einfluss seiner Familie auch auf die Bretagne aus (1168–1202). Im 13. Jahrhundert wurde der Einfluss des französischen Königs in der Bretagne stärker. Unter den Kapetingern (987–1328) konnten die Bretonen sich jedoch ein großes Ausmaß an Selbstständigkeit erhalten. Die bretonischen Herzöge waren zwar wie andere Regionalmächte im Frankenreich Lehnsmänner der westfränkischen Könige, aber wie in anderen Herzogtümern, etwa der Normandie oder Burgund, war der Lehnsherr effektiv weniger mächtig als der Lehnsmann.

Im Hundertjährigen Krieg zwischen dem englischen und französischen König wurde die Bretagne zum Streitobjekt beider Parteien. Auch nach dem Ende des Hundertjährigen Krieges, das dem französischen König erheblichen Landgewinn brachte, blieb das Herzogtum der Bretagne unabhängig. Herzogin Anne (1488–1518) heiratete nacheinander die französischen Könige Karl VIII. und Ludwig XII., und ihr gelang es noch, die Unabhängigkeit der Bretagne zu erhalten. Aber ihre Tochter Claudia, die den späteren König Franz I. heiratete, konnte nicht verhindern, dass das Herzogtum im Jahr 1532 dem Reich angeschlossen wurde.

In Folge der Französischen Revolution von 1789 wurde das Gebiet des ehemaligen Herzogtums 1790 in fünf Departements gegliedert, die später auf vier reduziert wurden.

DIE KELTISCHEN SPRACHEN

Das Verbreitungsgebiet keltischer Sprachen im Altertum und in der Moderne.

»Keltisch« werden sechs moderne Sprachen genannt, von denen vier heute noch lebendig sind, sowie zwei (oder auch mehr) Sprachen, die lediglich durch Zeugnisse aus dem Altertum bekannt sind, also schon vor mehr als 1500 Jahren ausgestorben sind. Die beiden »alten« Sprachen sind Gallisch (mit verschiedenen Dialekten, v. a. Lepontisch und Galatisch) und Keltiberisch; die modernen das Irische (Irisch-Gälische), Schottische1 (Schottisch-Gälische), Manx sowie das Walisische (Kymrische), Bretonische und Kornische. In diesem Kapitel werden diese Sprachen vorgestellt (s. Karte S. 83).

Die Verwendung des Begriffes »keltisch« für alle Sprachen der Sprachgruppe geht auf den schottischen Historiker George Buchanan (1506–82) zurück, der 1582 seine »Rerum Scoticarum Historia« veröffentlichte, eine Art Universalgeschichte Schottlands. In diesem Buch wurde zum ersten Mal festgestellt, dass die aus dem Altertum bekannten festlandkeltischen Sprachen und die noch lebenden inselkeltischen Sprachen verwandt sind, also auf eine gemeinsame (allerdings unbekannte) Vorstufe zurückgehen. Der walisische Altertumsforscher Edward Lhuyd veröffentlichte 1707 in seinem Buch »*Archaeologia Britannica*« die Ergebnisse seiner langjährigen Feldforschungen. Trotz des Titels ist dies keine archäologische Arbeit; das Werk war als umfassende Altertumskunde geplant, von der leider nur der erste Band über die Sprachen erschienen ist. Hier sind zum ersten Mal alle sechs damals noch lebenden keltischen Sprachen dokumentiert, in Texten vorgestellt und grammatisch erläutert worden. Das Buch hat heute allerdings nur noch historischen Wert, da um 1700 die moderne Sprachwissenschaft noch nicht entdeckt war. Die Begründung der historisch-vergleichenden Sprachwissenschaft gelingt erst zu Beginn des 19. Jahrhunderts, und so begann die moderne keltische Sprachwissenschaft auch erst mit der Veröffentlichung der »*Grammatica Celtica*« von Johann Caspar Zeuss (1806–56). Die 1. Auflage erschien 1853 in 2 Bänden in Berlin, die überarbeitete zweite Auflage 1871 in Paris und Berlin, als Gemeinschaftsproduktion eines französischen und eines deutschen Verlags. Auf der damit gelegten Grundlage der historisch-vergleichenden Sprachwissenschaft der keltischen Sprachen war es den folgenden Wissenschaftlergenerationen möglich, das genaue Verwandtschaftsverhältnis der alten und neuen keltischen Sprachen zu den anderen indogermanischen Sprachen und zueinander zu bestimmen. Natürlich sind

Charakteristika der keltischen Sprachen

»Keltisch« (und nicht etwa »germanisch«, »slawisch« usw.) sind Sprachen, die bestimmte regelmäßige Lautwandel mitgemacht haben. Die drei bekanntesten davon sind: indogermanisch *g*^{u} > keltisch *b* (daher altirisch *bó*, kymrisch *bu* – aber altindisch *gau-*, dt. *Kuh*); indogermanisch *ē* > keltisch *ī* (daher gallisch *-rīx*, irisch *rí*, altkymrisch *ri* – aber lateinisch *rēx* »König«); das indogermanische *p* ist im Keltischen geschwunden, daher altirisch *athir* – aber lat. *pater*, dt. *Vater*).

auch hier, wie in allen Wissenschaften, noch zahlreiche Fragen ungeklärt. Vor allem durch die Entdeckung einer neuen altkeltischen Sprache auf der Iberischen Halbinsel (in Spanien) in der 2. Hälfte des 20. Jahrhunderts, des Keltiberischen, haben sich ganz neue Fragen gestellt. Im Folgenden werden die einzelnen keltischen Sprachen nacheinander vorgestellt.

GALLISCH

Der Begriff »Gallisch« wurde schon von den Griechen und Römern gebraucht. Er bezeichnet die Sprache der Kelten im Altertum nördlich und südlich der Alpen, nicht aber die südlich der Pyrenäen gesprochenen Mundarten. Die Zuordnung einer kleinen Gruppe von Inschriften, die oftmals »lepontisch« genannt werden, ist umstritten. Früher nahm man an, es habe sich um eine

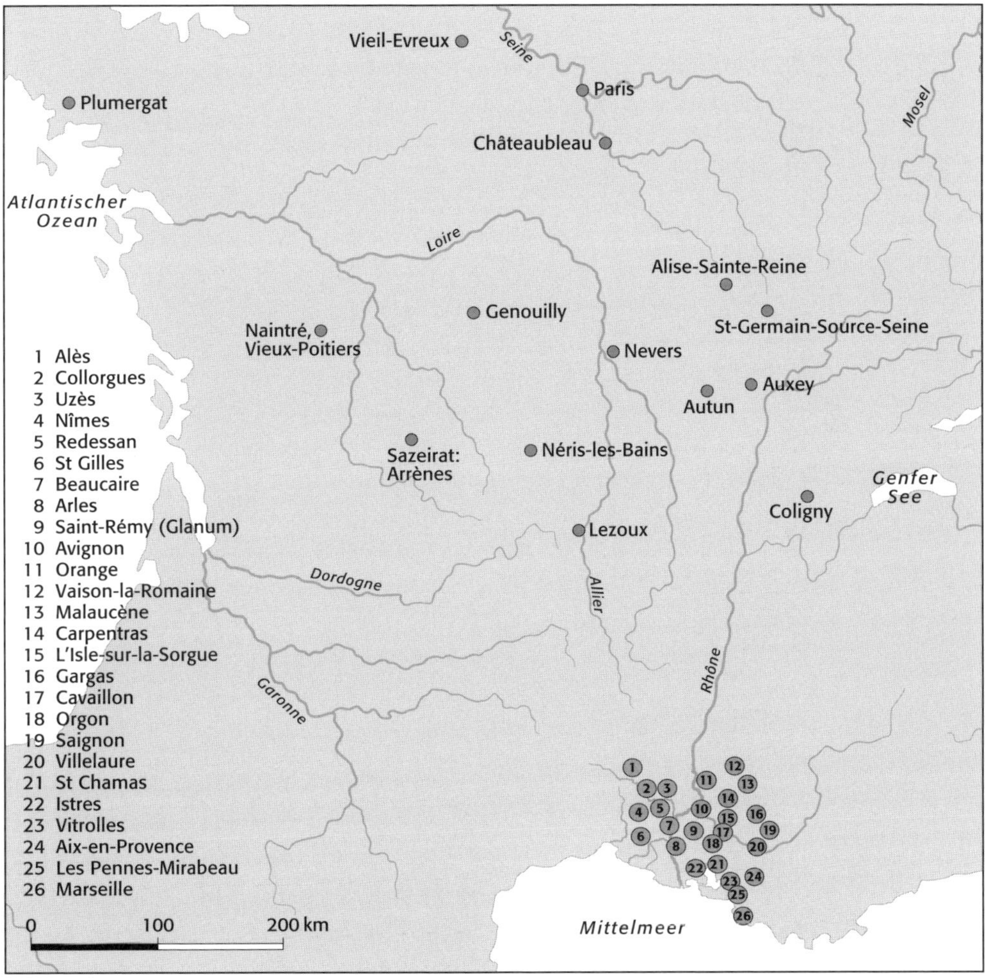

Fundorte gallischer Sprachzeugnisse.

Α	α	Alpha	Ι	ι	Jota	Ρ	ρ	Rho
Β	β	Beta	Κ	κ	Kappa	Σ	σ	Sigma
Γ	γ	Gamma	Λ	λ	Lambda	Τ	τ	Tau
Δ	δ	Delta	Μ	μ	My	Υ	υ	Ypsilon
Ε	ε	Epsilon	Ν	ν	Ny	Φ	φ	Phi
Ζ	ζ	Zeta	Ξ	ξ	Xi	Χ	χ	Chi
Η	η	Eta	Ο	ο	Omikron	Ψ	ψ	Psi
Θ	θ	Theta	Π	π	Pi	Ω	ω	Omega

^
Das griechische Alphabet.

eigene altkeltische Sprache gehandelt; heute neigt die Mehrzahl der Sprachforscher dazu, darin einen altertümlichen Dialekt des Gallischen zu sehen. Die ältesten Sprachzeugnisse für das Gallische sind Namen (Personennamen und Ortsnamen), die in frühen etruskischen[2] und anderen Inschriften Italiens auftreten, aber ganz offensichtlich keiner der italischen Sprachen (Etruskisch; Latein und verwandte Dialekte) angehören. Sie zeigen schon deutlich erste Merkmale des Keltischen. Die ältesten gallischen Inschriften finden sich Ende des 3. vorchristlichen Jahrhunderts in Südfrankreich, der von den Römern so genannten *Gallia Narbonnensis*, also der Gegend um das heutige Narbonne (s. Karte s. 85). Sie sind in griechischer Schrift geschrieben. Die Kelten haben offensichtlich das griechische Alphabet von den Kolonisten in Massalia (heute: Marseille) übernommen (s. oben). Die aus dem Nordalpenraum nach Norditalien vorgedrungenen Kelten haben dort die örtlichen nordetruskischen Alphabete verwendet (s. S. 87), später dann die lateinische Schrift, genauso wie alle Völker Galliens nach der Eroberung durch Caesar. Die Sprache ist bezeugt durch Inschriften (z. T. Graffiti) auf Stein, Metall (u. a. Zauber- und Fluchtexte auf Blei), Haushaltsgeräten, keramischen Produkten (Gefäße aller Art, Dachziegel) und Münzen.

Auf gallisch abgefasst sind insbesondere Bau- und Weihinschriften von öffentlichen Denkmälern, häufig religiöser Art, welche die Gallier nach griechisch-römischem Muster bald zu errichten gelernt hatten. Die Münzinschriften liefern vor allem Personen- und Ortsnamen. Dazu gibt es in der antiken und frühmittelalterlichen Literatur eine Reihe von Wörtern und, für die Sprachforschung sehr wichtig, Tausende von Namen, denen keltische Herkunft nachgesagt wird. Außerdem finden sich im Lateinischen und Germanischen sowie vor allem in den romanischen Sprachen Französisch, Spanisch und in geringerem Maße auch im Italienischen keltische Wörter, so genannte Substratwörter. Es handelt sich hier um Begriffe, die die alteingesessene Bevölkerung beibehalten hat, obwohl sie im Lauf der Zeit ihre eigene Sprache zugunsten des Lateinischen aufgegeben hat. Die gallischen Wörter im heutigen Französischen gehören fast ausschließlich zum Bereich der Landwirtschaft und der Jagd (siehe Anhang, S. 209 ff.).

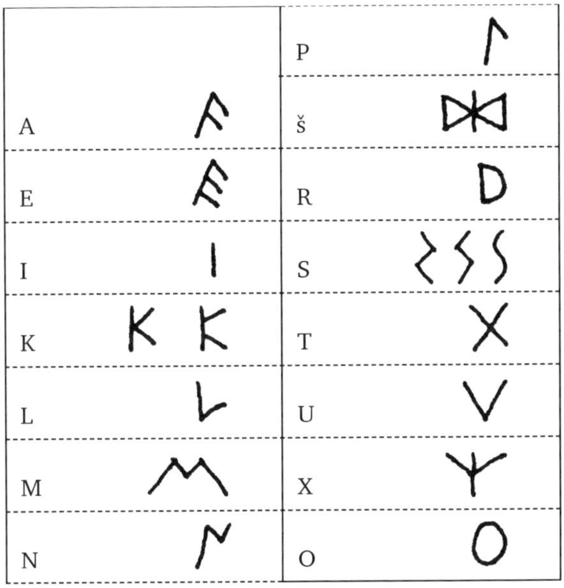

^
Das Nordetruskische Alphabet.

Wie lange die gallische Sprache gelebt hat, lässt sich nicht genau feststellen, auf jeden Fall bis ins 4. nachchristliche Jahrhundert, in einzelnen Sprachinseln möglicherweise auch noch länger. Der Kirchenvater Hieronymus stellte gegen Ende des 4. Jahrhunderts in seinem Kommentar zum Galaterbrief des Apostels Paulus noch ausdrücklich fest, dass die Sprache der Galater (in der heutigen Türkei) derjenigen von Trier sehr ähnlich sei. Zumindest die Sprache von Trier kannte Hieronymus aus eigener Erfahrung, denn er hatte sich in

Sprachprobe des Gallischen – Beispiel 1

Inschrift von Chamalières (Puy-de-Dôme), Zeilen 1–2 (von 12), Bleitäfelchen 6 x 4 cm, im Museum in Clermont-Ferrand, wohl 1. Jahrhundert n. Chr., winzige römische Kursivschrift ohne Worttrennung (ohne Abbildung).

andedíon uediíiumi diíiuion risun/artiu mapon arueriíatin

»Den Gott verehre ich, den Himmlischen, mit (magisch) gestärkter Schrift, den Mapon (»großen Sohn«), den Spender«.

Kommentar: Die Übersetzung ist nur als Versuch[5] zu verstehen. Interpretation und Lesung, v. a. die Worttrennung am Zeilenumbruch bei risun *aritu* (hier als *risu naritu* aufgefasst), sind umstritten. Im darauf folgenden Text wird eine Gruppe von wohl sieben Personen verflucht, möglicherweise weil sie einen falschen Eid geschworen haben. *Maponos* ist eine auch aus Britannien bekannte Gottheit (kymr. *Mabon*), der »große Sohn« der »großen Mutter« *Matrona* (kymr. *Madron*).

Sprachprobe des Gallischen – Beispiel 2

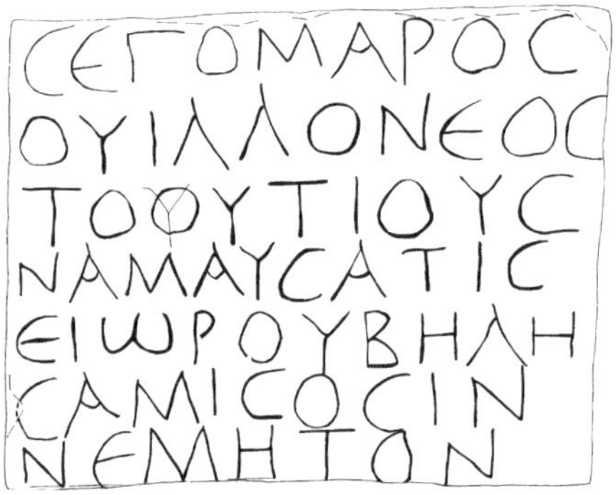

CEΓOMAPOC	Segomaros	Segomaros (ein Männername)
OYIΛΛONEOC	Villoneos	Sohn des *Villonos (oder *Villu; Vatersname)
TOOYTIOYC	Toutius	(ein Titel, etwa) Bürger (oder Bürgermeister)
NAMAYCATIC	Namausatis	von Namausatis = Nîmes
EIΩPOYBHΛH	eiōru Bele-	hat gestiftet der Bele-
CAMINCOCIN	samin sosin	sama (Name einer Göttin) dieses
NEMHTON	nemeton	Heiligtum.

Kommentar: Die Buchstaben OY bezeichnen den Laut/u/(aus der griech. Orthographie übernommen); also steht OOY für/ou/. Es handelt sich um eine typische Weihinschrift. Die Gallier kannten keine Familiennamen, sondern führten Vor- und Vatersnamen (vgl. russ. Namen wie Ivan Sergejevitsch = Ivan, Sohn des Sergej); der Name des Vaters kann nicht genau ermittelt werden, da er durch die besondere Endung verdunkelt ist. Die konkrete Bedeutung des Titels ist unbekannt; es ist ein Adjektiv zu dem Wort *toutā*, »Volk«, das wörtlich etwa »der zum Volk gehörige« heißt. Die Göttin *Belesama* (oder Belisama) ist auch aus bildlichen Darstellungen bekannt; sie wurde mit der römischen Minerva gleichgesetzt. Welcher Art das Heiligtum war, lässt sich nicht mehr ermitteln, da die Inschrift offenbar aus einem größeren Block herausgehauen ist. Es kann sich um einen ganzen Tempel oder auch nur um eine Statue gehandelt haben. Vor dem Kontakt mit Griechen und Römern kannten die Kelten, ähnlich wie die Germanen, nur heilige Haine. Ein solches abgegrenztes Waldstück wurde auch *nemeton* genannt.

Sprachprobe des Gallischen – Beispiel 3

MARTIALIS• DANNOTALI
IEVRV• VCVETE• SOSIN
CELICNON ETIC
GOBEDBI• DVGIIONTIIO
VCVETIN•
IN ... ALISIIA

Martialis (Sohn) des Dannotalos hat gegeben (gestiftet? geweiht?) dem Ucuetis dieses Gebäude, welches von den Schmieden (errichtet wurde), die verehren den Ucuetis in Alisia.

Kommentar: Der Stifter trägt bereits einen lateinischen Namen und gibt seinen (keltischen) Vatersnamen nicht in keltischer Weise als Adjektiv, sondern nach römischer Sitte im Genitiv an. Das Gebäude, das die Archäologen genauer untersuchen konnten, ist wohl zweistöckig gewesen, vermutlich eine Schmiede im (eingetieften) Untergeschoss und darüber ein Kultraum der Schmiedegilde. Das kelt. Wort *keliknon* ist übrigens ins Gotische entlehnt worden: in der gotischen Bibel des Wulfila bezeichnet *kelikn* einmal einen Turm (vielleicht ein Übersetzungsfehler) und einmal einen Speisesaal im Obergeschoss. Der Steinmetz hat sich mit der Verteilung des Textes im Raum schwer getan, deshalb einerseits die Buchstabenkombinationen (1. Zeile: TO aufeinander geschrieben, A und LI übereinander; 2. Zeile: IN übereinander), andererseits die Freiflächen, die dreimal mit Blättern verziert sind. In der Lücke der letzten Zeile hat sich vielleicht ein weiteres Blatt befunden, kaum jedoch ein Buchstabe. Der Schmiedegott Ucuetis ist auch anderweitig gut bezeugt. Für die Grammatik wichtig sind die Endung *-bi* (Instrumental) und die an das Verbum *dugijont(i)* angehängte Relativpartikel *-jo*.

seiner Jugend in dieser Stadt aufgehalten. Auch die Sprache der Galater dürfte er während seiner ausgedehnten Reisen im Orient gehört haben. Das Galatische ist ein Kolonialdialekt des Gallischen: Es kam mit den nach Kleinasien gezogenen keltischen Söldnern, die dort später ihr eigenes Reich begründet haben, nach Anatolien. Es ist uns leider ausschließlich durch einige Personennamen und wenige andere Namen (Ortsnamen, Stammesnamen) bekannt, scheint sich aber nicht sehr vom Gallischen unterschieden zu haben.

Immerhin weiß man vom Gallischen so viel, dass die Grundzüge der Grammatik[3] und die Bedeutung von mehreren hundert Wörtern des Lexi-

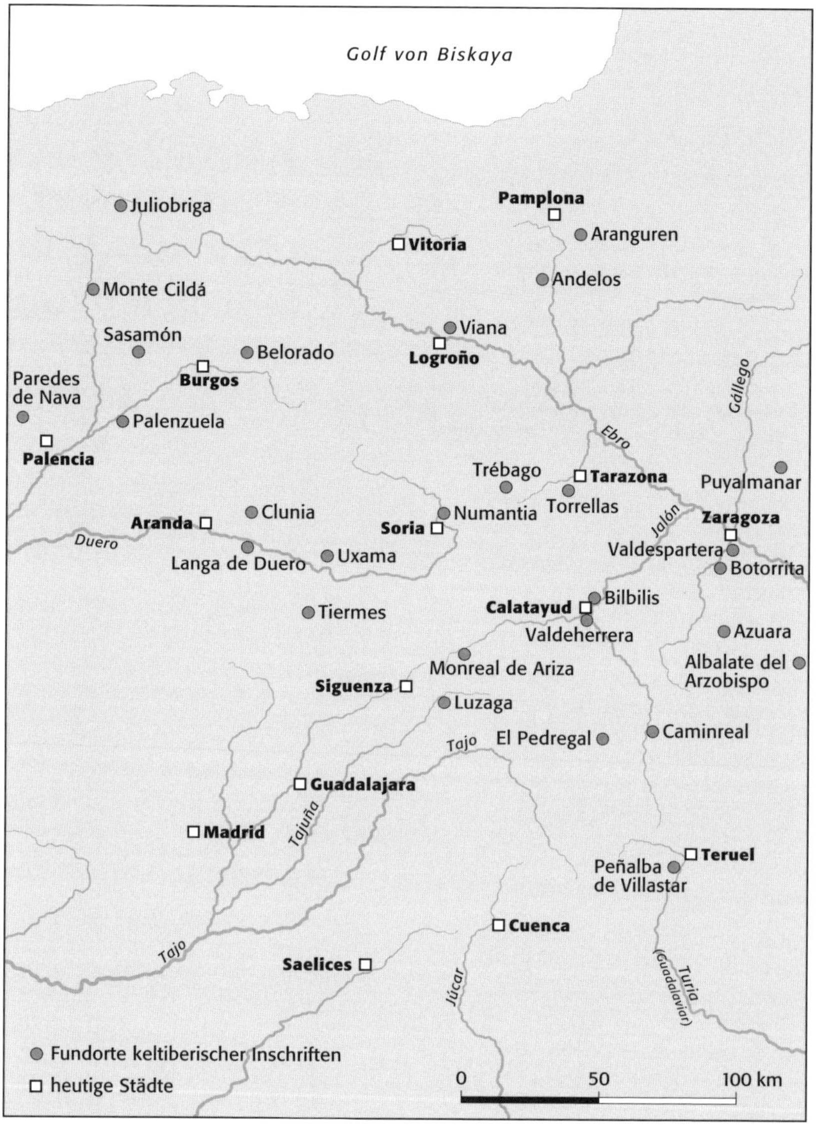

Fundorte keltiberischer Inschriften.

kons[4] feststehen. Aus der Spätphase des Gallischen sind einige (auch sehr volkstümliche) zweisprachige Inschriften belegt, die den Übergang vom Keltischen zum Lateinischen dokumentieren.

KELTIBERISCH

Schon die antiken Schriftsteller berichten, dass auch im heutigen Spanien keltische Stämme lebten. Sie nannten diese Völker Celtiberi, was offensichtlich so viel heißen soll wie »aus Kelten und Iberern gemischtes Volk« (Celt-Iberi). Wir wissen heute, dass die Iberer ein eigenes großes Volk waren, keine Kelten, auch keine Indogermanen, dass aber das so genannte Keltiberische eindeutig eine keltische Sprache war(s. unten). Bis vor etwa 30 Jahren war diese Sprache nur durch sehr wenige Münzlegenden und ganz seltene Inschriften bekannt. 1970 und dann wieder 1992 hat man in der Nähe

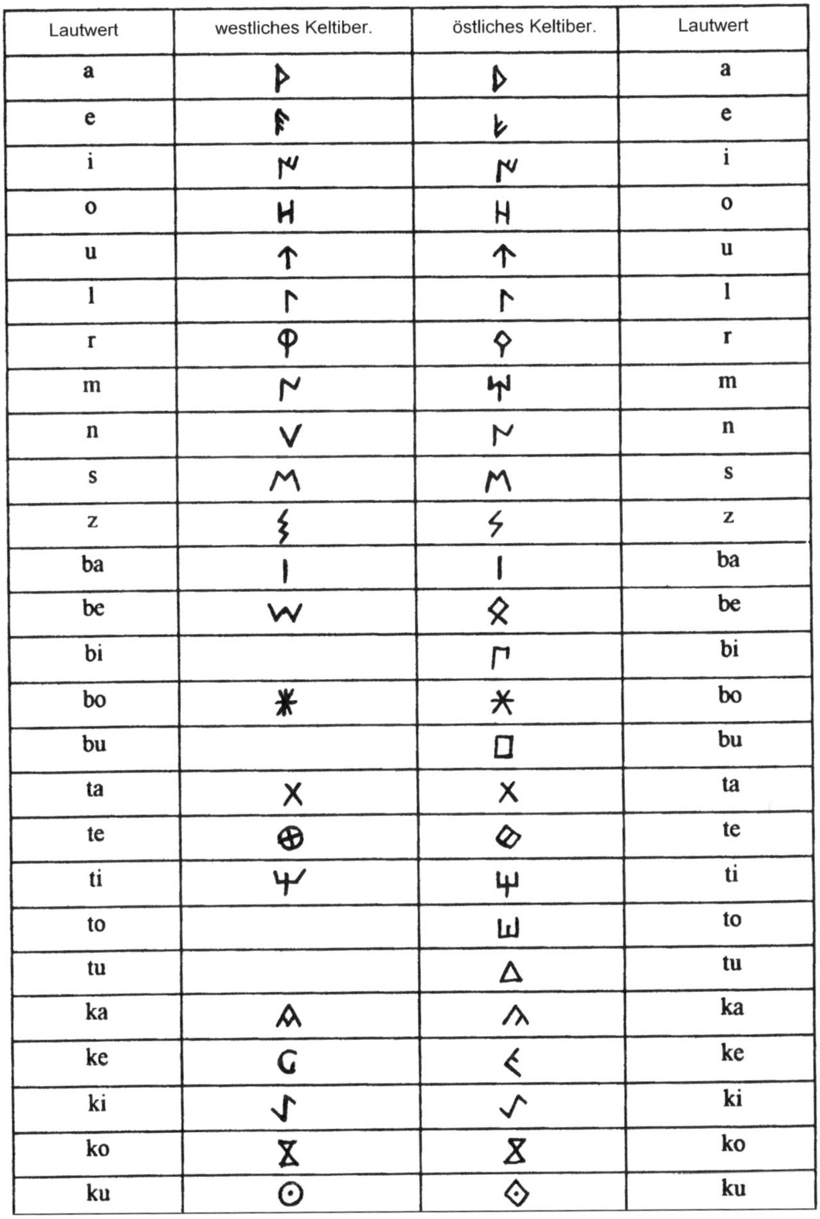

^
Die keltiberischen Silbenzeichen.

Die Vorderseite der ersten in Botorrita gefundenen Inschrift auf einer Bronzetafel. Das Original befindet sich heute im Museum in Saragossa. Größe: ca. 40,5 x 9,5 bis 10,5 cm.

von Saragossa zwei große Bronzeinschriften (s. oben) gefunden, durch die nun die Sprache sehr viel besser bekannt geworden ist. Leider verstehen wir beide Inschriften bis heute fast gar nicht; ihre Interpretation ist in der Forschung nach wie vor äußerst umstritten. Sicher ist, dass die Sprache sich vom Keltischen nördlich der Pyrenäen deutlich unterschied, also kein Dialekt des Gallischen gewesen sein kann. Die keltische Sprache (oder vielleicht auch: die keltischen Sprachen, denn auch das Lusitanische wird von manchen als keltisch betrachtet) auf der Iberischen Halbinsel muss sehr früh verschwunden sein, denn die wenigen Inschriften stammen alle aus vorchristlicher Zeit. Nur wenige Inschriften sind in lateinischer Schrift geschrieben, alle andern in iberischer Schrift, die leider nicht zwischen stimm-

Diese Tessera hospitalis (Gastfreundschaftszeichen) wurde in Osma (römisch: Uxama) entdeckt. Sie trägt eine keltiberische Inschrift und misst etwa 5,5 x 4 cm.

haften und stimmlosen Verschlusslauten unterscheidet (also t für t und d, k für k und g schreibt; p gibt es nicht als Laut im Keltiberischen, so dass geschriebenes p immer b bedeutet).

LEPONTISCH

Lepontisch (vgl. schon oben bei Gallisch) nennen wir die Sprache einer kleinen Gruppe von Inschriften aus dem italienischen Alpenraum und der Zentralschweiz. Lepontii ist aus der Antike als Stammesname bezeugt. Der Name ist übrigens im oberen Tessin bis heute bewahrt geblieben, das Tal heißt auf italienisch Valle Leventina, deutsch Levinental. Es handelt sich meist um Grabinschriften auf Grabsteinen und Urnen, dazu kommen zwei Weihinschriften und ein paar Münzlegenden. Die Inschriften sind offensichtlich recht alt, aber sehr schwer zu datieren und im einzelnen auch nicht sicher zu verstehen, da sie in der so genannten Luganoschrift geschrieben sind. Dies ist eine Schriftart, die für das Keltische überhaupt nicht geeignet ist, da sie zum Beispiel (wie die eben erwähnte iberische Schrift) zwischen stimmlosen und stimmhaften Konsonanten nicht unterscheidet. Heute nehmen die meisten Forscher an, dass es sich um einen altertümlichen Dialekt handelt, der dem Gallischen zugerechnet werden könnte. (s. S. 94)

^
Die »Bilingue von Todi« trägt auf beiden Seiten denselben Text, und zwar jeweils oben lateinisch, darunter lepontisch (in Luganoschrift).

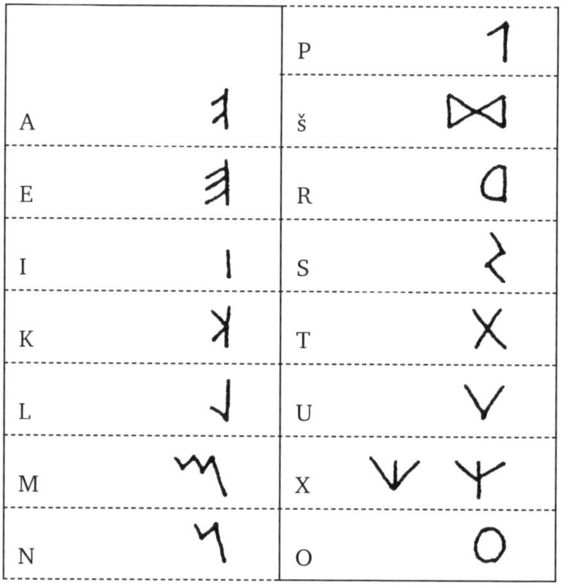

Das Alphabet der Luganoschrift.

GALATISCH

Es wurde bereits gesagt, dass Galatisch ein Kolonialdialekt war, der durch keltische Söldner 279 v. Chr. nach Kleinasien gebracht wurde. Diese begründeten ein eigenes Reich, hinterließen aber außer Namen keine weiteren Sprachdenkmäler. Das oben erwähnte Zeugnis des Kirchenvaters Hieronymus wird daher von manchen Forschern nicht ernst genommen. Keltologen pflegen zu beklagen, dass der Galaterbrief des Apostels Paulus auf griechisch geschrieben wurde statt auf galatisch. Die Galater waren wohl damals schon längst zweisprachig.

KELTISCH IN DEUTSCHLAND

Leider wissen wir so gut wie nichts über die Sprache der Kelten, die im heutigen Süddeutschland gelebt haben, wie uns die archäologischen Funde beweisen. Es steht zu vermuten, dass ihre Sprache dem bezeugten Gallischen zumindest sehr nahe stand, wenn auch vielleicht nicht gerade mit ihm identisch war. Kulturgeschichtlich und archäologisch sind keinerlei Unterschiede zwischen den Kelten in Frankreich und Deutschland bzw. der Schweiz und Österreich bemerkt worden. Wir haben im heutigen deutschen Sprachraum lediglich eine ganze Reihe von Fluss-, Berg- und vor allem Ortsnamen, die offensichtlich keltischen Ursprungs sind. Leider gibt es bis heute keine zuverlässige Liste dieser Namen und für viele der möglicherweise keltischen Namen auch keine eindeutige wissenschaftliche Erklärung. (Eine Auswahl solcher Namen finden sich im Anhang 2.) Es liegt nahe anzunehmen, dass entsprechend den (archäologisch klar aufgezeigten) materiell-kulturellen Zusammenhängen Süd-Deutschland und Nordost-Gallien einen gemeinsamen Kulturraum bildeten. Das schließt keineswegs die Existenz von Dialekten und anderen lokalen Eigentümlichkeiten aus.

FESTLANDKELTISCH UND INSELKELTISCH, BRIT(TANN)ISCH UND GÄLISCH

Alle bisher genannten altkeltischen Sprachen fasst man unter dem Begriff Festlandkeltisch zusammen, da sie (mit der Ausnahme des Galatischen) aus dem europäischen Festland belegt sind. Anders steht es mit den aus dem Mittelalter und der Gegenwart bekannten keltischen Sprachen, die »auf den Inseln« bezeugt sind bzw. von dort kommen. Wir sprechen daher vom Inselkeltischen. Die inselkeltischen Sprachen zerfallen in zwei Untergruppen, die seit ältesten Zeiten, also wohl schon vor Beginn ihrer Überlieferung getrennt gewesen sein müssen, nämlich das »Goidelische« oder »Gälische« (»Gälisch« ist nur eine jüngere Form des Namens »Goidelisch«)[6] und das »Britische« oder »Britannische«. Zum Gälischen zählen Irisch (s. u.), Schottisch (s. u.), Manx (s. u.); zum Britannischen Walisisch (oder Kymrisch, s. u.), Kornisch (s. u.), Bretonisch (s. u.).

IRISCH

Die ältesten Namen, die wir einer Vorstufe des Irischen zuschreiben können, finden sich bei antiken Schriftstellern, vor allem in den Namenslisten des alexandrinischen Geographen Ptolemäus (2. Jahrhundert n. Chr., in griechischer Schrift und vielleicht auch dem Griechischen angenäherter Form). Die folgende Überlieferungsschicht, die uririschen Ogam-Inschriften werden meist ins 5. und 6. Jahrhundert n. Chr. datiert. Es handelt sich um Inschriften auf Stein in einer besonderen, aus Strichen und Punkten zusammengesetzten Schrift (s. S. 96), deren Lesung weit gehend geklärt ist. Es scheint sich um Grabsteine, evtl. auch Grenzmarkierungen zu handeln (s. S. 97). Die Sprachforschung konnte nachweisen, dass der oder die Erfinder der Ogam-Schrift ganz offenbar mit der lateinischen Schulgrammatik in Berührung gekommen war(en). Dazu passt, dass diese Inschriften bereits lateinische Lehnwörter enthalten.[7] Dadurch wird deutlich, dass Irland, obwohl es nie Teil des Römischen Reiches gewesen war, durchaus Kontakte zu den Römern und zum Römischen Britannien gehabt haben muss.

Meist wird angenommen, dass einige sehr alte irische Texte (Gesetze, Gedichte u. Ä.), auch wenn sie erst später aufgeschrieben wurden, aus sprachlichen Gründen spätestens im 6. Jahrhundert entstanden sein müssen; nach anderen Forschern stammen diese Texte erst aus dem 8. Jahrhundert. Einvernehmen besteht über die Datierung der ersten altirischen Glossen, d. h. Worterklärungen, die in lateinische Texte hineingeschrieben wurden, ins 7. Jahrhundert und über den ersten zusammenhängenden Text, das

B	***Beithe*** 'Birke'; vgl. kymr. *bedwen*, lat. *betula*.
L	***Luis*** zu *luise* 'Flamme' oder zu *lus* 'Pflanze'?
F	***Fern*** 'Holunder'; vgl. kymr. *gwern(en)*.
S	***Sail*** 'Weide; vgl. kymr. *helyg(en)*, lat. *salix*.
N	***Nin*** 'Gabel' oder 'Speicher', beides unsicher
H	(***h***)***Úath*** vielleicht air. *úath* 'Schrecken'
D	***Dair*** 'Eiche'; vgl. kymr. *derw(en)*.
T	***Tinne*** 'Metallbarren, Gußstück'
C	***Coll*** 'Hasel'; air., kymr. *coll* < **kos*[*e*]*lo-* > lat. *corulus*.
Q	***Cert*** wohl zu kymr. *perth* 'Busch' (< k^{u}*ert-*).
M	***Muin*** entweder 'Hals', 'List, Kniff' oder 'Wertschätzung, Liebe'
G	***Gort*** 'Feld, Garten'; vgl. kymr. *garth*.
NG	(***n***)***Gétal*** 'Tötung, Metzelei'. Das Wort stirbt früh aus.
Z	***Straif***, *sraiph* 'Schwefel' (Lautwert [ʃ] oder [z])
R	***Ruis*** 'Röte'
A	***Ailm*** '?' (vielleicht ein Baumname, aber in diesem Sinn nur einmal belegt)
O	***Onn*** 'Esche'; vgl. kymr. *onn(en)*.
U	***Úr*** 'Lehm, Ton; Erde'
E	***Edad*** '?' "?"
I	***Idad*** '?' "?"

^ Die Zeichen der Ogam-Schrift und ihre Namen.

Bruchstück einer Predigt (ebenfalls aus dem 7. Jahrhundert), die in einer Abschrift vom Ende des 8. Jahrhundert erhalten ist. Aus dem 8. und 9. Jahrhundert stammen zahlreiche Glossen in verschiedenen Handschriften, kleine Gedichte und ein umfangreicher Heiligenkalender in Versen. Den Übergang zur späteren Zeit bilden dann die erste Biographie des Hl. Patrick in irischer Prosa sowie viele weitere Gedichte über biblische Themen. Bereits aus dieser Übersicht ersieht man, dass die Christianisierung die irische Kultur ganz entscheidend geprägt hat.

Eine Besonderheit der christlichen Mission in Irland, die übrigens von Britannien ausging (Patrick war Brite, sein Name ist lateinisch), besteht darin, dass die alte heidnische Überlieferung samt ihrer Literatur nicht, wie etwa bei den germanischen Völkern weitgehend üblich, pauschal verdammt und daher beseitigt oder unterdrückt wurde. Die irischen Mönche haben offensichtlich schon sehr früh damit begonnen, ihre alte einheimische Tradition einerseits von allzu Anstößigem (Götterlieder? Ritualtexte?) zu reinigen, andererseits aber zu bewahren und aufzuschreiben. Die Hauptmasse der Schriftzeugnisse aus alter Zeit dürfte in der Wikingerzeit verlorenge-

^
Der Ogamstein von Coolmagort
(Grafschaft Kerry).

gangen sein. Nur auf dem Kontinent (vgl. dazu S. 73) sind frühmittelalterliche Sprachzeugnisse erhalten (meist als Glossen, d. h. Rand- oder Zwischenbemerkungen in lateinischen Texten; dazu einige auf den Rändern festgehaltene Gedichte). Aus dem hohen und späten Mittelalter und noch stärker aus der frühneuirischen Periode, d. h. bis etwa 1600, haben wir viele, zum Teil äußerst umfangreiche Sammelhandschriften, die den reichen Schatz der irischen poetischen und prosaischen Literatur bewahrt haben. Mündliche und schriftliche Tradition haben sich immer gegenseitig befruchtet.

Die altirische Sprache zeichnet sich durch große Einheitlichkeit aus, was häufig mit dem normierenden Einfluss der Dichtersprache erklärt wird. Jedenfalls kann auf Bildungseinrichtungen (Dichterschulen?)[8] geschlossen werden, die ggf. Sprachnormen festsetzen und auch durchsetzen konnten. Die Dichter waren durchaus mobil und standen oftmals nacheinander im Dienst verschiedener Fürsten in verschiedenen Gegenden Irlands. Erst nachdem aus politischen Gründen die alte irische Gesellschaftsstruktur verschwunden, die gälischen Herrscher aus Irland vertrieben und damit das Amt des Hofdichters ausgestorben war, kamen die irischen Dialekte zum

Sprachprobe des Ogam-Irischen

Stein von Thomaston, Co. Kilkenny, 1. Hälfte des 6.Jahrhunderts (?), (McManus Nr. xiv), Umschrift.

VEDDELLEMETTO MU	(Stein des) Fedelmid
CI	aus dem Stamm
LOGIDDEAS	Loígde,
AVVI MUNICCONA	aus der Sippe des Muinchú.

Kommentar: Einer der wenigen Steine, dessen Personennamen sämtlich im literarischen Altirischen bezeugt sind. MUNI- ist vielleicht Schreibfehler für MURI-, dann = Muirchú.

Sprachprobe des Altirischen – ein Gedicht

Spottvers auf einen geizigen Patron, etwa aus dem 9. Jahrhundert, zitiert in einer Verslehre aus dem 11. Jahrhundert, die in Handschriften aus dem 15. Jahrhundert bewahrt ist.

Handschrift H	Handschrift B	Rekonstruierter altir. Text
Docuala.	Rochuala	Ro-cúala:
nítabair eocha araduana	nithobaír eochu arduana	ni-tabair eochu ar dúana
dob(er) aníí isdual do	dober i(n)di isduthaigh do	do-beit aní as dúthaig dó:
bó.	bo.	bó.

»Ich habe gehört: Nicht gibt er Pferde für Gedichte, er gibt das, was ist passend für ihn: ein Rind.« (Stilistisch entspräche im Deutschen eher »Ochs«).

Aussprache (vereinfacht: ch = dt. ach-Laut, chj = dt. ich-Laut, th = engl. stimmloses th. Der Akzent bezeichnet den betonten Vokal):
ro-kúala:
nji-táwirj éochu'r dúana,
do-béirj anjí's túthichj do:
bo.

Vorschein, die das sprachliche Bild des Irischen bis auf den heutigen Tag prägen. In der Neuzeit gab es keine allseits anerkannte Norm, jedenfalls nicht, was die gesprochene Sprache angeht. Die Sprecherzahlen gingen im 19. und 20. Jahrhundert aufgrund der bekannten politischen und ökonomischen Veränderungen drastisch zurück, so dass heute nur etwa 25.000 Menschen

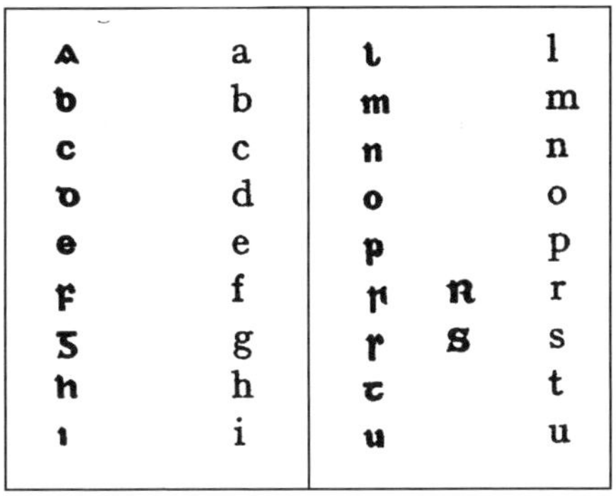

Irische Unziale (links) und moderne Schrift (rechts)

im äußersten Nordwesten und in einigen anderen winzigen Sprachinseln Gälisch noch als Muttersprache sprechen (daher die irische Bezeichnung dieser Regionen als *Gaeltachtaí*, Sing. *Gaeltacht*). In den Statistiken behaupten zwar nach wie vor rund eine Millionen Iren, sie sprächen Irisch als Muttersprache, aber diese Zahlen sind mit größter Vorsicht zu genießen. Iren pflegen zu sagen, sie trügen ihre Sprache im Herzen, aber nicht auf der Zunge. Die Art und Weise, in der das Irische in der Republik Irland als Pflichtsprache an allen Schulen gelehrt wird, hat nicht dazu beigetragen, die Sprache wieder wirklich im Volk zu verankern. Bis auf wenige Enthusiasten ist jeder irische Schulabgänger froh, sich nicht wieder mit diesem altmodischen Ballast, wie es oftmals empfunden wird, beschäftigen zu müssen. In jüngster Zeit scheint sich hier ein Wandel zum Guten anzubahnen (moderne Lehrmethoden, konsequent zweisprachige Schulen u.ä.)
Irisch wurde bis ins 20. Jahrhundert in einer mittelalterlichen Unzial-Schrift geschrieben, die *cló Gaeilge*, »Irish type« genannt wird (s. oben). Sie wird heute nur noch selten, meist zu dekorativen Zwecken verwendet. Die Ortho-

Sprachprobe des Neuirischen

Tomás Ó Criomhthain: An tOileánach (»Der Insulaner«), 1929,[9] erster Absatz des 1. Kapitels.

Is cuimhin liom mé a bheith ar bhrollach mo mháthar. Ceithre bliana a bhíos sular baineadh de dhiúl mé. Is mé dríodar an chrúiscín, deireadh an áil. Sin é an réasún ar fágadh chomh fada ar na cíocha mé.

»Es ist Erinnerung mit mir, dass ich war an der Brust meiner Mutter. Vier Jahre war ich, bevor sie aufhörte, mich zu säugen. Ich bin das Ausgekratzte des Kessels, das Ende der Brut. Das ist der Grund, warum man mich so lange an den Brüsten ließ« (wörtlich).

graphie des Irischen ist erst im 20. Jahrhundert reformiert und fest geregelt worden. Heute ist sie, aller augenscheinlichen Fremdheit zum Trotz, sehr regelmäßig und, wenn man die Prinzipien kennt, durchsichtig. Im Gegensatz zur alt- und mittelirischen Praxis werden alle lautlichen Veränderungen, die für das Verständnis wesentlich sind, genau bezeichnet. Für Irisch wie Schottisch (und früher auch Manx) ist der Gegensatz von neutralen und palatalen (erweichten) Verschlusslauten wichtig (die letzteren werden mit vor- und nachgestellten *i*- oder *e*-Vokalen markiert, die ersteren, falls nötig, durch vor- und nachgestelltes *a* oder *u*). Palatales *s* klingt fast wie dt. *sch*. Alle Verschlusslaute werden in bestimmten lautlichen Umgebungen oder Satzstrukturen zu Reibelauten (durch nachgestelltes *h* markiert), wobei *dh* (früher wie engl. stimmhaftes *th* ausgesprochen) und *gh* (wie norddeutsches geriebenes *g*) gleich ausgesprochen werden, und zwar wie letzteres, wenn neutral, aber wie deutsches *j*, wenn palatal. Die Gruppe *th* wird entweder wie dt. *h* ausgesprochen oder gar nicht; viele Spiranten im In- und Auslaut sind verstummt. Die Verbindung *ch* wird wie der dt. ach-Laut (neutral) bzw. (palatal) ich-Laut ausgesprochen. Wenn ein stimmloser Verschlusslaut in bestimmten Stellungen stimmhaft wird, oder ein stimmhafter Verschlusslaut zu Nasal, schreibt man beide, spricht aber nur den ersten aus, z. B. *ar an gcrann*/ar e gran/»auf dem Baum« : *crann* »Baum« und *i mbaile*/i malje/»in einer Stadt« : *baile* »Stadt«. Ähnlich wird verfahren, wenn vor ein anlautendes *s*- ein *t*- tritt: *an tsúil*/ə tūl/»das Auge« : *súil* »Auge«. Vorgeschlagenes *h*- wird, wie *t*- vor Vokalen, immer ausgesprochen: *go hÉirinn*/go hērjen/»nach Irland« : *Éire* »Irland«, *an t-éan*/ən tjēn/ bzw. im Satz/ə tjēn/»der Vogel« : *éan* »Vogel«. Lange Vokale werden durch ein übergesetztes Akzentzeichen (ir. *síneadh fada*) markiert. Alle unbetonten Vokale sind kurz und tendieren dazu, in einem einzigen Murmelvokal (wie dt. -*e*- in Wagen) zusammenzufallen.

Alle Wörter (mit der Ausnahme von einigen wenigen Adverbien) werden auf der ersten Silbe betont; kleine Wörtchen sind meist unbetont und lehnen sich an das vorhergehende oder folgende an. (Hinweise auf Grammatiken zu den einzelnen keltischen Sprachen finden sich im Literaturverzeichnis).

Der seit alters wirksame Anfangsakzent hat im Laufe der Zeit zu starken Verschleifungen der unbetonten Silben geführt. Um einen Eindruck von der ganz anderen Struktur der inselkeltischen Sprachen zu geben, werden hier ein paar irische Sätze und Wendungen mit wörtlichen Übersetzungen ins Deutsche mitgeteilt. Jeder, der eine oder mehrere der üblichen europäischen Sprachen kennt, bemerkt sofort, wie anders das Keltische ist. Das Walisische (Kymrische) und Bretonische weichen zwar in vielen Einzelheiten vom Gälischen (Irischen wie Schottischen) ab, folgen aber denselben Prinzipien des Satzbaus und Ausdrucks. Die in allen keltischen Sprachen auftretende regelmäßige Anlautsveränderung (Mutation) wird weiter unten anhand des Walisischen erläutert.

Beim Verbum sind besondere Relativ-Formen vom Typ altirisch *beres*, »welcher/e/es trägt« und unpersönliche Formen wie neuirisch *rinneadh*, »man machte« (alte Passiv-Formen, aber seit Jahrhunderten wie Aktiv konstruiert) in allen keltischen Sprachen bemerkenswert. Normalerweise beginnt ein Satz mit dem Verbum; es gibt kein allgemeines »ja« oder »nein«, kein »haben«; für viele deutsche (durchschnitts-europäische) Verben wie »kosten, schulden, fürchten, wissen, wollen, müssen« gibt es keine direkte Entsprechung. Hier ein paar irische Beispiele:

Tá a fhios agam.
»Ist sein Wissen bei-mir« = Ich weiß es.
Is linn féin na portaigh.
»Ist bei-uns selbst die Torfmoore« = Die Torfmoore gehören uns (und keinem andern).
Tá mo chara ag ceannach tigh nua.
»Ist mein Freund beim Kaufen Haus neu« = Mein Freund kauft ein neues Haus.
Chonaic mé Seán agus mé ag dul abhaile.
»Sah ich Seán und ich beim Gehen nachhaus« = Ich sah Seán, als ich nach Hause ging.
Sháraigh sé orm eolas a bhaint aisti.
»Missglückte es auf-mir Wissen sein Nehmen aus ihr« = Es gelang mir nicht, etwas von ihr zu erfahren.
Ba mhaith liom tú é a dhéanamh.
»Wäre gut mit-mir du es sein Machen« = Ich möchte, dass Du es machst.
Ní mór an chaint a bhí an triúr againn á dhéanamh.
»Ist-nicht groß das Reden welches war die drei-Leute bei-uns zu-seinem Machen« = Wir drei haben nicht viel (miteinander) gesprochen.
Ar ól tú an tae? D'ól.
Fragepartikel bei Vergangenheit: »Trankst du den Tee? (Ich) trank« = Ja.
An bhfuil sé ann? Níl.
Fragepartikel bei Gegenwart: »Ist er da? (Er) ist-nicht« = Nein.
Ní raibh fadó orthu ach leathchoróin.
»Nicht(s) war vor-langem auf ihnen außer Halbkrone« = Früher haben sie nur eine halbe Krone (21/2 Shilling = 2s 6p) gekostet.

Zu den Eigentümlichkeiten des Gälischen gehört ein im europäischen Vergleich einzigartiges System von Richtungs- und Zustandsadverbien. Im Deutschen, wie auch in vielen anderen Sprachen, sind solche Angaben immer relativ im Verhältnis zum Sprecher zu verstehen, vgl. dt. *hin* und *her, rechts* und *links*. So erklären sich etwa die Schwierigkeiten kleiner Kinder und noch mancher Erwachsener, Anweisungen wie »nach rechts!« richtig zu verstehen. Das Irische hat dagegen einen reichen Wortschatz von solchen Adverbien, denen absolute Bedeutung zukommt, da sie auf die Himmelsrichtungen bezogen sind. Jeder Sprecher weiß also immer, selbst in geschlossenen Räumen, wo Norden (= »unten«!) ist. Ähnliches findet sich erst wieder in zentralasiatischen Gebirgssprachen (oder in Sondersprachen, wie angeblich dem Jargon US-amerikanischer Möbelpacker). Hier eine Skizze des irischen Systems:

Ruhepunkt

abhus		hier, auf dieser Seite (= *i bhfus/abhus anseo*)
Ggs.:	*thall*	dort (auf der anderen Seite) und, weiter weg:
	thart	dort (unsichtbar auf der anderen Seite, um die Ecke herum); auch: um … herum, vorbei
thuas		oben
thíos		unten
thoir		im Osten
thiar		im Westen
thuaidh		im Norden (dafür meist *ó thuaidh*, eig. aus dem Norden)
theas		im Süden (dafür meist *ó dheas*, eig. aus dem Süden)

Bewegung in Richtung von … her

anall	hierher (von der gegenüberliegenden Seite)
aníos	von oben her
anuas	von unten her
anoir	von/aus dem Osten
aniar	von/aus dem Westen
aduaidh	von Norden[10], sonst: *ó thuaidh* = von/aus dem Norden
aneas	von Süden[11], sonst: *ó dheas* = von/aus dem Süden

Bewegung in Richtung nach

anonn	hinüber (auf die entgegengesetzte Seite)
suas	nach oben
síos	nach unten
soir	nach Osten, ostwärts gerichtet
siar	nach Westen, westwärts gerichtet
ó thuaidh	nach Norden, nordwärts (eig. aus dem Norden)
ó dheas	nach Süden, südwärts (eig. aus dem Süden).

»Drinnen« und »draußen« wird mit den Wörtern für »Haus« und »Feld« ausgedrückt

istigh	innen, drinnen, innerhalb von (eig. im Haus)
amuigh	außen, draußen, außerhalb von, ohne (eig. im Feld)
isteach	hinein, herein, nach innen (eig. ins Haus)
amach	heraus, hinaus, nach draußen (eig. ins Feld).

Amach und *amuigh* können mit *siar/thiar* verbunden werden, um größere Entfernung auszudrücken:

Tá Cáit ag goil siar amach	Cáit geht (weit) weg (nach Westen)
Tá Cáit thiar amach	Cáit ist (weit) weg (im Westen).

Sprachprobe des Schottischen

J.L. Campbell (Hrsg.): Hebridean Folksongs, collected by Donald Maccormick on South Uist, 1893, Oxford 1969, Bd. I, S. 48 f.

'S mise bhean bhochd, chianail, thùrsach,	»Ich bin eine arme, heimwehkranke, müde Frau,
Cha chadal dhomh 's cha n-é'n dùsgagh,	ich schlafe nicht und bin nicht wach,
Chunnaic mi do choill' 'ga rùsgadh,	ich sah deinen Wald kahl geworden.
Marcaich' 'n eich dhuibh air thùs innt',	Einen Reiter auf schwarzem Pferd vorn darin,
Marcaich' na fàlaire crùidhich,	einen Reiter auf einem beschlagenen Zelter,
Nan strian sleamhain 's nan each sunndach.	mit rutschigen Zügeln und munteren Pferden.«

SCHOTTISCH-GÄLISCH

Das Schottisch-Gälische ist ein Kolonialdialekt des Irischen. Noch im Mittellateinischen bedeutet *Scottus* so viel wie »Ire«. Erstaunlich an dieser Expansion ist ihre Assimilationskraft: Die eingedrungenen Iren haben vom 6. bis zum 12. Jahrhundert weite Gebiete in Schottland erobert und die ansässige Bevölkerung, die Pikten im Nordosten, die Briten im Südwesten (Strathclyde) und die Angeln im Südosten (North-Humbria) und sogar die Wikinger zumindest sprachlich assimilieren können, so dass im 12. Jahrhundert ganz Schottland überwiegend gälischsprachig war. Seit dieser Zeit jedoch ist die Sprache im Rückgang begriffen. Sie wurde zunächst in den Lowlands, also im Flachland, durch das nordhumbrische Englisch verdrängt, das auch Scots genannt wird, und dann seit dem 15. Jahrhundert durch die englische Standardsprache. Es hat in den Lowlands bis ins 17. Jahrhundert noch gälische Sprachinseln gegeben, aber nach dieser Zeit wurde Gälisch nur noch in den Highlands gesprochen. Nach der gewaltsamen Entvölkerung der Highlands im 19. Jahrhundert wurden zu Beginn des 20. Jahrhunderts unter den 250.000 Einwohnern des Hochlandes noch ungefähr 40.000 Sprecher gezählt. Heute geben die Statistiken ungefähr 61.000 Muttersprachler an, aber auch hier sind die Zahlen wiederum kaum realistisch. Fachkundige Schätzungen liegen zwischen 10.000 und 15.000 Sprechern. Die Verwendung des Schottisch-Gälischen als Kirchensprache, besonders in einigen freikirchlichen und katholischen Gemeinden, dürfte wesentlich dazu beigetragen haben, dass die Sprache noch nicht ausgestorben ist. Dass sich die neue Teil-Selbständigkeit des Königreichs Schottland positiv auf die Entwicklung der Sprache auswirken wird, darf bezweifelt werden, da Schottland immer ein vielsprachiges Königreich war und die Sprache niemals für den schottischen Nationalismus gegenüber dem Englischen instrumentalisiert wurde.

Die ersten spezifisch schottischen Texte sind Gedichte, die im 16. Jahrhundert aufgezeichnet wurden, kurioserweise in englischer Orthographie. Schottische Texte in größerer Anzahl sind erst seit dem 17. Jahrhundert über-

SPRACHPROBE DES MANX

Johannes 1,1–2 aus der Bibel von 1748:

1. Ayns y toshiaght va'n Goo, as va'n Goo warish Jee, as va'n Goo Jee.
2. Va'n Goo cheddin ayns y toshiaght marish Jee.

1. »Im Anfang war das Wort, und das Wort war bei Gott, und Gott war das Wort.
2. Dasselbe Wort war im Anfang bei Gott.«[12]

liefert. Es handelt sich durchweg um Gedichte und Kirchenlieder. Im 20. Jahrhundert hat das Schottische einen gewissen Aufschwung genommen, es bleibt allerdings auf einen engen Kreis von Enthusiasten beschränkt. Erst neuerdings wird es stärker für touristische Zwecke eingesetzt. Das Schottische unterscheidet sich kaum von den nordirischen Dialekten; die moderne Orthographie setzt sich bewusst möglichst weit von der irischen ab.

MANX

Das Manx, die Sprache der Insel Man, ist ebenfalls ein verselbstständigter irischer Dialekt. Die Textzeugnisse stammen erst aus der Neuzeit. Das anglikanische Gebetbuch (»Book of Common Prayer«) wurde ca. 1610 von (oder eher für) Bischof John Phillips ins Manx übersetzt. 1707 ließ Bischof Thomas Wilson ein anderes Erbauungsbuch zweisprachig drucken, eine Bibel auf Manx wurde von 1748 bis 1775 gedruckt. Ende des 18. und Anfang des 19. Jahrhunderts wurden große Volksliedersammlungen angelegt und im 19. Jahrhundert schrieben einige einheimische Dichter ihre Lebenserinnerungen auf. Seit dem Tod von Ned Madrell 1974 gilt die Sprache als ausgestorben, wird jedoch von Revivalists weiter gepflegt. Die Insel Man hat im Mittelalter fast immer unter wikingischer und später stets unter englischer Herrschaft gestanden, es gibt also mindestens seit dem 14. Jahrhundert keine gälisch(sprachig)e Oberschicht mehr. Der Kontakt nach Irland muss sehr früh abgerissen sein, denn die Orthographie des Manx ist nach englischem Muster geregelt worden, was die Sprache für jeden Iren und Schotten so gut wie unlesbar (aber nicht unverständlich) macht.

BRITISCH (BRITANNISCH)

Die keltischen Sprachen Britanniens haben sich als ungleich lebenskräftiger als das Gälische herausgestellt. Gründe dafür sind v. a. in der unterschiedlichen Sozialgeschichte der verschiedenen Völker und Länder zu suchen. Von der Sprache der alten Briten kennen wir nur wenige Namen aus lateinischen Texten. In den dunklen Jahrhunderten zwischen dem Abzug der Römer (410) und dem Beginn der einheimischen literarischen Überlieferung (etwa um 800) finden wir nur einige wenige Namen in häufig zweisprachigen Inschriften. Sie weisen auf einen vorhergehenden engen Kontakt zwischen Römern und Briten einerseits und in der Folgeperiode zwischen eingedrungenen Iren und der romano-britischen Bevölkerung andererseits hin. Im heutigen England künden nur noch Fluss- und Ortsnamen von der keltischen Vergangenheit (vgl. das häufige *Avon,* das nichts anders heißt als einfach »Fluss«). Warum die angelsächsischen Dialekte, aus denen das moderne Englisch entstanden ist, praktisch keine keltischen Vokabeln aufgenommen haben, ist eines der großen Rätsel der Sprachgeschichte. Früher dachte man an »ethnische Säuberungen«, wie heute das Tarnwort für Völkermord lautet; heute nehmen die Archäologen eher ein allmähliches Verschmelzen von ansässigen Kelten und eindringenden Germanen an. Bei vergleichbaren Vorgängen anderswo blieben in der Regel viele Wörter der aufgegebenen Sprache in der Siegersprache bewahrt (vgl. die gallischen Wörter im Französischen).

WALISISCH (KYMRISCH)

Verglichen mit den gälischen Sprachen machen die britischen (oder wegen der Möglichkeit von Missverständnissen aus Deutlichkeitsgründen besser: britannischen) Sprachen einen moderneren Eindruck, ohne jedoch ihre typisch keltischen Züge (v. a. im Satzbau) aufgegeben zu haben. Einer der Gründe für den Sprachwandel ist in dem starken römischen Einfluss zu sehen, dem die Briten etwa 300 Jahre lang ausgesetzt waren. Die Christianisierung erfolgte noch in römischer Zeit (darauf war man stolz – noch bis ins hohe Mittelalter wurden die inzwischen längst getauften Angelsachsen in der kymrischen Dichtung als Heiden geschmäht). Die Oberschicht (Adel, Offiziere und Stadtbürgertum) war sicher romanisiert und zumindest zweisprachig. Noch heute enthält der alte gemeinsame Wortschatz von Walisisch und Bretonisch Hunderte von lateinischen Lehnwörtern, meist typische Kulturwörtern ganz ähnlich wie im Deutschen (Hausbau, Küche, Religion u. s. w.).

Die Herkunft des Begriffs »Briten«

Erst nachdem 1485 mit Harri Tudur = Heinrich VII., der zu einem Viertel walisischer Abstammung war, das Haus Tudor (walisisch Tudur < kelt. *teutorix; »Volkskönig«) die englische Königswürde errungen hatte, und dann verstärkt ab 1603, als durch Jakob VI. von Schottland (= Jakob I. von England) die Personalunion der beiden Königreiche zustande kam, wurde der Begriff Briten, der bislang, v. a. in lateinischen Texten, ausschließlich für die keltische Bevölkerung verwendet worden war, systematisch auf das ganze Vereinigte Königreich ausgedehnt. Damit wollte man einerseits die alten, fest verwurzelten Gegensätze zwischen keltisch und angelsächsisch und zwischen englisch und schottisch aufheben; andererseits wurde »englisch« als gar zu klein für die aufstrebende Weltmacht empfunden.

Von Britannien aus ist Irland christianisiert worden. Die Iren haben auch die lateinische Schrift (und damit das System der Orthographie) von den in lateinischer Sprache alphabetisierten Briten übernommen. Etwa gleichzeitig mit dem Abzug der römischen Armee im Jahre 410 begannen irische Siedler in Wales und Schottland, sowie Angeln, Sachsen und Jüten an der englischen Süd- und Ostküste einzusickern. In den Abwehrkämpfen wurde das britisch-keltische Sprachgebiet zertrennt; bis auf Wales und Cornwall gingen alle unter. In Schottland gewann zunächst das Schottisch-Gälische die Oberhand (s. o. Abschnitt »Schottisch-Gälisch«). In der altkymrischen Dichtung spielte der »Alte Norden«, d. h. das Britenreich um Edinburgh, eine große Rolle: es hatte bis ins 7. Jahrhundert Bestand. Der Tradition nach war ein mächtiger Fürst von dort nach Nordwales gekommen (entflohen?) und hatte in seiner neuen Heimat die eingedrungenen Iren verjagt bzw. unterworfen und assimiliert. Die Grenze zwischen England und Wales, symbolisiert durch Offa's Dyke, wurde etwa um 800 n. Chr. festgelegt. Erst 300 Jahre

Sprachproben des Walisischen

Altkymrisch

Surexit-Memorandum (Dokument, das den Ausgangs eines Rechtsstreits festhält), Auszug, ca. 8. Jahrhundert:

Rodesit Elcu guetic EQ(UUS) TRES UACHE, TRES UACHE *nouidligi nam(mui), ir ni bes câs igridu dimedichat guetic bit did braut. grefiat guetic, nis minn Tutbulc ha'i cenetl i(n) ois oisou.*[13]

»Elgu gab dann ein Pferd (und) drei Kühe, nämlich drei Kühe die gerade gekalbt hatten (= mitsamt Kälbern), damit es keinen Streit mehr gäbe zwischen ihnen wegen des Besitzes bis zum Tag des Gerichts (= bis zum Jüngsten Tag). Ein schriftliches Dokument dann, Tutbulch und seine Familie wollen es nicht (= verzichten darauf) für immer (wtl.: für das Zeitalter der Zeitalter, Übersetzung von lat. *in saecula saeculorum*).«

Mittelkymrisch

Beginn des ersten Zweiges des Mabinogi, ca. 12. Jahrhundert (überliefert in Handschriften aus dem 13. bis 15. Jahrhundert):

Pwyll Pendeueic Dyuet a oed yn arglwyd ar seith cantref Dyuet. A threigylgweith yd oed yn Arberth prif lys idaw a dyuot yn y uryt ac yn y uedwl uynet y hela.

»Pwyll, der Fürst von Dyfed, war Herrscher über die sieben cantreds[14] (Verwaltungsbezirke) von Dyfed. Und einmal war er in Arberth, einem Hauptsitz von ihm, und Kommen in seinen Geist und in sein Denken (das) Gehen zu(m) Jagen (= und es kam ihm in den Sinn, Jagen zu gehen).«

Modernes Kymrisch

Kate Roberts: Y Trysor (Der Schatz), 1950, erster Absatz:

Am y pedwerydd tro yn ei bywyd yr oedd Jane Rhisiart yn ceisio rhoi digwyddiadau'r bywyd hwnnw yn eu safle briodol. A hithau'n ddeuddeg a thrigain oed, yr oedd mwy ohono i'w osod yn ei le erbyn hyn, mwy o ddigwyddiadau a phersonau i'w symud a'u gwahanu a'u dosbarthu.

»Zum vierten Mal in ihrem Leben versuchte Jane Rhisiart nun die Ereignisse ihres Lebens zu ordnen. Jetzt, mit Zweiundsiebzig, hatte sie mehr zu ordnen als früher, mehr Ereignisse und Personen hin- und herzuschieben, zu unterscheiden, zu klassifizieren.«[15]

später trieben die normannischen Könige von England ihre Expansion weiter bis zur Küste. Den Wikingern gelang es nicht, sich in Wales dauerhaft festzusetzen, aber sie spielten, v. a. von Dublin aus, über die Irische See hinweg, eine bedeutende Rolle in der Geschichte von Wales, da sie mit walisischen Fürsten verschwägert, verbündet und verfeindet waren.

Jahrhundertelang nannten die walisischen Dichter ihre Sprache einfach »Britannisch« (entsprechend auch lat. *britannice* usw.). Altenglisch *Walhisc* = »welsch« ist die germanische Bezeichung für alle fremden Völker, v. a. solche romanischer Sprache (vgl. noch mhd. *Welsch* = »italienisch«, ndl. *Waals* = »wallonisch« usw.). Erst seit dem frühen Mittelalter begegnet der Landesname *Kymry* = »Wales, die Waliser« (heute unterscheidet man *Cymru* = »Wales« und *Cymri* = »die Waliser«) und der dazugehörige, die Sprache bezeichnende Begriff altkymrisch *Cumbraec,* mittelkymrisch *Kymraec,* modern *Cymraeg,* dem die deutsche Bezeichnung *Kymrisch* nachempfunden ist. Die Sprache ist etwa seit dem Ende des 8. Jahrhunderts zunächst durch Glossen, dann durch kurze Gedichte und spätestens seit dem 12. Jahrhundert auch durch umfangreiche literarische Texte in Vers und Prosa bezeugt. Wenn auch die Waliser ihre politische Selbständigkeit sehr früh verloren, so wurde doch das Walisische ironischerweise durch die mit der Reformation verbundenen intensiven Anglisierungsbestrebungen gerettet: Die Bibel wurde auf königlichen Befehl ins Walisische übersetzt, um die Reformation in Wales durchzusetzen. Durch die damit verbundene Alphabetisierung des Volkes entstand ein walisisches Bildungsbürgertum, das nun das aufblühende walisische Nationalbewusstsein gerade an der Sprache festmachen konnte. Diese Entwicklung wurde noch verstärkt durch das Entstehen zahlreicher protestantischer Freikirchen, die das Walisische als Kirchensprache benutzten und bis zum heutigen Tag benutzen. Noch heute gibt es Waliser, die zunächst in der methodistischen Sonntagsschule auf Walisisch lesen und schreiben lernen, bevor sie 1 bis 2 Jahre später in der staatlichen Grundschule das Englische erlernen. Am Ende des 19. Jahrhunderts sprach etwa die Hälfte der Bevölkerung von Wales noch walisisch. Heute sind es etwa 20%, immerhin ca. 500.000 Sprecher. Einzigartig unter allen keltischen Sprachen hat das Walisische in jüngster Vergangenheit ein hohes Sozialprestige erringen können. Das Land ist heute offiziell zweisprachig und die Kenntnis des Walisischen gilt als großer Vorteil auf dem Arbeitsmarkt. Das hat zur Folge, dass sogar in Wales wohnende Engländer oder englischsprachige Waliser ihre Kinder auf walisischsprachige Schulen schicken. Das Walisische ist die einzige keltische Sprache, um deren Zukunft man sich auf absehbare Zeit keine Sorgen zu machen braucht. Der Zensus von 2001 verzeichnet zum ersten Mal eine Zunahme der absoluten Sprecherzahlen.

Während das Walisische anfänglich ganz nach lateinischem Muster geschrieben wurde (s. o. das altkymrische Beispiel), also keine besondern Buchstaben oder Buchstabenkombinationen für die besonderen Laute der Sprache zur Verfügung standen, entwickelte sich im Lauf des Mittelalters eine Reihe von Gewohnheiten, um diese Laute genauer zu bezeichnen. Seit etwa 1000 schreibt man/y/für den Murmelvokal [ə], aber leider auch für [i]; neben/c/tritt gleichwertiges/k/ (das später wieder ausgeschieden wird). Wie das mittelkymrische Beispiel zeigt, werden noch längst nicht alle Laute regelmäßig geschrieben; vieles bleibt noch dem Leser überlassen, so die richtige Auffassung von/u/, das z. B. sowohl den Vokal [ü], als auch den stimmhaften Reibelaut [v] bezeichnet (damals ähnlich so in vielen anderen Sprachen Europas); umgekehrt steht/w/sowohl für [u̯] als auch für den Vokal [u]. Auslautendes [-g] und [-d] werden noch lange in altkymrischer Manier/-c/und/-t/geschrieben, usw. Spätestens mit der walisischen Bibel von 1588 ist jedoch ein Zustand erreicht, der fast mustergültig zu nennen ist, da jedem Buchstaben bzw. jeder Buchstabenkombination ein (und mit ganz wenigen Ausnahmen nur ein) Laut entspricht. Im Folgenden werden nur solche erklärt, die vom Deutschen merklich abweichen. Als walisisches Alphabet gilt die folgende Reihung:

a, b, c (immer wie dt. k), ch (immer wie dt. ach-Laut), d, dd (immer wie engl. stimmhaftes th in *the* usw., neugriech. δ zwischen Vokalen), e, f (immer wie dt. stimmhaftes v: also nicht wie in *Vater,* sondern wie in *Vase*), ff (= dt. f), g, ng (wie in dt. *Hang*), h, i (= dt. i, vor Vokal meist = dt. j), j (= engl. j, nur in engl. Fremdwörtern), l (wie dt. l), ll (immer stimmloses l: ein l ohne Beteiligung der Stimmbänder, von Fremden meist nicht richtig gehört: von Deutschen häufig als sch-Laut, von Engländern als thl imitiert), m, n, o, p, ph (immer = kymr. ff, also dt. f), r (immer kurz gerolltes Zungenspitzen-r wie z. B. im Bairischen und Italienischen), rh (stimmloses gerolltes r: wie r, aber ohne Beteiligung der Stimmbänder), s (immer stimmlos – es gibt kein stimmhaftes s wie etwa in hochdt. *Sonne*), t, th (immer wie engl. stimmloses th in *think* usw.), u (in Nordwales ein ungerundetes i, vergleichbar dem türkischen ı; in Südwales = i), w (entweder Vokal u oder – meist vor Vokal – Gleitlaut wie engl. w), y (in letzter Silbe = i, sonst Murmelvokal [ə] wie/e/in dt. haben). Es gibt also kein k, v, x, z. Der nur in Fremdwörtern (oder mundartlich) vorkommende sch-Laut wird si geschrieben, z. B. *siop*, »Laden«.

Ausnahmen und Inkonsequenzen

/ng/kann auch ng-g bedeuten, z. B. im Ortsnamen *Bangor,* gesprochen Bang-gor;

/mh/,/nh/,/ngh/(stimmloses m, n und ng) sind ebenso gut Laute des Walisischen wie rh und ll (s. o.), werden aber nicht eigens im Alphabet geführt; sie kommen nur in bestimmten Fügungen vor. Die Aussprache ist heute so, dass häufig eine Silbengrenze in (!) den Laut fällt, d. h. in Wirklichkeit wird meist /-m/n/ng | h-/gesprochen, z. B. *fy mhapur i*, »méine (betont) Zeitung«, als /vəm | hapiri/. Aber echte stimmlose Nasale kommen vor, besonders bei Verwandtschaftsbezeichnungen, die gewöhnlich ohne Possessivpronomen gebraucht werden, z. B. *nhad!*, »Vater!« (i. S. v. »mein Vater!«, zum Grundwort *tad*).

/y/ist mehrdeutig (Faustregel s. o.; wichtigste Ausnahme: der Artikel *y* wird immer [ə] ausgesprochen).

Die Diphthonge, die im gesprochenen Südwalisischen zur Monophtongierung neigen, sind nicht immer eindeutig:
/ai/und/ae/, in Südwales auch/au/ = dt. ai, ei
/aw/ = dt. au
/eu/,/ei/,/ey/haben keine Entsprechung im Dt.: etwa e-i
/ew/ = etwa dt. e-u (nicht eu!)
/oe/,/oi/, in Südwales auch/ou/ = dt. oi, eu
/ow/ = etwa dt. o-u
/iw/,/yw/, in Südwales auch/uw/ = etwa dt. i-u (yw in nichtletzter Silbe etwa = ə-w);
besonders schwierig ist/wy/, das für ú-i und u̯-í (beides häufige Verbindungen) steht.

Nur vereinzelt wird im Walisischen ein Zirkumflex ^ benutzt, um einen Vokal als lang zu markieren (*cŵn* = »Hunde«) oder bei einem Diphthong anzugeben, wo der Silbengipfel liegt: *gŵyl* = »Fest(tag)«, aber *gwŷl* = »(er, sie, es) sieht«; *gwŷr* = »Männer«, aber *gŵyr* = »(er, sie, es) weiß«.
Auslautende stimmhafte Reibelaute tendieren zum Verstummen, v. a./-f/, das i.d.R. nicht gesprochen und von »progressiven« Autoren schon nicht mehr geschrieben wird.[16]

Betonung: Auf der vorletzten Silbe liegt ein leichter Druckakzent, die letzte Silbe wird etwas höher gesprochen (sog. Pitch). Fremde missverstehen das häufig als Endbetonung.

Auch hier kann keine grammatische Skizze gegeben werden. Das Walisische, wie überhaupt die britannischen Sprachen, ist weiter fortgeschritten beim Abbau der Flexion. Die Nominalflexion ist beseitigt, man unterscheidet nur noch Singular und Plural (gelegentlich noch Kollektiv und Singulativ, v. a. bei Pflanzen und Tieren; nur wenige Adjektive haben noch Pluralformen. Adjektive stehen immer nach dem Bezugswort, mit der wichtigen Ausnahme einer kleinen Anzahl, die immer voranstehen muss. Das neutrale grammatische Geschlecht ist (bis auf das Pronomen *hyn, hynny*, »das«) aufgegeben, aber die Unterscheidung von maskulin vs. feminin ist grammatisch sehr wichtig. Beim Adjektiv gibt es neben den drei üblichen Steigerungsformen (Grundform, Komparativ, Superlativ) eine vierte, den so genannten Äquativ, der Gleichheit ausdrückt und auch als Exklamativ (bei Ausrufen) benutzt wird, z. B. *Mae hi'n mor braf heddiw* = »Es (das Wetter) ist so schön heute!«.

Die Formenbildung des Verbums ist der des Irischen vergleichbar, es gibt aber weniger Ausnahmen von den Regeln. Präpositionen werden, wie in allen keltischen Sprachen, »konjugiert«, d. h. an die Präposition tritt eine Endung, welche die grammatische Person ausdrückt, z. B. *at* = »(hin) zu«: *ataf (i), atat (ti), ato (fe/fo), ati (hi); aton (ni), atoch (chi), atyn (nhw)* = »zu mir, dir, ihm, ihr, uns, euch, ihnen«.[17] Bei den Zahlwörtern ist das Britannische altertümlicher[18] als das Gälische, da es klare Zeichen eines Zwanzigersystems und Reste von anderen, nichtdekadischen (d. h. nicht auf der Grundzahl 10 beruhenden) Systemen aufweist. Besonders auffällig sind:

11	*un ar ddeg*	»eins auf zehn«
12	*deuddeg*	»zwei-zehn«: altes Kompositum »zwei (und) zehn«
13	*tri ar ddeg*	»drei auf zehn«
14	*pedwar ar ddeg*	»vier auf zehn«
15	*pymtheg*	»fünfzehn«: altes Kompositum
16	*un ar bymtheg*	»eins auf fünfzehn«
17	*dau ar bymtheg*	»zwei auf fünfzehn«
18	*deunaw*	»zwei-neun«: altes Kompositum »zwei (mal) neun« (beim Zählen wird auch eine »regelmäßigere« analog. Bildung *tri ar bymtheg* »drei auf fünfzehn« verwendet)
19	*pedwar ar bymtheg*	»vier auf fünfzehn«
20	*ugain*	»zwanzig«: uraltes ererbtes Kompositum, wie lat. *viginti,* gr. εἴκοσι (vgl. *Ikosa*eder »Zwanzigflächner«); zur Begrifflichkeit vgl. engl. *score.*
21	*un ar hugain*	»eins auf zwanzig«
usw.		
30	*deg ar hugain*	»zehn auf zwanzig«
31	*un ar ddeg ar hugain*	»eins auf zehn auf zwanzig«
usw.		
39	*deugain namyn un*	»zwei-zwanzig außer eins«
40	*deugain*	»zwei-zwanzig«: altes Kompositum »zwei (mal) zwanzig«
50	*hanner cant*	»halbes Hundert«
60	*trigain*	»drei-zwanzig«: altes Kompositum »drei (mal) zwanzig«
80	*pedwar ugain*	»vier Zwanzig(er)«
99	*cant namyn un*	»hundert außer eins«
100	*cant*	»hundert«: Erbwort wie lat. *centum,* dt. *hundert,* russ. *sto* usw.
120	*chwech ugain*	»sechs Zwanzig(er)«
usw. bis		
400	*ugain ugain*	»zwanzig Zwanzig(er)«
999	*mil namyn un*	»tausend außer eins«
1000	*mil*	»tausend«: Lehnwort aus lat. *mille.*

Die Zahlwörter »eins, zwei, drei, vier« sind Adjektive mit besonderen Formen für das Femininum, was beim Zählen durchgängig beachtet werden muss; Gezähltes steht im Singular: *pedair ferch ar hugain* = »19 Mädchen«. *Mil* = »1000« ist ein fem. Substantiv: *dwy fil* = »2000«.

Der Satzbau ist dem des Irischen sehr ähnlich (Voranstellung des Verbums, Relativsätze usw.). Es gibt kein allgemeines Wort für »Ja« bzw. »Nein«. Als Antwort muss meist die der Frage entsprechende Verbalform gebraucht werden. Der im Mittelkymrischen sehr häufige Gebrauch des Verbalnomens (ein für das Keltische typisches Verbalsubstantiv, ähnlich dem Infinitiv der anderen Sprachen) für eine flektierte Verbalform (s. o. in der Sprachprobe) ist heute auf formelhaften Gebrauch beschränkt. Sehr häufig ist dagegen nach wie vor, wie auch im Irischen, der Gebrauch von Hilfsverben (v. a. »sein«, aber auch »machen«) mit folgendem Verbalnomen. In der gesprochen Sprache ist das die Norm, in der Schriftsprache zumindest im Präsens die Regel, vgl. oben: *yr oedd Jane yn ceisio* = wörtlich »(es) war Jane beim Versuchen«.

Mutationen

Anhand kymrischer Beispiele sollen hier die berühmt-berüchtigten keltischen Mutationen erläutert werden. Es handelt sich um regelmäßige Veränderungen des Wortanlauts, die ursprünglich und z. T. noch heute ganz mechanisch durch die lautliche Umgebung (d. h. den vorhergehenden, heute aber auch vielfach den schon längst verlorenen Auslaut des vorhergehenden Wortes) bedingt sind, aber schon seit langem (mindestens 1500 Jahren) auch zur Markierung syntaktischer und semantischer Beziehungen zwischen den Wörtern benutzt werden. Die Systeme sind im Gälischen und Britannischen im Detail so unterschiedlich, dass sie sich seit ca. 2000 Jahren getrennt voneinander entwickelt haben müssen, in ihrer Struktur jedoch so ähnlich, dass sie gewiss auf gemeinsame sprachhistorische Grundlagen zurückgehen. In der Tat werden in der Forschung Thesen diskutiert, die Vorformen solcher Erscheinungen bereits im antiken Festlandkeltischen (v. a. im Gallischen) identifizieren. Die lautlichen Abwandlungen, die zu beobachten sind, sind an sich nichts Ungewöhnliches und finden sich auch in anderen Sprachen.[19] Spezifisch keltisch ist jedoch ihre Systematisierung und Verfestigung zu einer erstaunlich leistungsfähigen Methode, bestimmte Informationen sprachlich auszudrücken.

Im Irischen und Schottischen unterscheidet man zwischen Lenition und Nasalierung (auch Eklipse genannt), sowie einigen Sonderfällen. Die kymri-

ÜBERSICHT ÜBER DIE MUTATIONEN IM KYMRISCHEN

(in moderner walisischer Orthographie; zur Aussprache s. o.)

Grundform	Leniert	Nasaliert	Spirantisiert
p	b	mh	ph
t	d	nh	th
c	g	ngh	ch
b	f	m	—[20]
d	dd	n	—
g	Null![21]	ng	—
ll	l[22]	—	—
rh	r[23]	—	—
m	f[24]	—	—

sche Grammatik, die insgesamt regelmäßiger strukturiert ist (also weniger Archaismen und sonstige Unregelmäßigkeiten bewahrt hat als das Irische), kennt Lenition (engl. »*Soft Mutation*«), Nasalierung (engl. »*Nasal Mutation*«) und Spirantisierung (engl. »*Aspirate Mutation*«). Im Folgenden wird das kymrische System beschrieben:

Bei der Lenition werden:
- stimmlose Verschlusslaute (*p, t, k*) [k im Kymr. mit c geschrieben] zu stimmhaften Verschlusslauten (*b, d, g*);
- stimmhafte Verschlusslaute (*b,d, g*) zu stimmhaften Reibelauten (β, δ, γ), aber γ ist bereits im Akymr. geschwunden;
- die beiden stimmlosen Dauerlaute (*ll, rh*) zu stimmhaften (*l, r*), aber mit sehr vielen Ausnahmen;
- sowie *m*- zu *v*- [im Kymr. f- geschrieben].

Bei der Nasalierung werden:
- stimmlose Verschlusslaute (*p, t, k*) [k im Kymr. mit c geschrieben] zu stimmlosen Nasalen (*mh-, nh-, ngh-*);
- stimmhafte Verschlusslaute (*b,d, g*) zu stimmhaften Nasalen (*m, n, ng*).

Die Spirantisierung betrifft nur:
- stimmlose Verschlusslaute (*p, t, k*) [k im Kymr. mit c geschrieben], die zu stimmlosen Reibelauten (f [in diesem Fall immer *ph*- geschrieben], *th, ch* [ach-Laut!]) werden.

In den folgenden Beispielsätzen sollen einige funktionale Bezüge verdeutlicht werden. Es werden also nicht alle Fälle von Mutationen durch Beispiele belegt, sondern solche, die sich nur durch die Mutation (bzw. die Nicht-Mutation) voneinander unterscheiden.[25]

Stimmlose Verschlusslaute im Anlaut vor Artikel bzw. Possessivpronomen: *Cadair* = »Stuhl«, (fem.); *y gadair* = »der Stuhl«; *fy nghadair* = »mein Stuhl«; *ei gadair* = »sein (Ez. m.) Stuhl« vs. *ei chadair* = »ihr (Ez. fem.) Stuhl« vs. *eu cadair* = »ihr (Mz.) Stuhl« – dies ist ein besonders wichtiger Fall, da sowohl der Artikel *y* als auch die Possessivpronomina *fy* = »mein«, *ei* = »sein«, *ei* = »ihr« (Ez. fem.) und *eu* = «ihr« (Mz.) allesamt nur als Murmelvokal/ə/ausgesprochen werden: die jeweilige Mutation allein hat ihre Funktionen übernommen.

Stimmhafte Verschlusslaute:
Gardd = »Garten« (fem.); *yr ardd,* = »der Garten«; *fy ngardd* = »mein Garten«; *ei ardd* = »sein Garten« vs. *ei gardd* = »ihr (Ez. fem.) Garten« und *eu gardd* = »ihr (Mz.) Garten«

Syntaktische Markierungen (vorwiegend schriftsprachlich):

Das direkte Objekt eines flektierten Verbs wird leniert:
Gwelodd ddyn y bore 'ma yn yr ardd. = »Sah er/sie einen Mann den Morgen hier (= heute morgen) in dem Garten.«;
aber: *Gwelodd dyn …* = »Sah ein Mann …«
(Ausnahme: Das Objekt wird nicht leniert bei unpersönlichen Verbalformen: *Gwelir cath yn yr ardd* = »Man sieht eine Katze im Garten.«)

Lenierung von Stimmhaften und Spirantisierung von Stimmlosen bei verneinten Sätzen (schriftsprachlich mit vorgestellter Partikel *ni*, die nicht mehr gesprochen wird):
(Ni) welais i mo'r ceffyl mawr y bore 'ma. = »(Nicht) sah ich nicht(s von) dem Pferd großen den Morgen hier (= heute morgen).«
aber: *Gwelais i'r ceffyl mawr y bore 'ma.* = »Ich sah das große Pferd heute morgen.«
(Ni) phrynodd Dafydd ddim afalau. = »(Nicht) hat gekauft David keine Äpfel.«
aber: *Prynodd Dafydd afalau ar y marchnad.* = »Gekauft hat David Äpfel auf dem Markt.«,
in der gesprochenen Sprache eher *Fe* (südwalisisch)/*Mi* (nordwalisisch) *brynodd Dafydd …*, also mit Lenierung.

KUMBRISCH

Es muss im frühen Mittelalter eine britische Sprache in Mittel- und Nordengland gegeben haben, die wir in Ermangelung einer besseren Bezeichnung Kumbrisch nennen (vgl. den engl. Namen *Cumberland, Cumbria* für die Landschaft, etymologisch identisch mit wal. *Cymru* = »Wales«). Von dieser Sprache ist nichts erhalten außer drei Begriffen in einem lateinischen Rechtstext aus dem 11. Jahrhundert (*galnes/galnys* »Wergeld«, vgl. kymr. *galanas*; *mercheta* »Heiratsssteuer«, vgl. kymr. *merch* »Mädchen«, *mercheta* »hinter Mädchen herlaufen«; *kelchyn* »Steuer für die Kosten der Rundreise des Gerichts«, vgl. kymr. *cylch* »Kreis, Rundreise«) und einer (auch gälische Elemente enthaltende!) Zahlwortreihe, die noch im 18. Jahrhundert im Lake District zum Zählen von Schafen verwendet wurde:

1 yan	6 sethera	11 yan-a-dik	16 yan-a-bumfit
2 tan	7 lethera	12 tan-a-dik	17 tan-a-bumfit
3 tethera	8 hovera	13 tether-a-dik	18 tether-a-bumfit
4 pethera	9 covers	14 pether-a-dik	19 pether-a-bumfit
5 pimp	10 dik	15 bumfit	20 figgit.

KORNISCH

Das Kornische, die keltische Sprache von Cornwall, dürfte ursprünglich dem Walisischen sehr nahe gestanden, ja mit ihm eine gemeinsame Sprache gebildet haben. Im 10. Jahrhundert wird Cornwall durch die angelsächsische

Eine neue kornische Handschrift

2002 ist ein weiteres mittelkornisches Manuskript (aus der 2. Hälfte des 16. Jahrhunderts offenbar Abschrift einer Vorlage von ca. 1500) entdeckt worden (20 Blätter mit 3308 Zeilen). Es handelt sich um ein Bruchstück aus einer dramatisierten Heiligenlegende, deren Inhalt bisher nur durch eine französische Zusammenfassung des 17. Jahrhunderts einer verlorenen lateinischen Version bekannt war. Der Hl. Kea bemüht sich u. a., zwischen Arthur und Modred zu vermitteln, allerdings vergeblich. Der Text, jetzt mit einem neukornischen Titel »Bewnans Ke« genannt, ist bislang nur im Internet verfügbar.

SPRACHPROBEN DES KORNISCHEN

Mittelkornisch
Passio Domini Nostri Jesu Christi, 15. Jahrhundert (Verse), Rede des »bösen Schächers« Jesmas zu Jesus (beide am Kreuz hängend):

mar soge crist map dev ker/ymsav scon yn nep maner/ny vy marow/ha saw ny gynes yn weth/ na'n beyn mar hager thyweth/na mar garow.
»Wenn du bist Christus, der Sohn des lieben Gottes, rette dich schnell auf irgendeine Weise, damit du nicht stirbst, und rette uns sofort gleichzeitig, damit nicht unser Schmerz so böse endet, und nicht so brutal.«

Neukornisch
Erzählung von den drei guten Ratschlägen (Fassung von E. Lhuyd, 1707), Anfang:

En termen ez passiez thera trigaz en St. Levan, dên ha bennen en teller kreiez »Tshei an hor«. He an huêl a kydhaz skent: Ha medh an dên dho a utêg: me a vedn moz dha huillaz huêl dho îl, ha huei el dendel 'gyz bounaz ybma.
»Einstmals wohnten im Kirchspiel St. Levan ein Mann und eine Frau an einem Orte, der »Tshei an Hor« (Widderhaus) genannt wurde. Da wurde die Arbeit knapp und der Mann sagte zu seiner Frau: Ich werde Arbeit (auswärts) suchen gehen, du kannst hier deinen Lebensunterhalt verdienen.«[26]

Eroberung von Wales abgetrennt. Dadurch entsteht eine eigene Sprache, Kornisch. Aus dem 9. bis 12. Jahrhundert sind einige Glossen und Personennamen sowie ein kleines Vokabular bekannt. Aus dem Mittelalter haben wir ein Dramenfragment und kirchliche Theaterstücke (etwa im Stil von Oberammergau), die offensichtlich aus dem Mittelenglischen übersetzt worden sind, sowie einige Heiligenlegenden und Predigten. Noch im 17. Jahrhundert sind ein weiteres Mirakelspiel sowie einige andere folkloristische Texte aufgeschrieben worden.

Dolly Pentreath, gestorben am 26. Dezember 1777 im Alter von 102 Jahren, gilt als letzte Sprecherin des Kornischen. Gegen Ende des 19. und verstärkt des 20. Jahrhunderts haben sich viele Revivalists-Gruppen gebildet, die wieder fleißig Kornisch sprechen und schreiben. Es handelt sich um einige hundert Menschen, die leider in verschiedene Fraktionen zerfallen sind, so dass das Kornische mit Sicherheit als ausgestorben betrachtet werden kann. Orthographie und Wortschatz des Kornischen waren stark englisch beeinflusst.

BRETONISCH

Das Bretonische ist, wie schon der Name verrät, keine Fortsetzung des alten Gallischen, sondern eine britannische Sprache. Es steht dem Walisischen (v. a. den südwestlichen Mundarten) und dem Kornischen sehr nahe. Das grammatische System ist nicht völlig identisch, aber dem der anderen beiden britannischen Sprachen sehr ähnlich. Um 500 gab es eine starke Abwanderung aus Südost-Britannien nach Gallien. Man hat das traditionellerweise mit dem Druck der vorrückenden Angelsachsen erklärt. Möglicherweise haben auch andere, wohl ökonomische Gründe eine Rolle gespielt. Die Verkehrsverbindungen von Südost-Britannien nach Nordwest-Gallien waren seit alters gut; noch im 16. Jahrhundert dauerte die Seereise über den Kanal nur einen Tag, dagegen die Kutschfahrt von Cornwall nach London mindestens eine Woche. Die ankommenden Briten brachten ihre geistliche Oberschicht und ihre Heiligen mit, wie man an vielen Ortsnamensdubletten in

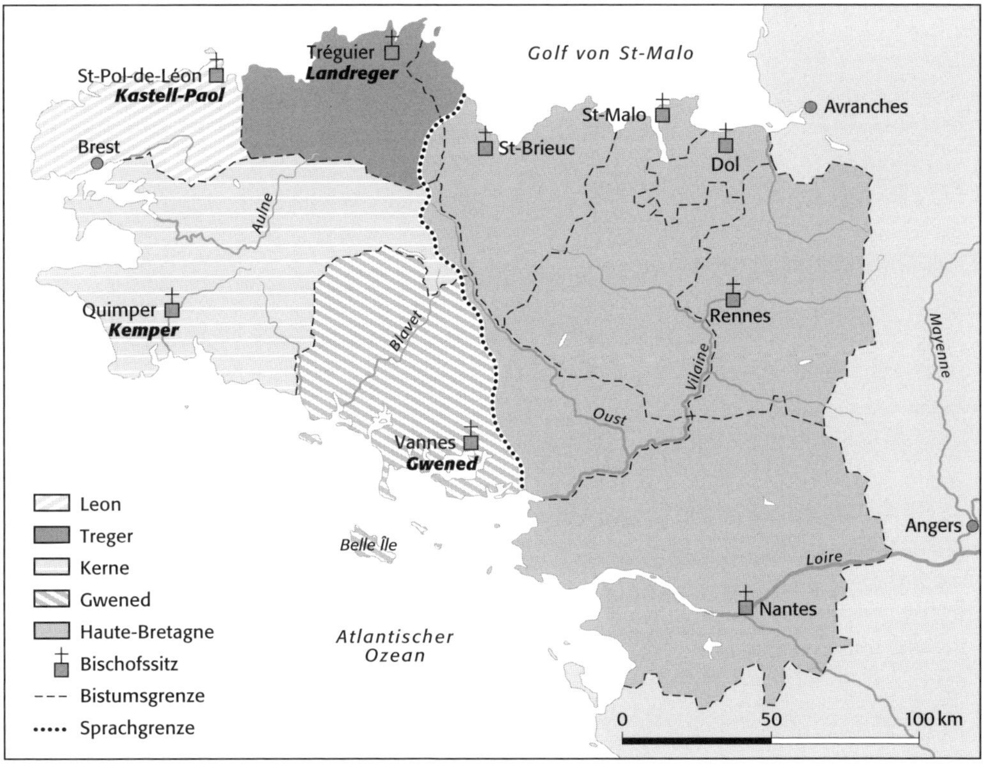

^
Die Dialektgrenzen des Bretonischen..

der Bretagne einerseits und in Cornwall und Wales auf der anderen Seite noch heute sehen kann. Eine nach wie vor ungeklärte Frage wurde von französischen Forschern aufgeworfen, die behaupteten, im 6. Jahrhundert habe man in der heutigen Bretagne noch eine Art Spätgallisch gesprochen. Es gibt dafür keine Beweise. Als indirektes Argument könnte allenfalls gelten, dass noch vorhandene keltische Sprachreste zum Erfolg der sprachlichen Implantierung einer neuen keltischen Sprache, eben des späteren Bretoni-

Sprachproben des Bretonischen

Mittelbretonisch

Verse am Rand einer Handschrift des 14. Jahrhundert:[28]

An guen (h)eguen am louuenas	»Die Weiße (= Schöne), ihr Lächeln hat mich erfreut,
an (h)egarat an lac(at)las	die Liebenswürdige, die mit den blauen Augen.«

Neubretonisch

Lied des Volkssängers Julian Godest (1849–1932):[29]

Nebeud am meuz a studi, ma spered zo dister	»Nicht viel habe ich gelernt, mein Geist ist mäßig,
N'on ket evit hi rima 'barz en brezonek skler	Ich kann kein Gedicht verfassen in klarem Bretonisch,
Mez entrezoc'h c'houi, Barzed me ho ped d'hi reizan	Aber unter euch Dichtern, ich bitte, es zu verbessern,
D'hi reseo dre garante, evel ma hi skrivan.	Es freundlich aufzunehmen, so wie ich es schreibe.
N'a n'on ket bet er studi, er skolajou ive	Ich bin nicht zum Studium gewesen und auf den Schulen,
Disket am meuz eun tammik lenn war an a.b.c.	Ich habe ein bißchen Lesen gelernt mit dem ABC.
Gant Gras Doue ha ma foan, goude me meuz disket	Mit Gottes Hilfe und meiner Anstrengung habe ich nachher gelernt
Skiva ma-hun ma gwerziou en hon iez brezonek.	selbst meine Lieder zu schreiben in unserer bretonischen Sprache.
Siwaz, me zo koziad: en amzer ar gallek	Ach, ich bin ein alter Mann. In meiner Zeit war Französisch
A vije mesk-divesket 'samblez gant brezonek!	gänzlich vermischt mit Bretonisch!
Ur goz wënn dic'hoanet kam zo diaes da eona	Ein alter schief gewachsener Baum ist schwierig aufzurichten.
Me a zo arru re goz evid dond a reiza.	Ich bin zu alt um noch gebessert zu werden.«

schen, beigetragen haben. Die Bretagne war lange Zeit politisch selbstständig und konnte auch im französischen Königreich bis ins 16. Jahrhundert, ja teilweise bis zur Französischen Revolution, eine gewisse Sonderstellung bewahren, was sicherlich den Erhalt der Sprache begünstigte. Seit der Revolution wurde sie allerdings stark unterdrückt und die Sprecherzahlen gingen drastisch zurück. Genaue Zahlen sind bis heute unbekannt; neuere Schätzungen schwanken zwischen 500.000 und 25.000. Das hängt sicherlich mit der zentralistischen und geradezu sprachnationalistischen Einstellung der französischen Republik zusammen. Erst in jüngster Zeit wird es in Frankreich möglich, öffentlich an die Existenz mehrerer nichtfrankophoner Sprechergemeinschaften innerhalb der einen Republik zu erinnern.

Das Bretonische gliedert sich seit dem Mittelalter in vier Dialektgruppen, von denen sich drei relativ nahe stehen und für die immer wieder gemeinsame Schriftsprachen (im wesentlichen vermittelnde Orthographien) entwickelt wurden; der vierte Dialekt ist deutlich altertümlicher (er hat z. B. die alte britannische Endbetonung bewahrt) und für Sprecher der anderen drei (die u. a. in der Regel die vorletzte Silbe eines Wortes betonen) kaum verständlich. Diese Mundartgruppen werden nach den Bistümern der vorrevolutionären Zeit benannt: *Kerneweg*/Cornouaillais = Bistum *Kerne*/»Cornokaille«, Bischofssitz *Kemper*/Quimper; *Leoneg*/Léonais = Bistum *Kastell-Paol*/St. Pol-de-Léon; *Tregerieg*/Trégorois = Bistum *Landreger*/Tréguier; der archaische Dialekt ist das *Gwenedeg*/Vannetais im Bistum *Gwened*/Vannes. (s. Karte S. 115) Etwa seit der Mitte des 20. Jahrhunderts gibt es keine einsprachigen Muttersprachler mehr. Der Anteil junger Leute unter den heutigen ca. 200.000 Sprechern ist trotz größter Bemühungen der Verfechter des Bretonischen verschwindend gering (etwa 0,5% der unter 20-Jährigen im Jahre 1997).[27] Obwohl die Sprache folkloristisch herausgestellt und touristisch vermarktet wird, ist zu befürchten, dass das Bretonische das 21. Jahrhundert nicht überstehen wird.

SUBSTRATSPRACHE(N), PIKTISCH

Alle keltischen Sprachen – und darunter werden im Folgenden nur die neuzeitlichen inselkeltischen Sprachen verstanden – weichen in ihrem grammatischen Bau, ihrer Struktur, stark vom europäischen Durchschnitt ab. Vor allem der Satzbau ist in den keltischen Sprachen ganz anders als in allen anderen Sprachen Europas, wie u. a. die obigen Sprachproben zeigen. Das hat schon sehr früh zu Überlegungen geführt, worauf das zurückzuführen sein könnte. Eine nahe liegende Vermutung geht dahin, dass ganz offensichtlich Eigentümlichkeiten von einer oder mehreren vorkeltischen Sprachen hier eingewirkt haben. Ob das Piktische in Schottland eine dieser Sprachen fortsetzt, ist unbekannt. Es gibt sogar Wissenschaftler, die glauben, das Piktische sei eine besondere Form des Britischen, aber das ließ sich bisher nicht bestätigen. Neueren Vermutungen zufolge verbirgt sich hinter den Bildsymbolen auf den großen piktischen Denkmalsteinen (s. S. 118) eine bisher noch nicht verstandene Schrift. Sollte die Entzifferung dieser Schrift gelingen, könnte man die Frage nach der Zugehörigkeit des Piktischen vielleicht besser beantworten. Vorläufig sollte man es nicht als keltische Sprache betrachten. Da auch keine piktischen Texte bekannt sind (wir haben ausschließlich Namen von Königen), kann es hier unberücksichtigt bleiben.

Die unbekannte(n) vorkeltische(n) Sprache(n) der britischen Inseln scheint bzw. scheinen sprachtypologisch (d. h. der Struktur ihrer Grammatik und der Art ihrer Satzformen) nordafrikanischen Sprachen wie etwa dem Berberischen nahe gestanden zu haben; es wurden immer wieder Versuche gemacht, historische Belege für frühe Verbindungen zwischen Nordafrika und den Inseln zu finden, zum Teil bis in die Steinzeit zurück. Archäologisch mag das zum Teil gerechtfertigt sein, denn Megalithkulturen gab es nicht nur in Europa, sondern auch in Nordafrika. Sprachwissenschaftlich ist eine solche Argumentation allerdings nicht möglich, und ich behandele die Frage daher nicht weiter.

^
Der Symbolstein Aberlemno I in Angus enthält die piktischen Symbole »Schlange«, »Doppelscheibe mit z-Stab« und »Spiegel und Kamm«.

IM VERGLEICH: DIE BIBEL IN KELTISCHEN SPRACHEN

Vollbibeln gibt es auf walisisch seit 1588, auf irisch seit 1686, auf Manx seit 1748, auf schottisch seit 1801, auf Bretonisch seit 1866. Hier das Gleichnis vom Sämann (Markus 4, 3–8) in den verschiedenen Sprachen:

Irish (protestantisch, von William O'Domhaill, 1603):

3 Eisdiġ; Tabhraiġ dá bhur naire, do ċuaiḋ an síoladóir amaċ do ċur ṡíl:

4 Agus tárla ag cur an tsíl dó, gur ṫuit cuid de ċois na sliġe, 7 tangadar éanlaiṫ an aéir, 7 diṫeadar é.

5 Agus do ṫuit cuid eile de a náit cloċaiḋ, mar naċ raib doiṁne talṁan aige; 7 ar ball dfás sé súas, do bhríġ naċ raib morán úir aige:

6 Agus ar néirġe don ġréin do dóiġeaḋ é [le teasbhaċ]; 7 do bhríġ naċ raib fréaṁ aige, do ṡearg sé.

7 Agus do ṫuit cuid eile de eidir ṁuineaċ, 7 deiṁġeadar an ṁuineaċ súas, 7 do ṫaċdadar é, 7 ní ṫug sé toraḋ úaḋ.

8 Agus do ṫuit cuid eile de a dtalaṁ ṁaiṫ, 7 tug sé toraḋ úaḋ déiriġ súas 7 dfás; 7 tug ḋe, cuid a deiċ fiṫċead, 7 cuid trí fiṫċid, 7 cuid eile céad:

Irisch (katholisch, von Peadar O'Laoghaire, erschienen 1915):

Éistiḋ liom: féaċ, ċuaiḋ curaḋóir amaċ ag cur 3
síl. Agus ag cur an tsíl ḋó, do ṫuit cuid de'n tsíol 4
i n-aice an bóṫair, agus ṫáinig éanlaiṫe an aéir agus
d'iṫeadar é. Agus do ṫuit tuille ḋe ar áit i n-a 5
raiḃ iomad cloċ, agus ní raiḃ puinn iṫreaċ aige ann,
agus d'ḟás sé suas go tapaiḋ mar ní raiḃ an iṫir
doiṁinn. Agus nuair a d'eiriġ an ġrian ṫáinig an 6
broṫall· air, agus toirs gan an préaṁ a ḃeiṫ aige
d'ḟeóċ sé. Agus ṫuit tuille ḋe insna sgeaċaiḃ, 7
agus d'ḟás na sgeaċa agus ṁúċadar an ċuid sin, agus
níor ṫug sé toraḋ uaiḋ. Agus do ṫuit cuid eile ḋe 8
ar talaṁ ḟóġanta, agus d'ḟás sé agus d'eiriġ sé,
agus ṫug sé toraḋ uaiḋ, cuid de fó ṫríoċad, cuid
de fó ṫrí ficid, agus cuid dé fó ċéad.

Irisch (protestantisch, Dublin 1970):

3 Éistigí! Chuaigh síoladóir amach a chur an tsíl.

4 Agus nuair a bhí sé ag cur an tsíl, thit cuid de amach roimhe ar an gcosán, agus chuaigh an éanlaith á ithe.

5 Thit tuilleadh ar thalamh creagach, an áit nach raibh mórán cré faoi, agus thosaigh sé ar ghobadh aníos, ó nach raibh aon doimhneacht cré faoi;

6 agus nuair a chuaigh an ghrian in airde sa spéir dódh é, agus nuair nach raibh aon fréamh aige, d'fheoigh sé agus cailleadh é.

7 Thit síol eile i measc na driseog agus d'fhás na driseaoga aníos go dtí gur thacht siad é, agus ní toradh air.
8 Agus thit síol eile ar thalamh maith agus thug sé barr, ag fás agus faibhriú agus tabhairt uaidh faoi thríocha agus faoi sheasca agus faoi chéad.

Irisch (katholisch, Maynooth 2000):

3 Éistigí liom! Chuaigh an síoladóir amach ag cur an tsíl.
4 Agus sa síolchur, thit cuid den ghrán le hais an bhóthair agus tháinig an éanlaith á ithe suas.
5 Thit cuid eile den ghrán ar an gcreagán, áit nach raibh mórán ithreach ann dó, agus d'eascair sé gan mhoill de bhrí nach raibh an ithir dhomhain aige;
6 agus nuair d'éirigh an ghrian loisceadh é, agus toisc nach raibh fréamh aige d'fheoigh sé.
7 Thit cuid eile den ghrán sa deilgneach, agus d'fhás an deilgneach aníos agus phlúch é, agus níor thug sé aon toradh uaidh.
8 Ach thit gráinní eile ar an talamh maith agus thug toradh uathu ag fás suas agus ag méadú, agus bhí barr air faoi thríocha agus faoi sheasca agus faoi chéad.

Schottisch (1939, wohl Bearbeitung der Standardausgabe von 1826):

3 Eisdibh; Feuch, chaidh fear-cuir a mach a chur sìl:
4 Agus tharladh 'n uair a chuir e an sìol, gu'n do thuit cuid deth ri taobh an rathaid, agus thàinig eunlaith an athair, agus dh'ith iad suas e.
5 Agus thuit cuid eile dheth air fearann creagach, far nach robh mòr thalamh aige; agus air ball dh'fhàs e suas, a chionn nach robh doimhne talmhainn aige:
6 Ach air do'n ghréin éirigh, loisgeadh e; agus a chionn nach robh freumh aige, shearg e as.
7 Agus thuit cuid eile am measg droighinn, agus dh'fhàs an droighionn suas, agus thachd se e, agus cha d'thug e toradh uaith.
8 Agus thuit cuid eile air talamh maith, agus thug e toradh uaith a'fàs suas agus a'meudachadh; agus thug e mach, cuid a dheich thar fhichead uiread, agus cuid a thri fichead uiread, agus cuid a cheud uiread's a chuireadh.

Manx (Nachdruck 1979 der Ausgabe von 1767):

3 Clasht-jee, Cur-my-ner hie correyder magh dy chuirr:
4 As haink eh gy-kione myr v'eh cuirr, dy huitt paart jeh'n rass rish oirr y raad, as haink eeanlee yn aer, as d'ee ad seose eh.
5 As huitt paart er thalloo claghagh, raad nag row mooarane ooir echey, as chelleeragh daase eh, er-yn-oyr nagh row diunid thallooin echey.
6 As tra ghow yn ghrian niart ve fiojit, as er-yn-oyr nagh row eh er n'ghoaill fraue, ren eh shyrgaghey ersooyl.
7 As huitt paart mastey drineyn, as daase ny drineyn seose mârish, as ploogh ad eh, as cha dymmyrk eh mess.
8 Agh huitt cooid elley jeh ayns thalloo mie, as hug eh magh mess ren gaase seose as bishaghey, as dymmyrk eh, paart jeih fillaghyn as feed, as paart three-feed, as paart keead filley.

Walisisch (1956, Bearbeitung der Übersetzung von 1567):

3 Gwrandêwch: Wele, hauwr a aeth allan i hau:

4 A darfu, wrth hau, i beth syrthio ar fin y ffordd, ac ehediaid yr awyr a ddaethant ac a'i difasant.

5 A pheth a syrthiodd ar greigle, lle ni chafodd fawr ddaear; ac yn y fan yr eginodd, am nad oedd iddo ddyfnder daear.

6 A phan gododd yr haul, y poethwyd ef; ac am nad oedd gwreiddyn iddo, efe a wywodd.

7 A pheth a syrthiodd ym mhlith drain; a'r drain a dyfasant, ac a'i tagasant ef, ac ni ddug ffrwyth.

8 A pheth arall a syrthiodd mewn tir da, ac a roddes ffrwyth tyfadwy a chynnyrchiol, ac a ddug un ddeg ar hugain, ac un dri ugain, ac un gant.

Walisisch 1988 (Neue Übersetzung):

3 Gwrandewch! Aeth heuwr allan i hau.

4 Ac wrth iddo hau, syrthiodd peth had ar hyd y llwybr, a daeth yr adar a'i fwyta.

5 Syrthiodd peth arall ar dir creigiog, lle ne chafodd fawr o bridd, a thyfodd yn gyflym am nad oedd iddo ddyfnder daear;

6 a phan gododd yr haul fe'i llosgwyd, ac am nad oedd iddo gwreiddyn fe wywodd.

7 Syrthiodd peth arall ymhlith y drain, a thyfodd y drain a'i dagu, ac ni rododd frwyth.

8 A syrthiodd hadau eraill ar dir da, a chan dyfu a chynyddu yr oeddent yn ffrwytho a chnydio hyd ddeg ar hugain a hyd drigain a hyd ganwaith cymaint.

Bretonisch (Neues Testament von 1969, übersetzt von Maodez Glanndour):

3 Selaouit! Sed ez eas an hader er-maez da hadañ.

4 Ha tra ma hade e kouezhas lod eus ar greun a-hed an hent; met al laboused a zeuas hag a zebras anezho.

5 Darn all a gouezhas war un dachenn veinek lec'h n'o devoa ket kalz a zouar; raktal e tiwanjont, dre oa bas an douar;

6 met pa savas an heol e voent losket, hag o vezañ n'o devoa ket gwirzioù e tisec'hjont.

7 Darn all a gouezhas e-touez an drein; hag an drein a savas hag a mougas, ha ne rojont ket a frouezh.

8 Reoù all avat a gouezhas en douar mat, a savas, a greskas, a daolas frouezh, o reiñ tregont, tri-ugent, ha kant evit unan!

KELTISCHE LITERATUR

DIE LITERATUR DER FESTLANDKELTEN

Von den literarischen Überlieferungen der keltischsprachigen Völker der Antike ist nichts erhalten. Das Wenige, das wir darüber wissen, verdanken wir den beiläufigen Bemerkungen klassischer Autoren, v. a. Poseidonios, dessen Beschreibung der Kelten in den Zitaten späterer Autoren weiterlebt, und Caesar. Caesar, der als erster zwischen Kelten und Germanen unterschied, sah in der Existenz einer speziellen Gelehrtenklasse eines der wichtigsten Merkmale der keltischen Gesellschaft. Der eine Generation ältere Poseidonios war mit den beiden Völkerkonglomeraten noch zu wenig vertraut, um sie voneinander zu unterscheiden. Für ihn bestand die keltische Gelehrtenklasse aus drei Typen: dem Barden, der Loblieder und Satiren verfasste und zur Leier vortrug, dem Seher, der die Zukunft weissagte, und dem Druiden, den er als Naturforscher, Rechtskundigen und Moraltheologen sah. Sein Bild der Druiden als der Gerechtesten aller Menschen ist von der philosophischen Lehre der Stoa geprägt, der er selber anhing, denn er verglich sie mit den großen Gesetzgebern aus der Frühzeit der Menschheit. Von Poseidonios stammt auch die folgende Skizze eines keltischen Lobdichters: Ein gewisser Lovernius, entmachtet von Rom, soll für seine keltischen Landsleute in einer eigens dafür erbauten Viereckschanze ein gewaltiges Fest angerichtet haben, um ihre Gunst zu gewinnen. Ein Dichter, der erst am Schluss des Festes eintraf, besang ihn, während er, die Verspätung beklagend, neben seinem Wagen einherrannte, worauf Lovernius ihm einen Beutel Gold zuwarf.

Bei Caesar heißen alle keltischen Gelehrten Druiden. Laut seiner Beschreibung umfasste ihre Lehre die Religion und das Recht. Im Gegensatz zu Poseidonios nannte er die Literatur nicht, wohl aber die große Menge Verse, die sie ihre Schüler auswendig lernen ließen. Er betonte, es sei den Druiden verboten, ihre Lehre aufzuschreiben, obschon die Gallier für die täglichen Geschäfte die griechische Schrift verwendeten. Er führte dafür dieselben Gründe an, die wir schon bei Plato finden: verhindern, dass die höhere Lehre sich unkontrolliert im Volk verbreite und dass die Schüler ihr Gedächtnis vernachlässigten. Die erhaltenen Sprachdenkmäler bezeugen aber, dass die keltischen Gelehrten am Anfang unserer Zeitrechnung auch ihr höheres Wissen der Schriftkultur zu öffnen begannen.

DIE LITERATUR DES KELTISCHEN IRLANDS

Im Lauf der irischen Geschichte wurden auf der Insel neben dem Irischen auch andere Sprachen gesprochen und teils geschrieben: Lateinisch, Skandinavisch, Französisch und Englisch. Hier geht es um die irischsprachige Literatur, wobei Übersetzungen und Nachahmungen sowie moderne Entwicklungen nur am Rand erwähnt werden.

Keltisches Irland

Der Begriff »Keltisch« ist seit einiger Zeit umstritten, mir scheint, auf Grund eines Missverständnisses. Er hat so wenig mit Rasse zu tun wie »Germanisch« oder »Slawisch«. Diese Bezeichnungen haben in historischer Zeit v. a. eine sprachliche, und damit eine kulturelle, Bedeutung. Die Sprache als wichtigstes menschliches Kommunikationsmittel prägt die Kultur entscheidend. »Keltisches Irland« und »keltisches Britannien« sind wie »griechisches Altertum« oder »angelsächsisches England« nicht bloß moderne Konstrukte, die so benannten Identitäten wurzeln vielmehr in näheren und ferneren Vergangenheiten. Irland war zwar schon lange vor der Ankunft der ersten keltischsprachigen Siedler bewohnt, und die archäologischen Funde jener Bevölkerung, die sich vermutlich einer vorindogermanischen Sprache bediente, zeugen von einem hohen Entwicklungsniveau, doch dies ändert nichts daran, dass die allmähliche Keltisierung der Insel so erfolgreich verlief, dass diese von den frühesten Sprachzeugen an als durchweg keltischsprachig erscheint.

Irland und die römische Welt

Für die Römer lag Irland am Rand der Welt und so blieb es außerhalb ihres Imperiums. Doch für die seefahrenden Völker, damals die Mehrheit, war die Insel durch ein Netz von Seewegen mit dem Festland und Britannien ver-

Die Gelehrtenklasse des keltischen Irlands

Der Druide *(druí)* erscheint in der altirischen Literatur als religiöse Autorität des vorchristlichen Irlands. Zusammen mit dem König beschützt er das Land; ist bei magischen Handlungen anwesend; kennt den schicksalhaft richtigen Tag für ein Unterfangen, den schicksalhaft richtigen Namen eines Menschen; kann bei Feinden Halluzinationen hervorrufen. In den Heiligenleben ist er der erfolglose Widersacher des Heiligen, der seinerseits druidische Kräfte hat. *Fili* (wtl. Seher) bezeichnet den Dichter-Gelehrten, dem als Hüter des profanen Wissens der Übergang zum christlichen Irland gelang. Er war der Meinungsbildner, der als Verfasser von Lob- und Spottgedichten die Machthaber beurteilte und als Träger der gelehrten Überlieferungen (Geschichte, Recht, Literatur) den Herrschergeschlechtern die Rechtstitel zur Legitimation ihrer Macht lieferte. Auch weibliche *filid* werden erwähnt. Der Barde *(bard)* war anscheinend weniger gelehrt und hatte einen niedrigeren Rang.

bunden. Dies erklärt, wie sie an den kulturellen Entwicklungen der römischen Welt teilhaben konnte, ohne die eigenen gesellschaftlichen Institutionen aufgeben zu müssen, von denen die wichtigste für unser Thema ihre Gelehrtenklasse war. Auffallend ist, dass Irland für die verschiedenen Typen von Gelehrten fast die gleichen Namen wie Poseidonios verwendete.

Wichtige Neuerungen wie die Schriftkultur und das Christentum wurden der Insel nicht von einem Eroberer auferlegt, sondern den eigenen Bedürfnissen entsprechend allmählich übernommen. In der Begegnung mit der christlich-lateinischen Schriftkultur entwickelten einheimische Gelehrte ihre gelehrten Überlieferungen zu einem Gesprächspartner der importierten Wissenschaft. Das Resultat war eine kulturelle Blüte, die vom 7. bis 10. Jahrhundert die reichste und vielfältigste volkssprachliche Literatur des frühmittelalterlichen Europas hervorbrachte.

Vorurteile der Moderne

Die Rezeption der älteren irischen Literatur leidet noch unter den Vorurteilen, die ihre Wiederentdeckung im 19. Jahrhundert prägten. Zwei Jahrhunderte Kolonialgeschichte hatten die Mehrheit der Bevölkerung ihrer Kultur entfremdet, deren Wiederbelebung nun Sache von nicht-traditionellen Kreisen war. Doch die Mitglieder der englisch-anglikanischen Oberschicht und die anglisierten verstädterten Iren sahen in dem sprunghaften episodischen Stil dieser Literatur und ihrer Offenheit in Sachen des Körpers Bestätigungen der alten Vorurteile, Irland sei *barbarous* und *silly*. Sie ließen daher in ihren Bearbeitungen und Übersetzungen alles weg, was gegen das zeitgenössische englische Literaturmodell verstieß oder sonst wie die Empfindlichkeiten der verschiedenen Bevölkerungsgruppen verletzen konnte. Auch die Fachkeltologen gingen gewissen Fragen aus dem Weg. Selbstverständlich hatte die sprachwissenschaftliche Erschließung der Texte Priorität. Doch dass ihre literaturwissenschaftliche Erschließung vorwiegend jenen Disziplinen überlassen wurde, die sie als bloße Themen- und Motivsammlungen behandelten, ist weniger selbstverständlich. Die Folge davon ist, dass die inhaltliche und stilistische Auseinandersetzung mit dieser Literatur am Rand des europäischen Mainstream noch in den Kinderschuhen steckt.

Unterwegs zu einer Geschichte der irischen Literatur

Eine chronologische Übersicht der irischen Literatur, wie in anderen Sprachräumen gebräuchlich, gibt es noch nicht. Die Hauptgründe dafür sind das Datierungsproblem und die Anonymität vor allem der narrativen (Prosa)-Literatur. Zwar war auch die *scél*, »Neuigkeit, Nachricht« bis zu einem gewissen Grad das Werk eines individuellen Autors, doch während das Gedicht durch die Zuschreibung an einen berühmten (historischen oder fiktiven) Autor zusätzliches Ansehen gewann, wünschte man anscheinend bei der Erzählung an der Illusion festzuhalten, zwischen dem Geschehen und dem Bericht darüber brauche es keinen Vermittler. Erschwerend ist zudem der fluide Charakter dieser Literatur, die sich in einer Wechselbeziehung zwischen

Das Datierungsproblem

Von wenigen Ausnahmen abgesehen, liegen die der altirischen Blütezeit zugerechneten Texte erstmals in Handschriften ab dem 11. Jahrhundert vor. Die Rückdatierungen beruhen auf dem Vergleich mit altirischen Texten in zeitgenössischen Handschriften, v. a. Glossenkommentaren. Das Vertrauen in diese relative Chronologie hat abgenommen, seit man sich bewusst ist, wie sehr der Mangel an objektiv datierbaren Dokumenten (eine Folge der allmählichen und selektiven Verschriftlichung der Insel) die Arbeit des Sprachhistorikers erschwert. Zur Unterbauung der Datierungen können die Ideen- und Stilgeschichte sowie die in den Annalen und Genealogien enthaltenen Daten einen wichtigen Beitrag leisten.

Schriftkultur und mündlicher Überlieferung entwickelte. So liegen u. a. von zahlreichen Werken Fassungen aus ganz verschiedenen Perioden vor.

Die ältere Erzählliteratur wird darum seit ihrer Wiederentdeckung stofflich geordnet. Die moderne Einteilung in vier Zyklen und drei zusätzliche Erzähltypen hat zwar etwas Willkürliches. Deutlich abgrenzbar sind der Ulsterzyklus mit den Erzählungen über die ruhmreichen Gestalten des alten Königreichs Ulster und seines Erzfeinds Connacht sowie der Zyklus über Finn und seine Heldenschar. Weniger überzeugend begründet sind der Historische oder Königszyklus, der von legendarischen und historischen Königen handelt, und der Mythologische Zyklus, dem jene Erzählungen zugeordnet sind, deren Protagonisten mehrheitlich der Anderwelt angehören – Könige und übernatürliche Wesen kommen in Texten aller Art vor. Die drei zusätzlichen Erzähltypen, alle auf die Anderwelt gerichtet – *echtra*, »anderweltliches Abenteuer«, *immram*, »Meerfahrt«, *fís*, »Vision« – folgen dem älteren Ordnungsprinzip der *filid*, die ihr Erzählrepertoire nach Stichwörtern ordneten, wie zwei mittelalterliche Verzeichnisse bezeugen. Letztere kennen ferner die *compert*, »Zeugung und Geburt«, *tochmarc*, »Brautwerbung«, *aithed*, »Entführung«, *aided*, »gewaltsamer Tod«, *táin*, »Viehraub«, *togail*, »Zerstörung« usw.

Die irische Erzählliteratur zeichnet sich durch Ideenreichtum und das Denken in Bildern und Situationen aus. Die Handlung wird von der Prosa getragen, Gefühlsausbrüche (affektgeladene Gespräche, prophetische Enthüllungen) erscheinen in gebundener Sprache. In verschiedenen frühen Texten deutet die Prosa den Kontext der *speech poems* nur knapp an. Die Personen werden vom allwissenden Erzähler von außen skizziert. Ihr Charakter offenbart sich in ihren Handlungen und Reden. Letztere sind oft mehrdeutig, was interpretativen Spielraum gewährt. Kein Charakter ist ausschließlich gut oder schlecht; wer oder was gut oder schlecht ist, hängt von den Umständen ab.

Der knappe, impressionistische Stil der altirischen Periode ist ein Produkt der Schriftkultur. Vom 10. Jahrhundert an nimmt der Einfluss des

^
Die Nachzeichnung einer Jagdszene auf einem Hochkreuz aus dem 9. Jh. in der irischen Grafschaft Westmeath, gefunden in Bealin, heute in Twyford Demesne aufgestellt.

mündlichen Erzählstils zu, u. a. in den stereotypen Beschreibungen, die mit ihren alliterierenden Adjektivketten die *runs* der späteren Volkstradition ankünden. Im 12. Jahrhundert kommt die Balladenform auf, die in Versen erzählt. Mit ihr nimmt Irland an europäischen Entwicklungen teil und führt zugleich die eigene Tradition der *speech poems* weiter.

Die Anfänge der schriftlichen Überlieferung

Die ältesten Texte, um 600, sind in gebundener Sprache verfasst, Prosatexte folgen im 7. Jahrhundert. Von Anfang an lässt sich ein Ineinanderfließen der traditionell-profanen und der christlich-lateinischen Kultur beobachten. Reichere Klöster entwickelten sich schon früh zu Kultur- und Machtzentren, in denen die Klostergemeinschaft in engerem Sinn eine Minderheit bildete. Die Anziehungskraft der importierten Kultur auf die *filid* kommt in manchen Erzählungen zur Sprache. Der älteste Dichter, von dem ein paar Fragmente erhalten sind, Colmán »Täubchen« mac Lénéni (gest. 606), scheint erst um die Lebensmitte eine kirchliche Laufbahn gewählt zu haben und verfasste

^
Die Gründung des Klosters Clonmacnoise. Nachzeichnung der Szene auf dem dortigen »Bibelkreuz« aus der ersten Hälfte des 10. Jhs., das König Diarmaid zeigt, der dem heiligen Cirián hilft, den ersten Pfosten des Klosters zu errichten.

noch kurz vor seinem Tod ein weltliches Lobgedicht. Er bevorzugte die neuen Metren mit Reim (s. u.). Dagegen zeigt die Totenklage auf Columba (gest. 597), »*Amra Choluim Chille*«, die den Heiligen als eminenten Bibelgelehrten preist, noch den traditionellen alliterierenden Stil der *filid*. Dem 7. Jahrhundert gehören ein paar Lobgedichte aus Leinster an, die teils schon den fürstlichen Stammbaum über den eponymen Leinster Stammvater hinaus bis Noah und Adam zurückführen. Sie illustrieren, wie sich die irischen Gelehrten zwei zentrale Vorstellungen der importierten christlichen Kultur zu Eigen machten: die eines einzigen Stammvaters der ganzen Menschheit (anstelle der Vielfalt der irischen Ursprungslegenden) und die einer linear von der Schöpfung bis zum Jüngsten Gericht fortschreitenden Zeit. Von der friedlichen Koexistenz der beiden Kulturen handelt die folgende Anekdote. Nachdem der *sapiens* Cenn Faelad, der gemäß den Annalen 679 starb, in der (sagenumrankten) historischen Schlacht von Moira von 637 das Hirn des Vergessens verlor, wurde er im Haus des Abts von Tomregan (Grafschaft Cavan) gepflegt, in dessen Nachbarschaft sich drei Schulen befanden, eine für Lateinisch, eine für irisches Recht und eine für *filid*. Was er tagsüber aus diesen hörte, schrieb er nachts auf.

Hatte Irland ein Epos?

Für den Kulturnationalismus des 19. Jahrhunderts war das Kernstück der nationalen Identität das nationale Epos. Die »*Táin Bó Cúailnge*« (TBC, »Rin-

Geissi (Sing. geis)

Die *geis* ist ein magisches Gebot oder Verbot, dessen Übertretung Ehrverlust oder gar die Rache einer übernatürlichen Macht zur Folge hat. Der Druide weiß, welche *geissi* eine Person hat. Je höher der Platz in der Hierarchie, desto mehr *geissi*. Es gibt spezielle *geissi* für Könige und für Krieger; eine *geis* für *filid* ist, auf eine Frage keine Antwort zu wissen. Wer die *geissi* eines Menschen kennt, kann durch ihre Manipulation seinen Untergang herbeiführen.

derraub von Cooley«) nähert sich durch ihren Inhalt, ihre Länge und zentrale Stellung im Ulsterzyklus der gebräuchlichen Vorstellung des Epos. Wie die »*Ilias*« ist sie Bezugpunkt für zahlreiche andere Werke. Wie diese erinnert sie in gewissen Zügen an eine Zeit, die Jahrhunderte vor den ältesten Textzeugen liegt, wie neuere archäologische Funde im südlichen Grenzgebiet Ulsters und beim Ulster Königsitz Emain Macha bezeugen. Sie spielt in einem Irland, das der Periode vor dem spektakulären Aufschwung der Uí Néill-Dynastie im 6. Jahrhundert angehört; das heroische Lebensgefühl ihrer Protagonisten ist kaum von christlichen Ideen beeinflusst; ihre Streitwagen und Kopfjägerei wecken Erinnerungen an Poseidonios' Beschreibung der Festlandkelten. Doch obschon einige der Bausteine weit zurückreichen, ist das Werk als Ganzes ein Produkt des mittelalterlichen Irlands.

Den Forschern bereitet neben der inhaltlichen auch die stilistische Fluidität der »*Táin*«-Probleme, vor allem ihre Mischung aus Prosa und Poesie. Diese kommt zwar mit vergleichbarer Aufgabenteilung auch in andern Teilen der Welt vor. In lebenden mündlichen Kulturen werden epische Werke meist zu musikalischer Begleitung vorgetragen, wodurch auch Prosa rhythmisch wird. Eine Frage ist, inwieweit die scharfe Trennung von Prosa und Poesie, die Teil unseres griechisch-lateinischen Erbes ist, schon für die frühe irische Literatur Geltung hatte.

Zuerst eine kurze Inhaltsübersicht: Zentrales Thema ist ein Plünderungskrieg, den das Herrscherpaar von Connacht, Ailill und Medb, mit seinen Verbündeten Leinster, Munster und Mide gegen Ulster unternimmt, um die eigene Übermacht zu demonstrieren. Unter ihren Truppen befindet sich auch ein berühmter Held aus Ulster, Fergus, der mit seinem Gefolge in Connacht im Exil lebt. Auf Ulster ruht der Fluch, dass seine Krieger in Zeiten großer Gefahr von einem Schwächezustand befallen werden. So muss der erst siebzehnjährige Cú Chulainn das Land zunächst allein verteidigen. Mit Guerillamethoden und magischen Techniken, so genannten *geissi*, ringt er den Angreifern das Zugeständnis ab, ihm täglich einen Krieger zum Zweikampf zu stellen und erst weiterzuziehen, wenn ihr Kandidat siegreich ist. Während des Kriegszugs hat Medb ein Liebesverhältnis mit Fergus, das Ailill aus strategischen Erwägungen toleriert. Als Ulster endlich seine Schwäche überwindet, werden die Angreifer in einer großen Schlacht besiegt, kurz bevor sie mit dem geraubten Vieh, darunter der berühmte Braune Stier von Cooley, nach Connacht abziehen. Die »*Táin*« endet mit dem Kampf dieses Stiers mit seinem Connachter Gegenstück. Der Braune Stier ist siegreich, fällt aber bei der Rückkehr nach Ulster tot zu Boden.

Die »Táin Bó Cúailnge« als Motor des Ulsterzyklus

Die Textentwicklung der »*Táin*« lässt sich von der altirischen Periode bis ins 15. Jahrhundert verfolgen, ihre handschriftliche Überlieferung vom 11. bis zum 19. Jahrhundert, doch keine der vier erhaltenen Fassungen ist ein architektonisches Ganzes geworden. Am bedeutsamsten sind die zwei älteren, hier mit TBC I und TBC II angedeutet. Zeitlich vor TBC I liegt ein Gedicht aus dem 7. Jahrhundert, das als einziger Text im Zyklus gegen Ulster gerichtet ist. Es stellt Fergus als Verräter dar, der aus Leidenschaft für die fremde Königin Medb einen Angriff von ihr und Ailill auf seine Landsleute unterstützt

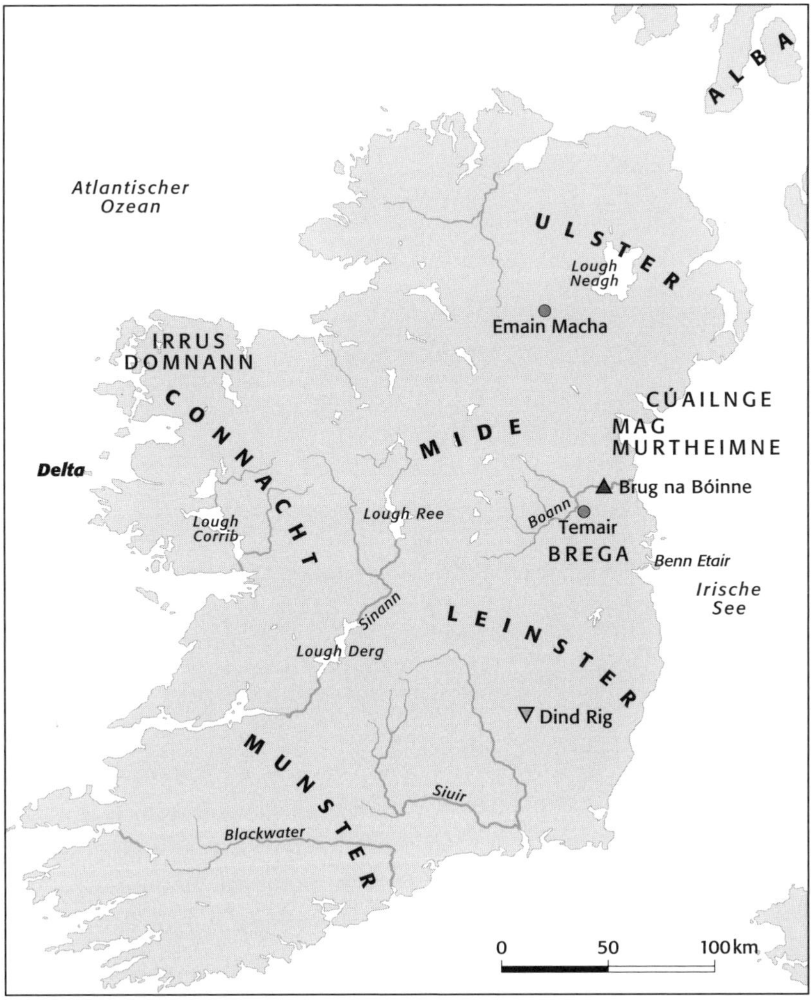

Das Irland der Táin.

und darum von seinem König, Conchobar von Ulster, verbannt wird. (Cú Chulainn kommt darin nicht vor.) Das Liebesdreieck hat auch noch in TBC I einen prominenten Platz, allerdings in einem Teil, der als abweichende Tradition präsentiert wird. Dann wird es zunehmend marginalisiert, ein Prozess, in dem Fergus und Medb viel von ihrem psychologischen Potenzial verlieren.

TBC I umfasst verschiedene Textschichten aus dem 9. bis 11. Jahrhundert und mutet mit seinen vielen Hinweisen auf abweichende Traditionen als Sammlerversion an. Das dominierende Thema des Viehraubs gibt ihr eine historische Dimension. In Irland, wo Herrschaft mehr auf Vieh- als auf Landbesitz beruhte, war der Viehraub bis zur Konsolidierung der Macht Englands um 1600 die normale Kriegsform. Die »*Táin*« konnte als politische Parabel aktuell bleiben, weil neben dem Viehraub auch der Antagonismus zwischen Ulster und dem übrigen Irland aktuell blieb. Mythische Aspekte haben Kampf und Tod der beiden Stiere. Insoweit die Tiere als Symbole der Kraft Ulsters und Connachts verstanden wurden, übt dieser Schluss Kritik an der heroischen Mentalität. Nicht erstaunlich, denn das Ideal war ein Gleichgewicht von Heldentum und klug berechnender Vorsicht, wie es u. a. in der Zweieinheit König-Druide zum Ausdruck kommt.

Die im 12. Jahrhundert redigierte TBC II, die alle Hinweise auf abweichende Traditionen weglässt, wirkt mehr aus einem Guss, aber auch schematischer. Der Nachdruck verschiebt sich vom eigentlichen Viehraub zur Eroberung eines berühmten Stiers, was den mythischen Gehalt verstärkt. Den Impuls dazu gibt eine neue Einleitung, die allerdings (kennzeichnend für die stoffliche Fluidität) dem bestehenden Werk mancherorts widerspricht. Das so genannte Kopfkissengespräch von Ailill und Medb bietet nicht nur eine amüsante Einführung in das irische Eherecht, es scheint auch auf den zeitgenössischen Streit um den englischen Thron zwischen der Tochter und dem Schwestersohn Heinrichs II anzuspielen. Medb beansprucht für sich die Position des Ehemanns, da ihr Vater sie als Königin über Connacht eingesetzt hat; Ailill fordert den Thron auf Grund seiner Abstammung mütterlicherseits. Jeder versucht, den andern mit seinen Reichtümern zu übertrumpfen. Als sich dabei herausstellt, dass Ailill einen Stier besitzt, für den Medb kein Gegenstück hat, beschließt sie, sich aus Ulster den berühmten Braunen Stier von Coolcy zu verschaffen.

Auf Connachter Seite verkörpert Medb das heroische Ungestüm und Ailill die klug berechnende Vorsicht. Üblicher ist, dass die Gattin als Ratgeberin und Mahnerin auftritt. Auch die Rollenverteilung zwischen den Geschlechtern ist bis zu einem gewissen Grad flüssig.

Trotz ihrer Länge von 4000 bis 5000 Zeilen, je nach Fassung, hat die »*Táin*« eine einfache Struktur. Die einzige Abweichung vom linearen, episodischen Erzählstil bilden die »Knabentaten Cú Chulainns«, ein Rückblick auf seine ruhmreichen Kinderjahre. Da die inselkeltischen Literaturen dem Ort der Handlung große Bedeutung beimaßen, lässt sich die Route der Connachter quer durch Irland bis zur östlichen Halbinsel Cúailnge auf der Land-

> **Dinnshenchas**
>
> Der Begriff setzt sich aus *dinn*, »Höhe«, »hervorragender Ort« und *senchas*, »Geschichte« zusammen. Die Analyse des Namens verschafft Einblick in die Geschichte des Orts. Wenn mehrere Analysen möglich sind, widersprechen sie einander nicht: Sie erhellen verschiedene Perioden.

karte verfolgen. Diese Ortsgebundenheit hängt mit einer besonderen Art von Orts[namen]kunde, *dinnshenchas*, zusammen, die im Wissen der *filid* einen wichtigen Platz einnahm. Zahlreiche Ortsnamen in der »*Táin*« sind mit Landschaftsmerkmalen oder Ereignissen während des Kriegszugs verbunden, wodurch die Landschaft als mnemotechnische Stütze funktionierte.

Die »*Táin*« hat im Lauf ihrer Entwicklung verschiedene ursprünglich selbstständige Erzählstoffe absorbiert, u. a. den Kampf Cú Chulainns mit seinem Ziehbruder Fer Diad, der die tragische Klimax der Zweikämpfe bildet. Sie hat aber auch immer wieder Anstoß zu neuen Erzählungen gegeben. So erklären die »*Remscéla*« (»Vorerzählungen«), warum Fergus im Exil in Connacht weilt; die Krieger Ulsters bei großer Gefahr von einem Schwächezustand befallen werden; Conchobars Vater ein Druide ist; oder wie die »*Táin*« der Vergessenheit entrissen wurde. Als Beispiel greife ich die zwei Letzteren auf. Als einst der Druide Cathbad nach Emain Macha kam und Königin Ness ihn fragte, wozu der Tag gut sei, war seine Antwort: »Für die Zeugung eines Königs«. Da kein anderer Mann in der Nähe war, wurde er zum Vater von Conchobar mac Nessa »Sohn der Ness«. Die »*Táin*« wurde wieder gefunden, indem die Dichter den lange verstorbenen Fergus mit einem Hungerstreik an seinem Grab dazu bewogen, vor ihnen zu erscheinen und einen Augenzeugenbericht des Kriegszugs zu geben.

Cú Chulainn: der Held im Dienst der Gesellschaft

Fluidität kennzeichnet auch die Biographie des jugendlichen Verteidigers Ulsters in der »*Táin*«. Sie setzt sich aus Texten aus verschiedenen Perioden zusammen, die einander bisweilen auch widersprechen. Zufällig hat die älteste seine Zeugung und Geburt und eine der jüngsten seinen Tod zum Thema.

»*Compert Con Culainn*« (»Cú Chulainns Zeugung«), im Resümeestil der frühaltirischen Zeit verfasst, macht deutlich, dass Distanz der Schlüsselbegriff in der Beziehung zwischen Menschen und übernatürlichen Wesen ist. Die Geburt des Helden vollzieht sich in drei Etappen. In der Ersten sind beide Eltern übernatürlich, in der Zweiten nur noch der Vater, und in der Dritten sind beide menschlich. Conchobar und seine Schwester[1] Deichtine werden mit ihrem Gefolge von drei Vögeln in die *Brug na Boinne* gelockt, jene Region um den präkeltischen Grabhügel von New Grange an der Boyne, die als Wohngebiet anderweltlicher Wesen galt. Beim Hereinbrechen der Nacht werden sie von einem Paar in einem neu erbauten Haus mitten in der Einöde gastfrei aufgenommen; später bringt die Frau mit Deichtines Hilfe einen

Sohn zur Welt. Anderntags sind Haus und Bewohner bis auf das Knäblein verschwunden. Deichtine zieht es auf, doch nach wenigen Jahren stirbt es. Nach dem Begräbnis erscheint ihr der Gott Lug im Traum, gibt sich als der Vater des verstorbenen Kindes zu erkennen und verkündet ihr, sie sei nun von diesem Kind schwanger. Als Conchobar von der Schwangerschaft erfährt, verlobt er Deichtine mit Súaldam mac Roich. Sie treibt das Kind ab, um jungfräulich (!) in die Ehe zu treten, wird aber gleich wieder schwanger und gebiert einen Sohn, Setanta, dem später der Heldenname Cú Chulainn, »Culanns Hund« zuteil wird. So hat Cú Chulainn einen menschlichen und einen göttlichen Vater, doch Letzterer ist ein Vater auf Distanz.

Die in die »*Táin*« aufgenommenen Knabentaten befassen sich mit dem problematischen Verhältnis einer Gesellschaft zu dem Helden, der sie beschützen soll, sie aber auch bedroht. Sie berichten, wie Cú Chulainn mit fünf Jahren nach Emain Macha zieht und die dort zur kriegerischen Ausbildung weilenden Knaben zwingt, seine Autorität anzuerkennen; wie er mit sechs Jahren den berühmten Kampfhund des Schmieds Culann tötet und darauf selbst als Wachhund von *Muirthemne* auftritt, der Ebene im Süden Ulsters, wo kein natürliches Hindernis die Grenze schützt; und wie er mit sieben Jahren an dem Tag die Waffen aufnimmt, der eine ruhmreiche, aber kurze Heldenlaufbahn verheißt. Er will in jugendlicher Arroganz seiner Welt seine Regeln aufzwingen, doch wie der Heldenname besagt, den ihm der Druide Cathbad auferlegt, hat ihn das Schicksal zu ihrem Schutz bestimmt. So lernt er, seine Kräfte in heroischer Raserei zu entfesseln (daher sein Beiname »der Verzerrte von Emain Macha«), aber auch, sie ausschließlich zum Wohl Ulsters einzusetzen.

In der heroischen Gesellschaft herrscht harte Konkurrenz, wie »*Fled Bricrenn*« (»Bricrius Gastmahl«) zeigt. Der Kern der Erzählung gehört noch der altirischen Periode an, ist aber durch zahlreiche Themenvariationen erweitert. Cú Chulainn demonstriert in einer Reihe von Wettkämpfen seine Überlegenheit über die Rivalen Conall Cernach und Lóegaire Búadach, doch sie weigern sich jeweils, ihn als Sieger zu akzeptieren. Die entscheidende Mutprobe besteht darin, dass ein dämonischer Besucher die Krieger in Emain Macha herausfordert, ihm den Kopf abzuschlagen, unter der Bedingung, dass der betreffende Held sich anderntags von ihm den Kopf abschlagen lasse. Als Einziger hält Cú Chulainn den zweiten Teil der Vereinbarung ein. Der zauberkräftige Fremde ist Cú Roi aus Kerry, der im Ulsterzyklus gegenüber Ulster und Connacht eine unabhängige Stellung einnimmt.

Ein Thema, das an Gewicht gewinnt, ist der (allzu hohe) Preis der Ehre. In der »*Táin*« muss Cú Chulainn den Connachter Fer Diad besiegen und damit seinen Ziehbruder töten, der mit ihm bei der kriegerischen Scáthach höhere Kriegskunst studiert hat. In »*Aided Oínfhir Aífe*« (AOA, »Der gewaltsame Tod von Aífes einzigem Sohn«) muss er Ulster seinen einzigen Sohn opfern, den er während der Lehrzeit bei Scáthach mit der Kriegerin Aífe gezeugt hat. Als die Mutter den siebenjährigen Connla, wie verabredet, zur weiteren Erziehung zum Vater schickt, hält sich der kleine Junge bei der Ankunft in Irland an die ihm von Cú Chulainn bei der Zeugung auferlegten Krieger*geissi*: Er weicht nur einer Übermacht, er nennt seinen Namen nur einer Übermacht. Derselbe Ehrenkodex verbietet jedoch Ulster, ihm mehr als einen Helden entgegenzuschicken. Aus den nun folgenden Zweikämpfen geht Connla siegreich hervor, bis Cú Chulainn für die Ehre Ulsters eintritt und dabei eine besondere Waffe einsetzt, in deren Gebrauch Scáthach nur ihn eingeweiht hat, den *gae bulga*, »Gabelspeer« (?). Darauf legt er den sterbenden Sohn, der ihn als erwachsener Held weit übertroffen hätte, vor seinen Landsleuten nieder; Connla nimmt Abschied von ihnen; und Land und Vieh trauern um den Verlust. In AOA gehört die Stimme der klug vorausschauenden Vorsicht einer Frau: Cú Chulainns Gattin Emer warnt ihn davor, dem Knäblein mit Gewalt entgegenzutreten, da sie seine Identität ahnt. In den jüngeren Fassungen von AOA macht die Ehre als treibende Kraft der für das breite Publikum leichter nachfühlbaren Eifersucht Platz: Connla kommt nun nach Irland, um sich an dem Mann zu rächen, der seine Mutter verlassen hat.

Cú Chulainns Verhältnis zu Emer kommt in dem mittelirischen »*Tochmarc Emire*« (»Werben um Emer«) zur Sprache. Die beiden sind einander ebenbürtig in Abstammung, Alter, Schönheit und Bildung. Cú Chulainn paart als keltischer Idealheld kriegerische mit geistigen Fähigkeiten und hat, obschon klein von Wuchs, Anziehungskraft für die Frauen. Emer ist eine vornehme, selbstbewusste Persönlichkeit, die sogar als eifersüchtige Ehefrau Respekt heischt (s. u.). Die heroische Raubehe fordert die Entführung der Braut, doch Emer bestimmt, wie dies zu geschehen habe. Das Vorstellungsgespräch, in dem die beiden ihre Bedingungen nennen, führen sie in der Geheimsprache der *filid*, einerseits, um ihre Absichten vor den übrigen Anwesenden geheim zu halten, andererseits, um das intellektuelle Niveau des zukünftigen Partners zu prüfen.

Den inselkeltischen Literaturen fremd ist die Vorstellung des geistigen Wachstums, das durch eine Krise hindurch zu tieferer Einsicht führt. Ihre Protagonisten erfüllen von Anfang an ihre (schicksalhaft bestimmte) Rolle.

Problematisch ist die Gestaltung des heroischen Lebensendes. Cú Chulainn ist ein früher Tod prophezeit, doch was soll diesen herbeiführen? Die wesentlichen Bestandteile von »*Aided Con Culainn*« (»Cú Chulainns gewaltsamem Tod«) liegen schon in einem Fragment des 12. Jahrhunderts vor, doch die einzige vollständige Fassung ist drei bis vier Jahrhunderte jünger. Mit ihrem weitschweifigen Erzählstil ist sie gut fünfzehnmal länger als »*Compert Con Culainn*«. Die Nachkommen einiger seiner Gegner aus der »*Táin*« wollen sich an ihm rächen und versuchen, ihn magisch zu schwächen, indem sie ihn in allerlei Situationen bringen, wo er seine *geissi* übertreten muss. So kommt er an drei Hexen vorbei, die einen Schoßhund braten und ihm ein Stück davon anbieten, da sie wissen, dass es sowohl *geis* für ihn ist, an einer Kochstelle vorbeizugehen, ohne von der Speise zu kosten, wie auch, vom Fleisch seines Namensvetters Hund zu essen. Schließlich wird er nach einer Reihe von Treffen, aus denen er siegreich hervorgeht, von einem magisch präparierten Speer tödlich getroffen.

Im mittelirischen »*Síaburcharpat Con Culainn*« (»Geisterwagen Cú Chulainns«) erscheint er den Iren nach seinem Tod im Streitwagen, um sie zum wahren Glauben zu bringen. Nachdem er sich seiner Heldentaten gerühmt hat (!), bittet er Patrick um Aufnahme bei den Gläubigen, da alles, was er auf Erden durchgemacht habe, leichter zu ertragen sei als eine Nacht in der Hölle.

Andere Protagonisten

Ein kleiner Teil der rund sechzig Erzählungen, die dem Ulsterzyklus zugerechnet werden, ist anderen Helden gewidmet. Die folgenden drei Beispiele gehören noch der altirischen Periode an. In »*Scéla Mucce Meic Dathó*« (»Geschichte von Mac Dathós Schwein«) hat der Leinster König Mac Dathó einen Kampfhund, der von Ulster und Connacht begehrt wird. In dieser Zwickmühle rät ihm seine Frau, den Hund beiden Parteien zu versprechen. Als deren Gesandte kommen, um das Tier abzuholen, empfängt er sie mit einem Festmahl, für das er sein bestes Schwein geschlachtet hat. Der nun folgende blutige Kampf um den Heldenbissen erinnert an Poseidonios' Beschreibung der Festlandkelten. »*Táin Bó Fraích*« (»Fráechs Rinderraub«) besteht aus zwei selbständigen, einander teils widersprechenden Erzählungen. Die Erste handelt von Fráechs Liebe zu Findabair, der Tochter des Connachter Königpaars. Ihr Vater will sich ihrer als Köder bedienen, um die Unterstützung möglichst vieler Helden für die »*Táin*« zu gewinnen, doch es gelingt den Liebenden nach diversen abenteuerlichen Zwischenfällen (u. a. dem Kampf mit einem Wasseruntier und einem wunderbarerweise in einem Fisch wieder gefundenen Ring), sich gegen ihn durchzusetzen. In der zweiten Erzählung zieht Fráech aus, um seine Gattin (hier nicht Findabair), Söhne und Kühe zurückzuholen, die von den Langobarden entführt worden sind. Ein Wasseruntier kommt auch in »*Echtra Fergusa meic Léti*« (»Abenteuer von Fergus Sohn von Léti«) vor. In der Begegnung mit dem Ungeheuer verzieht sich Fergus' Gesicht zu einer bleibenden Grimasse. Es gelingt seinen Leuten, den Makel, der ihn des Königtums unwürdig macht (s. unten), drei Jahre vor ihm geheim zu halten. Dann kehrt er zu dem Untier zurück und tötet es, wobei auch er den Tod findet.

Dreiecksgeschichten

Dreiecksgeschichten kommen in der irischen Literatur in vielen Variationen vor; einer sind wir schon in der »*Táin*« begegnet. Künstlerisch überzeugt am meisten die um 900 datierte »*Longes mac nUislenn*« (LMU, »Die Verbannung der Söhne Uislius«). Ihre Erhaltung verdanken wir vermutlich dem Umstand, dass sie mit ihrer ehrvollen Erklärung für Fergus' Exil in Connacht zu den Vorerzählungen der »*Táin*« gehörte. Die Problematik einer Frau zwischen zwei Männern verschiedenen Alters macht sie zu einem Vorläufer des festländischen Tristanromans. In den irischen Erzählungen liegt jedoch die Initiative bei der Frau, die die Liebeszweisamkeit fern vom Hof als Beglückung erfährt, während ihr Geliebter unter der Trennung von seinen Gefährten leidet.

In LMU sind die Rollen der Protagonisten schicksalhaft vorbestimmt. Bei Deirdres Geburt prophezeit Cathbad, ihre Schönheit werde unter den

Kriegern Ulsters Streit verursachen. Daraufhin wollen diese das Kind töten, doch Conchobar ordnet an, es in Emain Macha in Abgeschiedenheit als seine zukünftige Beifrau aufzuziehen (er ist bereits verheiratet), weil er anscheinend hofft, so der Prophezeiung entgegenzuwirken. Als die heranwachsende Deirdre sieht, wie ihr Ziehvater im Schnee ein gestohlenes (!) Kalb schlachtet und ein Rabe von dem Blut trinkt, erfasst sie das Verlangen nach einem Mann mit Haaren so schwarz wie der Rabe, Wangen so rot wie das Blut und einem Körper so weiß wie der Schnee. Die Schmähdichterin Leborcham, der niemand den Zutritt zu verweigern wagt, ist zufällig (!) anwesend und weiß, dass dieser Mann in der Nähe ist: Noísi, Sohn von Uisliu. Bei der ersten Gelegenheit schlüpft Deirdre nach draußen, um Noísi zu sagen, sie ziehe ein junges Stierchen wie er dem Stier des Königreichs vor. Als er sie aus Angst vor Cathbads Prophezeiung abweist, setzt sie ihn mittels einer *geis* unter Druck. Mit Hilfe seiner beiden Brüder flieht er mit ihr nach Schottland, wo sie von der Jagd und dann vom Viehraub leben und schließlich beim König der Schotten in Solddienst treten. Als dieser Deirdre für sich zu gewinnen sucht, fliehen sie auf die Hebriden.

Unterdessen trachten die Krieger in Emain Macha bei Conchobar zu erreichen, dass er die drei Brüder zurückkehren lässt. Er stimmt scheinbar zu und erlaubt den Verbannten sogar, Fergus für ihre sichere Heimkehr bürgen zu lassen. Doch seine Königsehre verträgt nicht, dass ihm jemand die Frau streitig macht, die er für sich bestimmt hat. Er veranlasst, dass Fergus seine Schützlinge allein nach Emain Macha ziehen lassen muss und dass diese bei der Ankunft getötet werden, noch bevor sie vor ihn treten können. (Der Mord an seinen Schützlingen ist der Grund für Fergus' Exil.) Die beiden elegischen Gedichte, in denen Deirdre den Tod Noísis beweint und die Liebesidylle mit ihm in der unberührten Natur mit dem Leben an Conchobars Hof kontrastiert, sind jüngere Einschübe. Als Conchobar seine Annäherungen nach einem Jahr noch nicht beantwortet sieht, übergibt er Deirdre dem Mörder Noísis, worauf sie sich vom fahrenden Wagen aus den Kopf an einem Felsvorsprung zerschmettert. Der Selbstmord aus Schmach und die Anziehungskraft eines Lebens fern vom Hof zeugen vom eigenen Charakter der irischen Literatur.

Die Deirdregeschichte lebte bis in die moderne Volkstradition weiter. Auch hier machte die Ehre als treibende Kraft der Eifersucht Platz; aus dem erhabenen König wurde ein verbitterter alter Mann; und an die Stelle des Selbstmords trat der Tod an gebrochenem Herzen. Ähnlich wie in der »*Táin*« verlagerte sich der Nachdruck von der Liebesproblematik zum Kriegerischen, hier zu den die Rückkehr nach Emain Macha überwuchernden Kampfszenen. Anscheinend gab Irland im Hochmittelalter nicht nur die Vorreiterrolle preis, die es zuvor gespielt hatte, sondern begann sich genau von den Themen abzuwenden, die nun Europa zu fesseln begannen.

Zurück zur altirischen Blütezeit. Sie brachte auch eine geistliche Dreiecksgeschichte hervor, in welcher der Dritte im Spiel die Kirche ist. Die Geschichte von »Líadain und Curithir« lässt allerdings viele Fragen unbeantwortet, da die knapp formulierten Prosapassagen den Kontext der Gedichte nur andeuten, in denen die Geliebten ihre Gefühle ausdrücken. Als der Connachter Dichter Curithir in Kerry ankommt, um die Dichterin Líadain, wie während ihrer Tournee in Connacht verabredet, zu heiraten, hat diese eben den Schleier genommen. Die Geliebten stellen sich unter die Obhut des Schutzheiligen von Kerry (in einer asketischen Ehe?), doch zeigen sich anscheinend den Anforderungen nicht gewachsen. Eine Strophe spielt auf ihr kurzes Liebesglück in der Einsamkeit an:

»Waldmusik klang mir in Curithirs Armen
und das Rauschen der See im Abendrot.«

Curithir geht auf eine Pilgerreise, und Líadain erwartet auf dem Stein, auf dem er zu beten pflegte, ihren Tod.

Der Protagonist des Finnzyklus ist der Dritte im Spiel in »*Tóraigheacht Dhiarmada agus Gráinne*« (»Verfolgung von Diarmaid und Gráinne«), die schon im 10. Jahrhundert Erwähnung findet, aber vollständig erst in einer Handschrift des 17. Jahrhunderts vorliegt. Mit ihrem weitschweifigen Stil ist sie gut fünfmal länger als LMU. Der verwitwete Finn hält bei König Cormac um dessen Tochter Gráinne an. Sie liebt aber den Jüngling Diarmaid, den sie mittels einer *geis* zwingt, sie zu entführen. Diarmaid hinterlässt dem sie unerbittlich verfolgenden Finn bei jedem Nachtlager ungekochte Speise als Zeichen, dass er Gráinne nicht angerührt habe, bis diese beim Überqueren eines Flusses klagt, das aufspritzende Wasser sei unerschrockener als er. Sie genießt die Zweisamkeit in der Natur, doch er vermisst seine Gefährten. Nach vielen abenteuerlichen Zwischenfällen gelingt es Diarmaids göttlichem Ziehvater Óengus (s. u.), das Paar mit Finn zu versöhnen, und Gráinne gebiert Diarmaid vier Söhne. Doch Finn kann die ihm angetane Beleidigung nicht vergessen. Er führt Diarmaids Tod herbei, indem er den Rivalen dazu bringt, ein legendarisches Eberschwein zu jagen und so eine seiner *geissi* zu übertreten.

Nicht alle Dreiecksgeschichten enden tragisch, und nicht immer steht eine Frau zwischen zwei Männern. In »*Serglige Con Culainn*« (»Cú Chulainns Krankenlager«) wird dem Helden in der Anderwelt die Liebe der Gattin Manannáns, Fann, zuteil als Belohnung für einen Sieg, den er über die Gegner dieser Welt erringt. Zurück in Irland, hat er ein Rendezvous mit Fann. Emer begibt sich an den Ort des Stelldicheins, um die Rivalin zu töten. Auf Cú Chulainns Bitte, ihm ein kurzes Liebesabenteuer zu gewähren, ist ihre Antwort: »Alles, was neu ist, strahlt; alles Gewohnte ist bitter. Wir hatten es gut zusammen, und so könnte es wieder sein, wenn du wolltest.« Als er entgegnet, er werde sie immer lieben, beschließt Fann, zu Manannán zurückzukehren, der sonst im Gegensatz zum menschlichen Helden ohne würdige Gefährtin sei. Cú Chulainn und Emer finden allmählich wieder zueinander zurück.

Der Finnzyklus: Helden außerhalb der Gesellschaft

Die Erzählungen von Finn Sohn von Cumall und seiner *fian* (Mz. *fianna*, verwandt mit lat. *vena*, »Jagd« und slaw. *woina*, »Krieg«) bedeuteten für die kleinräumige, von Großfamilien kontrollierte irische Gesellschaft eine Art *Escape*-Literatur. Die *fianna* lebten je nach Umständen von der Jagd, vom Viehraub oder Solddienst, ähnlich wie die mobilen Keltenscharen des Altertums oder Noísi und seine Brüder in der Deirdregeschichte. Wer (noch) keinen festen Platz in der Gesellschaft hatte, konnte einer *fian* beitreten. Er wurde damit zu einem *éclann*, »Nicht-Clanmitglied«.

Finns *fian* ist gespalten, denn die für die heroische Gesellschaft so typische Rivalität macht auch vor der *fian* nicht halt. Sein eigener Clan, zu dem außer seinem Sohn Oísin (»Hirschlein«, die Mutter hatte bei der Geburt die Gestalt einer Hirschkuh) und seinem Enkel Oscar auch Diarmaid und Caoilte gehören, ist mit dem Clan des Coll mac Morna verfeindet, der Finns Vater getötet hat.

Auch der Finnheld ist vielseitig. Wer einer *fian* beitritt, muss nicht nur in der Wildnis überleben können, sondern auch zum Dichter ausgebildet sein. Finn ist zudem Seher. Seine »Knabentaten«, die denen Cú Chulainns nachgestaltet sind, berichten, wie er, nachdem er aus Furcht vor dem Clan des Coll mac Morna fern der Mutter an einem geheimen Ort aufgezogen ist, zur weiteren Ausbildung zu einem Dichter geht, da er sich von der Erhabenheit des Dichterstands Schutz vor seinen Feinden erhofft. Als der Dichter einen Lachs fängt, auf den er sieben Jahre gewartet hat, da sein Verzehr Zugang zu allem Wissen verschafft, trägt er Finn auf, ihn zuzubereiten, ohne davon zu kosten. Doch als sich der Schüler dabei den Daumen verbrennt und zur Linderung in den Mund steckt, erkennt er, dass es diesem vorbestimmt ist, von dem Fisch zu essen. Von da an braucht Finn nur den Daumen in den Mund zu stecken, um die Zukunft zu kennen.

Der Finnzyklus spielt im Gegensatz zum Ulsterzyklus vorwiegend im Süden Irlands. Nur wenige Texte gehören der altirischen Periode an. Die eigentliche Blütezeit setzt im 11./12. Jahrhundert ein. Das zentrale Werk, »*Acallam na Senórach*« (»Das Gespräch der Alten«), wird wie die »Knabentaten« um 1200 datiert. Es liegt in verschiedenen Fassungen vor, denen jedoch allen der Schluss fehlt. Die Rahmengeschichte, wie einer der letzten Überlebenden von Finns *fian*, der Läufer Caoilte, den Hl. Patrick durch Irland führt und in die Geschichte der Insel (v. a. der Finnhelden) einweiht, enthält rund zweihundert Erzählungen vom Typ der *dinnshenchas*. Prägend ist die Liebe zur unberührten Natur. Gleich bei der ersten Begegnung erkundigt sich Patrick, ob Finn ein guter Herr gewesen sei, worauf Caoilte antwortet: »Wäre das braune Herbstlaub Gold, die weiße Meeresgischt Silber gewesen, Finn hätte alles verschenkt.« Als der Heilige wissen will, was den Finnhelden Kraft verlieh, entgegnet der Greis: »Die Wahrheit in unseren Herzen, die Kraft in unseren Armen und die Treue unseres Worts.« Auf die Frage nach den besten Jagdgründen preist Caoilte die Insel Arran im Westen Schottlands in einem Gedicht. Die *dinnshenchas*-Episoden handeln von Kriegen, Kämpfen mit Ungeheuern, Reisen, Abenteuern in der Anderwelt und Liebesgeschichten. Patrick hört sich alles wohlwollend an und beauftragt seine Schreiber, es zur Erbauung künftiger Generationen festzuhalten.

Während der trotz aller Übertreibung nüchterne und lebensnahe Stil der heroischen Ulstererzählungen die Zuhörer in die Handlung einbezieht, bietet der »*Acallam*« ihnen einen nostalgischen Rückblick aus der christlichen Gegenwart in das heidnische Irland von Caoiltes Jugend. Von dem Antiklerikalismus, der einen Teil der späteren Finntexte kennzeichnet (»Lieber mit Finn in der Hölle als bei den Heiligen im Himmel!«) fehlt aber noch jede Spur.

Schon im Hochmittelalter begann Finn, Cú Chulainn aus der Publikumsgunst zu verdrängen. Während der Ulsterzyklus den Reiseweg mittels einer Aufzählung der durchquerten Orte andeutet, gibt der Finnzyklus eine Beschreibung der Reise. Neben Naturgedichten ist auch die Ballade gut vertreten. *Fianaigecht*, wie der Sammelname für Finnerzählungen in Prosa und Versform lautete, blieb dank ihrer Anpassungsfähigkeit als *Escape*-Literatur bis in die Neuzeit beliebt. Sie absorbierte mythische und volkstümliche Themen aus der eigenen und aus fremden Traditionen und stand auch Einflüssen aus den neuen Gattungen des Reise- und Abenteuerbuchs offen gegenüber. Da sich die Schriftsprache vom 13. bis 17. Jahrhundert nur wenig veränderte, ist die chronologische Einordnung der Texte schwierig.

In Irland und im keltischsprachigen Schottland, das ja bis zur Konsolidierung der Macht Englands im 17. Jahrhundert zur gleichen Kulturprovinz gehörte, lebten Finnballaden bis ins 19. Jahrhundert weiter und Finngeschichten in Prosa bis ins 20. Jahrhundert. Bei den mündlichen Überlieferungsträgern stand *Fianaigecht* im höchsten Ansehen. Die bedeutendste irische Sammlung von Finnballaden, mit neunundsechzig Nummern, ist der »*Duanaire Finn*« (»Finns Liedbuch«), der 1627 in den Spanischen Niederlanden für einen irischen Offizier in spanischem Dienst zusammengestellt wurde. Die vierundzwanzig Finnballaden der ältesten schottischen Sammlung muten jünger an, obschon sie ein Jahrhundert früher entstanden ist (s. u.).

Der Königszyklus

Die sehr zahlreichen Erzählungen stammen aus dem 8. bis 12 Jahrhundert. Sie reichen vom legendarischen Stammvater Leinsters, Labraid Longsech, den die Klostergelehrten ins 3. Jahrhundert v. Chr. datierten, bis Brian Bóruma (941-1014), der als Erster (kurzfristig) über ganz Irland herrschte – da-

Die Königsideologie

Die Heirat des Königs mit dem Land widerspiegelt auf menschlicher Ebene die des Stammgottes mit der Göttin des Landes. Der König hat als Mittler zwischen seinem Volk und der Außen- und Anderwelt und als Garant von Frieden und Fruchtbarkeit sakrale Züge. Verstößt er gegen den Ehrenkodex für Könige (*fír flatha*, »Wahrheit des Königtums«), z. B. durch einen körperlichen Makel oder ein ungerechtes Urteil, kann dies Missernten, Viehseuchen und Kriege zur Folge haben. Diese gelten als Zeichen, dass er ein unwahrer Herrscher ist.

vor war *ardrí*, »Hochkönig« nur ein Propagandabegriff. Eine systematische Übersicht fehlt noch. Auch ist nur ein Teil der Texte adäquat herausgegeben. Fast alle Erzähltypen von der *compert* bis zur *echtra* sind vertreten. Mythologische Themen, u. a. aus der Königsideologie, kommen häufig vor. Sie sind vielfach mit Anspielungen auf zeitgenössische Entwicklungen verknüpft. Eine Hauptaufgabe der *filid* war ja die Legitimation der politischen Machtansprüche ihrer Auftraggeber.

Die ältesten Textzeugen sind Gedichte und kurze Notizen in Stammbaumsammlungen. Von den ausgestalteten Erzählungen der altirischen Periode ist eine der eindrücklichsten die bereits erwähnte Ursprungssage von Leinster (genauer von dessen Herrschergeschlecht), »*Orgain Denna Ríg*« (»Die Verwüstung von Dind Ríg«). Zentrales Thema ist die Feindschaft zwischen Leinster und den Uí Néill, die auch anderen Texten zugrunde liegt. In der irischen Erzähltradition werden Konfliktparteien oft als (Zieh)-Brüder und Allianzen als Ehebündnisse dargestellt. So ist Lóegaire Lorc, »der Ungestüme« König von Leinster, sein Bruder Cobthach, der traditionell als der gemeinsame Vorvater der Connachter und der Uí Néill gilt, König von Brega. Cobthach tötet den Bruder und dessen Sohn heimtückisch, lässt aber den Enkel am Leben, weil der stumm (*moen*) und damit des Königtums unwürdig ist. Doch eines Tages gewinnt der Junge die Sprache zurück und wird von da an Labraid Moen, »Der Stumme spricht« genannt. Er wird von Cobthach in die Verbannung geschickt, findet Aufnahme beim König der Morca, gewinnt dessen Tochter zur Frau und erobert mit Unterstützung der Morca die Leinster Königsburg Dind Ríg. Sein neuer Beiname *Longsech*, »der Verbannte« scheint an eine Tradition zu erinnern, nach der das Leinster Herrschergeschlecht einst auf dem Festland im Exil war – *Morca* ist eine Ableitung von *Aremorika*, dem keltischen Namen der Bretagne.

Ein umfang- und episodenreicher Text über die Feindschaft zwischen Leinster und den Uí Néill ist der mittelirische »*Bórama*« (»Viehtribut«), der von jahrhundertelangen Kämpfen Leinsters gegen einen von den Uí Néill auferlegten Tribut handelt. Der »*Bórama*« liegt nur in einer stark veralteten Ausgabe vor und ist noch kaum erforscht.

Anders als in Leinster tritt das führende Herrschergeschlecht von Munster, die Eóganacht, als Verbündeter der Uí Néill auf. Die Uí Néill scheinen die Eóganacht tatsächlich im 6. Jahrhundert bei der Unterwerfung von Rivalen unterstützt zu haben. Der Erzählkomplex rund um »*Cath Maige Mucrama*« (»Schlacht von Mag Mucrama«), der im Großen und Ganzen noch der altirischen Zeit angehört, liest sich wie eine politische Parabelsammlung. Der Sohn Mug Nuadats, des Stammvaters von *Leth Moga*, »Hälfte Mugs«, der südlichen Hälfte Irlands, ist mit einer Tochter Conns, des Stammvaters von *Leth Cuinn*, »Hälfte Conns«, der nördlichen Hälfte, verheiratet. Von ihrem Sohn Eógan stammen die Eóganacht ab. Das Paar hat auch einen Ziehsohn, Mac Con, Spross der besiegten Rivalen, der Eógan die Herrschaft streitig macht. Eógans Verbündeter ist sein Onkel mütterlicherseits, Art Sohn von Conn. Eógan und Art fallen in der Entscheidungsschlacht gegen Mac Con bei

Mag Mucrama in Connacht, nachdem jeder am Vorabend bei der Tochter seines Gastherrn einen Sohn gezeugt hat, der sein Geschlecht fortsetzen wird. Zeugung und Erziehung der beiden Kinder widerspiegeln historische Allianzen des 8. Jahrhunderts. Nach seinem Sieg herrscht Mac Con sieben Jahre in Tara, bis er den Thron an Arts Sohn Cormac abtreten muss, der als Ziehsohn an seinem Hof weilt. Als fremde Schafe das Färberwaid der Königin abweiden, spricht Mac Con ihr als Schadenersatz die ganzen Tiere zu, worauf der kleine Junge das ungerechte Urteil korrigiert: Die Schur genüge, da das Färberwaid wie die Wolle nachwachse. Cormac gilt als der irische Salomon.

Die Ursprungslegende der Uí Néill ist in »*Cath Maige Mucrama*« mit derjenigen der Eóganacht verknüpft. Sie kommt aber auch selbstständig vor, allerdings mit ganz anderem Inhalt. Die wohl bekannteste Fassung, »*Echtra mac n-Echach Muigmedóin*« (»Das Abenteuer der Söhne Eochu Muigmedóns«), greift auf altes Material zurück, doch die Art, wie sie die historische Wirklichkeit des 11. Jahrhunderts widerspiegelt, in der die Uí Néill viel Macht an Munster und Connacht verloren, legt eine Datierung um 1100 nahe. Eochu Muigmedón ist König von Irland. Er hat vier Söhne von seiner Ehefrau und einen, Níall, von seiner Beifrau. Eines Tages verirren sich die fünf auf der Jagd. Auf der Suche nach einem kühlen Trunk gelangen sie nacheinander zu einer Quelle, die von einer hässlichen Alten bewacht wird. Diese will umarmt werden, bevor sie Wasser hergibt, doch nur Níall, der als Letzter zu ihr kommt, ist dazu bereit. In seinen Armen verwandelt sie sich in die schönste Frau der Welt. Sie gibt sich ihm als *Flaithius Érenn*, »Herrschaft Irlands«, zu erkennen und prophezeit ihm und seinen Nachkommen die Herrschaft über die Insel.

Etwa gleichzeitig wurde eine Königsliste aus dem 7. Jahrhundert, »*Baile Chuind*« (»Conns Vision«), in der der Stammvater der nördlichen Hälfte Irlands seine Nachfolger aufzählt, mit einer reizvollen Rahmenerzählung, »*Baile in Scáil*« (»Die Verzückung des Wesens«), ausgestattet. Sie berichtet, wie Conn das Wissen um die Zukunft während eines Abenteuers in der Anderwelt zuteil wird. Das »Wesen« ist der Gott Lug, der von sich sagt, auch er gehöre der Rasse Adams an. Er ist in Begleitung einer schönen jungen Frau, der *Flaithius Érenn*, die jeweils beim Füllen des Trinkbechers fragt, für wen dieser bestimmt sei. Lug nennt darauf einen irischen König nach dem andern bis ins 11. Jahrhundert, und Conns Druide kerbt die Namen in Ogamschrift in vier Eibenstäbe.

Bei mancher Königssage, die auf geschichtliche Personen und Ereignisse anspielt, ist beim heutigen Forschungsstand undeutlich, inwieweit sie eine politische Botschaft enthält. Die mittelirische Geschichte vom tragischen Tod des Sohns von König Rónán von Leinster, der gemäß den Annalen 624 starb, greift mit der unerwiderten Liebe der Königin für ihren Stiefsohn ein internationales Thema auf: Rónán tötet seinen einzigen Sohn, weil seine junge zweite Frau diesen bei ihm verleumdet, er wolle sie zum Beischlaf zwingen. Eine Anzahl altirischer Anekdoten handeln von Mongán Sohn von Fiachna. Nach seiner *compert* (und der ältesten *immram*, s. u.) hat ihn der Meergott Manannán gezeugt, als Fiachna in Schottland Krieg führte; nach einem anderen Text ist er eine Wiedergeburt Finns. Seine hervorragendste Eigenschaft, sein immenses Wissen, bringt ihn in Konflikt mit dem *fili* seines Vaters, der ihn verflucht, nur Söhne niedrigen Standes zu zeugen. (Fiachna, dessen Machtbasis ein kleines Königreich im Nordosten Irlands war, kämpfte eine Zeit lang erfolgreich gegen die Uí Néill, bevor er gemäß den Annalen 625 starb. Die Zweifel an seiner Nachkommenschaft könnten durch politische Motive eingegeben sein.) Mit dem Nordosten Irlands ist ferner der Protagonist des mittelirischen Dichtwerks »*Buile Shuibne*« (»Suibnes Verzückung«) verbunden. Der fiktive König Suibne verkörpert den Typ des wilden Waldmenschen und gilt wie sein kymrisches Gegenstück Myrddin als Vorläufer des Zauberers Merlin in der festländischen Artusliteratur. Er soll in der bereits erwähnten Schlacht von Moira von 637 (in der die Uí Néill ihre Vormacht konsolidierten) den Verstand verloren und darauf viele Jahre in der Wildnis verbracht haben, bis er kurz vor seinem Tod vom Hl. Moling aufgenommen wurde, der seine Erlebnisse aufschreiben ließ. Das Werk besingt in zahlreichen Gedichten die Freuden und Härten des Lebens in der unberührten Natur.

Eindeutig ist der Propagandacharakter von »*Cogadh Gaedhel re Gallaibh*« (»Der Krieg der Iren gegen die Wikinger«), das Brian Bóruma als Bezwinger der Wikinger bei Clontarf im Jahr 1014 verherrlicht. Das Werk nähert sich im Stil der Chronik, hat aber nur wenig mit der historischen Wirklichkeit zu tun. Es wurde am Anfang des 12. Jahrhunderts für Brians Urenkel verfasst, der damals der mächtigste Herrscher Irlands war.

Die Anderwelt

Das Anderweltliche dominiert neben dem Mythologischen Zyklus auch die *echtra*, *immrama* und die Visionen; ferner ist dazu auch viel in den *dinnshenchas* zu finden. Darüber hinaus spielt es eine Rolle in Texten aller Art. Die Anderwelt ist nicht scharf von der Menschenwelt abgegrenzt, doch der Mensch kann sie nur erreichen, wenn sie ihm dies ermöglicht. Er findet sie auf Inseln im Ozean, jenseits oder unter einem Wasser, er erreicht sie durch

Bewohner der Anderwelt

Anführer ist der Dagda (»Guter Gott« oder »Guter Tag«), der die Jahreszeiten und Ernten regelt. Sein Beiname ist *Ollathair*, »Allvater«, sein Sitz Uisnech in der Mitte Irlands. Lug, einer der wichtigsten Götter der Festlandkelten, in Irland auch *Samildánach*, »reich an Talenten« genannt, ist ein Spezialist auf jedem Gebiet und mutet daher moderner an als der Alleskönner Dagda. Midir hat seinen Sitz in Brí Léith bei Ardagh. Nur unter der Bezeichnung *TDD* treten König Nuadu, der Kämpe Ogma, der Schmied Goibniu und der Arzt Diancecht auf. Der Meergott Manannán mac Lir gehört nicht zu den *síde/TDD*. Eine eigene Kategorie bilden ferner die Kriegsdämoninnen Morrígan, »Mahrenkönigin«, Bodb, »Krähe« und Nemain, »Panik«, die sich als Aaskrähen manifestieren, während die *síde* als Schwäne erscheinen.

einen (präkeltischen Grab)-Hügel oder wird von einem Zaubernebel überrascht und ist plötzlich »da«. Ihre Bewohner werden *síde* oder *áes síde*, »Volk der *Síde*« genannt. Der Name, eine Ableitung der Wurzel *sed-*, »wohnen«, ist schon um 700 belegt. Jünger ist die Bezeichnung *Túatha Dé Danann* (*TDD*, »Stämme der Göttin Danu«), unter welcher die Klostergelehrten den alten Gottheiten einen Platz in ihrer chronologischen Geschichte Irlands einräumten.

Die *síde* sind klüger, reicher, schöner und langlebiger als die Menschen, aber nicht unsterblich. Die Menschen müssen vor ihnen auf der Hut sein, Distanz halten. Die *síde* manipulieren nicht nur die Menschen, sondern auch einander, um ihre Ziele zu erreichen. Manche Erzählung mutet wie eine Lektion in Verhandlungskunst an. Als Óengus Mac Óc, Sohn des Dagda und der Boann (der Verkörperung des Boyneflusses), sich einen eigenen Wohnsitz wünscht, rät ihm sein Vater, den Besitzer der *Brug na Boinne* (und Ehemann der Boyne) zu bitten, ihm die *Brug* für einen Tag und eine Nacht zu überlassen. Er soll dabei Gebrauch von einer Zweideutigkeit der irischen Sprache machen, die keinen unbestimmten Artikel kennt. *Lá co-naidchi* bedeutet sowohl »für einen Tag und eine Nacht« wie auch »für Tag und Nacht«, d. h. für immer, und so wird Óengus der neue Besitzer der *Brug*. Sein Beiname ist Mac Óc, »junger Sohn«, weil er am gleichen Tag gezeugt und geboren ist. Der Dagda, der die Boyne begehrte, hatte ihren Ehemann auf eine Reise geschickt, die diesem wie ein Tag vorkam, aber tatsächlich neun Monate dauerte. (notabene: Der Dagda hat Macht über die Zeit.)

Illustrativ für das Verhältnis zwischen *síde* und Menschen ist das dreigliedrige »*Tochmarc Étaine*« (»Werben um Étain«), neben der »Schlacht von Moytura« die wichtigste Erzählung des Mythologischen Zyklus. Die Königstochter Étain ist im ersten Teil die Frau des anderweltlichen Midir und wird im zweiten Teil, in einem zweiten Leben, die Frau des irischen Königs Eochaid. Midir versucht sie zurückzugewinnen, indem er in Eochaids Bruder Ailill ein leidenschaftliches Verlangen nach ihr entfacht. Als der liebeskranke Ailill dem Tod nahe ist, erklärt Étain sich bereit, ihn zu seiner Heilung außerhalb der Königsburg zu treffen. Doch Ailill verschläft sich jedes Mal, während sie einen Mann trifft, der genau so aussieht und spricht wie er. Das dritte Mal gibt sich dieser Mann als ihr früherer Gatte Midir zu erkennen. Er bittet sie, ihm zu folgen, doch sie ist nur dazu bereit, wenn Eochaid ihr dies auftrage. Als sie in die Burg zurückkehrt, ist Ailill wieder gesund. Im dritten Teil setzt Midir andere Mittel ein, um sie zurückzugewinnen. Er lässt Eochaid beim Brettspiel dreimal einen hohen Einsatz gewinnen, zuletzt umfangreiche Arbeiten zur Gestaltung der Landschaft. (notabene: Die *síde* haben Macht über das Land.) Beim vierten Spiel will Midir, dass der Sieger den Einsatz bestimmt. Diesmal gewinnt er und verlangt, Étain zu umarmen. Eochaid lässt am dazu verabredeten Tag die Burg verriegeln und bewachen, doch er kann nicht verhindern, dass Midir mit Étain durch das Rauchloch im Dach entschwebt. Nun folgt er dem Paar, das in Schwanengestalt davonfliegt, und droht, jeden Wohnsitz der *síde* in Irland aufzugraben, bis er seine

Frau wiederhabe. Gleich beim ersten *síd* verraten ihm die Bewohner, wo Midir zu finden sei, und als er zunächst bei Midirs Wohnsitz nichts erreicht, raten sie ihm, wie er dort vorzugehen habe. (notabene: Die *síde* sind untereinander nicht solidarischer als die Menschen, und auch sie fürchten die Kraft der wörtlichen Wahrheit.) Diesmal spricht Midir mit ihm und erklärt sich sogar bereit, Étain zu ihm zurückkehren zu lassen, obschon er sie rechtmäßig von ihm erworben habe. Eochaid geht auf das Angebot ein. Doch am verabredeten Tag erscheinen fünfzig junge Frauen vor seiner Burg, die alle wie Étain aussehen. Sie werden von einer hässlichen Alten angeführt, die ihn auffordert, eine von ihnen zu wählen. Nach langem Zögern weist er auf eine, sagt aber von ihr: »Sie ist Étain und doch nicht sie selbst.« Als Midir ihn später aufsucht und fragt, ob er nun zufrieden sei, bejaht er, worauf Midir entgegnet, auch er sei zufrieden: »Deine Frau war schwanger, als sie dir genommen wurde, und hat eine Tochter geboren. Die ist nun bei dir, und deine Frau ist bei mir. Es ist dir wieder zuteil geworden, dass du sie gehen ließest.« Diesmal wagt Eochaid nicht, etwas gegen Midir zu unternehmen, denn ihn bindet sein (Ja)-Wort. Er trauert über den Verlust seiner Frau und darüber, dass seine Tochter von ihm schwanger ist. (Er lässt das Kind nach der Geburt aussetzen; es wird von Hirten gefunden und erzogen; als Mes Buachalla, »Ziehkind der Hirten« wird es später die Mutter des legendarischen Königs Conaire Mór, dessen schicksalhafter Untergang in »*Togail Bruidne Uí Dergae*«, »Die Zerstörung der Halle von Úa Dergae« erzählt wird.)
»*Cath Maige Tured*« (»Die Schlacht von Moytura«), deren Stoff in das pseudohistorische »*Lebor Gabála Érenn*« (»Buch der Eroberungen Irlands«) aufgenommen wurde und darin die Geschichte der zweitletzten Eroberung der Insel bildet, liegt in zwei Fassungen des 16./17. Jahrhunderts vor. Das zentrale Thema ist der Krieg der *TDD* gegen die *fomore*, die als Verkörperungen der urtümlichen Naturkräfte die menschliche Ordnung fortwährend bedrohen. Er ist nicht als ein Konflikt von Gut und Böse gestaltet, sondern als der Kampf zweier miteinander verschwägerter Clans. Als König Nuadu in der Schlacht gegen die vorherigen Bewohner der Insel, die Fir Bolg, den Arm verliert und darum abtreten muss, wählen die *TDD* ihren Ziehsohn Bres zum Nachfolger, dessen Vater ein *fomore* ist. Bres gibt sich durch seinen maßlosen Geiz als unwahrer Herrscher zu erkennen, weigert sich aber, abzutreten. In dem darauf folgenden Streit erringen die talentreichen *TDD* mit der Hilfe Lugs den Sieg.

Oft kommt die Einladung in die Anderwelt von Frauen. In der altirischen »*Echtra Conle*« (EC, »Conles Abenteuer«) erscheint eine Frau in unbekannter Kleidung bei König Conn und seinem Sohn Conle in Uisnech. Sie stammt aus dem Land der Lebenden, wo weder Tod noch Sünde herrschen, und hat Conle lieb gewonnen. Als sie ihn auffordert, ihr in ihre glückselige Welt zu folgen, gebietet Conn seinem Druiden, sie zu verscheuchen, doch ihre Macht ist stärker. Sie warnt den König, nicht auf Druidenkunst zu vertrauen, und prophezeit die Ankunft des Hl. Patrick. Schließlich springt Conle, von Verlangen überwältigt, in ihr gläsernes Boot, und die beiden entschwinden übers Meer.

Lebor Gabála Érenn

Diese Geschichte Irlands von der Schöpfung bis zu ihrer Entstehungszeit ist ein typisches Produkt der irischen Klostergelehrtheit. Es besteht aus Gedichten mit verbindenden Prosapassagen. Von den sechs Invasionen sind die von Partholón (2), Nemed (3) und Míl (6) schon im Frühmittelalter belegt. Die drei andern sind später hinzugefügt: vor der Sintflut eine Invasion von Frauen, nach Nemed die der Fir Bolg (4) und *TDD* (5). Partholón und Nemed machen die Insel urbar und müssen sich gegen die *fomore* verteidigen. Partholón und seine Leute werden durch eine Seuche ausgerottet. Nemed flieht vor den *fomore* in sein Herkunftsland Griechenland zurück, von wo aus ein Teil seiner Leute später als Fir Bolg nach Irland zurückkehren. Diese unterliegen den *TDD* in der Ersten Schlacht von Moytura, in welcher der *TDD*-König Nuadu einen Arm verliert. Die *TDD* werden ihrerseits von den irischsprachigen Söhnen Míls besiegt, die aus Ägypten wegziehen müssen, weil sie den Israeliten bei deren Flucht helfen, und auf einer vergleichbaren Wanderung ihr Gelobtes Land Irland erreichen. Die Söhne Míls gelten als die Stammväter der irischen Herrschergeschlechter, Éremon im Norden, Éber im Süden der Insel. Das *Lebor Gabála* beschließt mit einer Übersicht der Könige Irlands von der Ankunft der Söhne Míls bis ins 11. Jh., in der die narrative Literatur chronologisch eingeordnet ist, der Ulsterzyklus am Anfang unserer Zeitrechnung, der Finnzyklus im 3. Jahrhundert usw.

(Die Bemerkung, so sei Conns zweiter Sohn Art zu seinem Beinamen »der Einzige« gekommen, ist ein Hinweis auf den Königszyklus.)

Ein Name der glückseligen Anderwelt ist *Mag Mell*, »Welt der Wonnen«. In ihren Beschreibungen fließen biblische und klassische Vorstellungen in die einheimischen Überlieferungen ein. Es ist ein Land des Friedens, voller Sinnesfreuden, frei von Mühsal und Not. Seine Bewohner gehören dem Beginn der Schöpfung an; der Sündenfall hat sie nicht berührt, d. h. ihre Sexualität ist sündlos. In EC, der etwa gleich alten »*Immram Bráin*« (IB, »Meerfahrt Brans«) und einigen andern Texten sagen anderweltliche Wesen das Christentum voraus. Anscheinend verglichen die Iren die Vertreter ihrer prächristlichen Vergangenheit mit den Propheten des Alten Testaments und den griechischen Philosophen, die in der christlichen Tradition als Vorläufer des wahren Glaubens galten.

IB ist die älteste *immram*. Auch ihr Protagonist wird von einer Frau in unbekannter Kleidung zu einer Reise aufgerufen. Sie singt Bran von den Freuden der Anderwelt, wie später auch Manannán, dem Bran auf dem Ozean begegnet, als der Meergott nach Irland unterwegs ist, um Mongán zu zeugen. Die beiden Gedichte, die zwei Drittel des erhaltenen Texts ausmachen, lesen sich wie ein Katalog von Anderweltmotiven. Manches Motiv kommt auch in Texten christlicher Signatur vor, z. B. dass dem einen als fischreiche See erscheint, was der andere für eine blühende Wiese hält.

Brans Reise führt zu zwei Inseln. Auf der Insel der Fröhlichkeit muss einer seiner Männer zurückbleiben, weil er vor Lachen nicht weiter kann. Im Land der Frauen verbringen die Gefährten eine herrliche Zeit von Festmählern und Liebesfreuden. Eine Rückkehr in die Menschenwelt ist aber nicht möglich. Als einer von ihnen entgegen der Warnung irischen Boden betritt, fällt er zu einem Häuflein Asche zusammen, als hätte er schon jahrhundertelang in der Erde gelegen.

Die Welt unter dem Wasser spielt vorwiegend in den (weltlichen und geistlichen) Ankergeschichten eine Rolle: Der Mensch gelangt in diese Welt, als er versucht, den Schiffsanker zu lösen, der in der Tiefe festgehalten wird. In einer raffinierten Umkehrung des Themas berichten ein paar mittelirische Anekdoten von einem Schiff, das hoch über Irland durch die Luft fährt und dessen Mannschaft die Menschenwelt als Unterwasserwelt erfährt.

Der Höhepunkt der *immrama* ist »*Immram curaig Máele Dúin*« (MD, »Meerfahrt von Máel Dúins Schiff«), die um 900 datiert wird. Für die Beschreibung der dreißig Inseln und zwei Wundermeere schöpfte der Autor aus demselben internationalen Reservoir wie die Autoren der Abenteuer von Odysseus und Sindbad, aber auch aus Berichten über *peregrini*, die ihr Heil auf fernen Inseln suchen. Ein paar Episoden scheinen in ihrem Kern auf Augenzeugenberichte über Vulkane, Eisberge und Geysire zurückzugehen. Máel Dúin gelangt wie Bran zu einem Land der Frauen und einer Insel von Lachern, zu der sich als Pendant eine Insel von Klagern gesellt. Er begegnet Fabelwesen und frommen Einsiedlern. Seine Irrfahrt findet erst ein Ende, als er drei überzählige Gefährten losgeworden ist – ein Motiv, das mit zahlreichen andern Themen aus MD auch in der inhaltlich verwandten »*Navigatio Sancti Brendani Abbatis*« vorkommt, die von der Suche des Hl. Brendan von Clonfert nach einem irdischen Paradies im Ozean handelt. Auch hier hat die weltliche Erzählung eine geistliche Variante. Durch das lateinische Werk fand der Stoff der *immrama* Eingang in die europäische Literatur.

Übersetzungsliteratur im Irischen

Die altirischen Beispiele gehören der christlich-lateinischen Kultur an; (freie) Übersetzungen klassischer Werke kamen, früher als anderswo, im 10. Jahrhundert auf. Die religiösen Texte umfassen Heiligenleben, Passionen, Homilien, Apokryphen; die (Prosa)-Adaptationen klassischer Literatur den Trojanischen Krieg des Pseudo-Dares, die Irrfahrten des Odysseus, die »*Aeneis*«, den Fall Thebens und die Knabentaten des Achilleus (beide nach Statius), eine Alexander-Kompilation und Lucanus' Bürgerkrieg. In der normannischen Periode nahm die Übersetzungsliteratur in allen Bereichen enorm zu, auf literarischem Gebiet mit Erzählungen über Karl den Großen und Arthur, der »*Queste del Saint Graal*« (mit ihrer Nähe zum Original eine Ausnahme), sowie Abenteuerromanen (Bevis von Hampton) und Reisebüchern (Marco Polo, Mandeville).

In den beiden mittelirischen *immrama* neigt die Waage zur christlichen Seite. Snédgus und Mac Ríagla sind Mönche, die Uí Corra reuige Plünderer. In beiden Werken führt die Reise durch Regionen des christlichen Jenseits. Damit sind sie zu einem gewissen Grad mit den Visionen verwandt.

Die irischen Visionen sind eigentliche Jenseitsreisen. Dieses Jenseits kennt zwar nur zwei Abteilungen, Himmel und Hölle, doch beide umfassen sehr verschiedenartige Orte. Dem juristischen Denken der Iren entsprechend, stimmen Strafart und Strafmaß mit der jeweiligen Übertretung überein. Dabei geht es immer um das Nichteinhalten von Verpflichtungen gegenüber der Gesellschaft. Sünden sexueller Art kommen nicht vor. Den Höhepunkt der volkssprachlichen Visionen bildet »*Fís Adamnáin*« (»Adamnáns Vision«), ein bilderreicher Ideenkatalog von Jenseitsvorstellungen. Er wurde um 1000 verfasst und gilt als einer der Vorläufer Dantes. Auch bei den Visionen erlangte die irische Tradition durch ein lateinisches Werk europäische Bekanntheit: die »*Visio Tnugdali*« (»Vision von Tnugdal«), 1149 verfasst von *frater* Marcus, einem irischen Mönch im deutschen Regensburg.[2] Die Meerfahrten und Jenseitsreisen bilden den bedeutendsten Beitrag Irlands zur europäischen Literatur.

»*Aislinge Meic Conglinne*« (»Mac Conglinnes Vision«) aus dem letzten Viertel des 11. Jahrhunderts verwendet in überraschender Weise Themen und Motive aus den beiden Gattungen in einer beißenden Satire auf die weltliche und geistliche Oberschicht Irlands.

Die Dichtkunst

Die Geschichte der irischen Dichtkunst muss noch geschrieben werden. Kernfunktion der *filid* war die Lobdichtung und ihr Gegenstück, die Satire; der Wissensvermittlung dienten Aufzählungsgedichte, Weistümer, genealogische und juristische Gedichte. Hier steht die Lyrik der Blütezeit (8.–12. Jahrhundert) im Vordergrund, deren schlichter Stil und Gefühlsreichtum den modernen Leser unmittelbar ansprechen.

Die älteste Form gebundener Sprache ist die rhythmische Prosa, prägnant formulierte Passagen mit und ohne Alliteration, aber mit regelmäßig wiederkehrender rhythmischer Kadenz, die *rosca* (Ez. *rosc*) genannt wurden. Unter Einfluss der lateinischen Hymnen kam die Strophenform mit Silbenzählung und Reim auf. Der »irische Reim« ist kein Vollreim: Die Vokale müssen identisch, die Konsonanten einander nur phonetisch ähnlich sein. Die professionelle Lobdichtung der *filid* entwickelte sich zu einer komplexen Verskunst mit Binnen- und Endreim, Alliteration und Assonanz. Eine der beliebtesten Formen war bis ins 17. Jahrhundert der aus Siebensilblern bestehende Vierzeiler ohne regelmäßige Hebungen, in dem betonte mit unbetonten Silben reimen. Im 18. Jahrhundert kam mit dem *amhráin*, »Lied« eine dem Volkslied nahe stehende Form auf, mit freien Abständen zwischen den Hebungen.

Zurück zur Lyrik der Blüteperiode. Die meisten Gedichte sind nur in jüngeren Handschriften erhalten, oft in einem narrativen Kontext oder als Zitate in Verslehren. Von den wenigen absolut datierbaren Gedichten findet sich eine kleine Auswahl in dem um 850 entstandenen Reichenauer Schulheft, neben einem Zauberspruch und je einem Gedicht auf Suibne und Moling auch ein Lobgedicht auf einen Leinster König sowie das berühmte Katzengedicht, in dem der Autor sich mit seinem weißen Kater Pangur vergleicht: Jeder widmet sich in der gemeinsamen Zelle seiner Kunst, ohne den andern zu stören, und Pangur freut sich nicht mehr über die Maus in seinen Krallen als der Klostergelehrte über die Lösung eines schwierigen Problems. Die ebenfalls der Mitte des 9. Jahrhunderts entstammende St. Galler Priscian-Handschrift enthält das älteste Beispiel der sog. *hermit poetry*:

»Ein Waldeshag umgibt mich,
der Amsel Lied klingt her zu mir,
und über meinem Blatt, dem fein linierten,
erklingt der Vögel Trillersang.

Der Kuckuck ruft mir zu mit klarem Klang
im Grün verborgen aus der Blätterburg.
Fürwahr, der Schöpfer hat mich lieb!
Gut schreibt sich's unterm Waldesdach.«

Der Einsiedler preist in demütiger Frömmigkeit das asketische Leben in der Waldeseinsamkeit, wobei die Gelehrtenidylle in unserem Beispiel nicht frei von fiktiven Zügen ist. Sein Auge erfreut sich an der mannigfaltigen Schönheit von Gottes Schöpfung, seine Nahrung sind die Früchte der Natur, seine Gefährten die Wildtiere, seine Musik das Rauschen von Wind und Meer. Denselben in wenigen Zügen hingeworfenen Bildern, nun aber mit elegischem Unterton, begegnen wir in den Exilgedichten, in denen der *peregrinus* auf sein geliebtes Irland zurückblickt.

Oft sind Naturimpressionen mit dem Rückblick auf ein verlorenes Glück verbunden: bei den Finnhelden auf ihre ruhmreiche Jugendzeit, bei Deirdre und Líadain auf das Zusammensein mit dem Geliebten. Bei Letzteren erinnert das Ineinanderfließen von Natur- und Liebespoesie an die festländische Liebeslyrik mit ihren Natureingängen, doch die irischen Beispiele sind zeitlich zu früh, um mit jener mehr als die Wurzeln gemein zu haben. Der Einfluss der höfischen Liebesdichtung machte sich in Irland erst vom 14. Jahrhundert an bemerkbar; er wurde weit gehend in die eigene Tradition integriert.

Nach der Blütezeit dominierte zunächst der professionelle Lobdichter, noch immer *fili* genannt (die Bezeichnungen *bard* und *bardic poetry* stammen aus englischsprachigen Kreisen). Die eindrücklichsten Beispiele dieser konventionellen und komplexen Verskunst gehören dem Niedergang der irischsprachigen Elitekultur an: Klagelieder über die Verbannung der Anführer des letzten Aufstands gegen England, über die brotlos zurückgebliebenen Dichter und die verlassenen Dichterschulen.

Im 17. Jahrhundert kam als neue Gattung der politische *Aisling*, »Traum-

Irischsprachige Literatur der Neuzeit

Grundlage der modernen Prosa ist Geoffrey Keatings »*Foras Feasa ar Éirinn*« (1634), eine Geschichte Irlands von der Schöpfung bis zur normannischen Invasion. Das erste gedruckte Buch mit irischen literarischen Texten war Charlotte Brookes »*Reliques of Irish Poetry*« (1789); die Textüberlieferung war bis ins 19. Jahrhundert v. a. handschriftlich. Das Sammeln mündlicher Überlieferungen begann 1825 mit Crofton Crokers »*Fairy Legends and Traditions*« (übersetzt von den Gebrüdern Grimm). Die meisten Sammler des 19. Jahrhunderts waren mit der englischsprachigen Oberschicht verbunden und v. a. an Mythen und Aberglauben eines pastoralen Irlands interessiert. Die von ihnen ignorierte Stimme der diskriminierten Mehrheit erklingt aus den politischen Gedichten in Hardimans »*Irish Minstrelsy*« (1831). Die Sammeltätigkeit erreichte erst im 20. Jahrhundert mit sprachkompetenten Spezialisten wie James Delargy und Seán O'Sullivan ein wissenschaftliches Niveau. Die 1893 gegründete *Gaelic League* förderte die irischsprachige Literatur, während das nur wenig jüngere *Celtic Revival* von W.B. Yeats und Augusta Gregory eine englischsprachige Nationalliteratur vor Augen hatte. Der bedeutendste Romanautor des 20. Jahrhunderts war Martin Ó Cadhain (gest. 1970). Die Lyrik blüht bis in unsere Zeit (Nuala Ní Dhomnaill).

gesicht« auf. Ihr Bild Irlands als einer Frau ist von der europäischen Liebespoesie beeinflusst. Der Dichter begegnet im Traum einer in tiefe Trauer versunkenen anderweltlichen Schönheit. Auf seine Frage nach dem Grund ihrer Tränen ist ihre Antwort, sie sei die Gemahlin der alten Könige und warte auf den rechtmäßigen Gatten. In der Volkstradition heißt diese Personifikation Irlands Cathleen Ní Houlihan oder Róisín Dubh, »*Dark Rosaleen*«.

Ich schließe mit »*Cúirt an Mheán Oíche*« (»Mitternachtsgericht«), einem Gedicht von 1026 Versen, verfasst um 1780 von einem Schulmeister aus der Grafschaft Clare, Brian Merriman. Es ist einer der letzten Zeugen jener Offenheit in Sachen des Körpers, die so kennzeichnend ist für die ältere irische Literatur, und kündigt zugleich mit seiner klaren thematischen Struktur Neues an. Merriman war mit der zeitgenössischen französischen Literatur vertraut und ein Bewunderer Rousseaus. Sein »Mitternachtsgericht« ist ein leidenschaftliches Plädoyer für die (weibliche) Sexualität und gegen das Priesterzölibat. Die Frauen erheben darin vor einem Feengericht Klage, weil die Armut (des gälischen) Irlands sie zur Ehelosigkeit oder zur Heirat mit einem alten Mann verurteile.

DIE LITERATUR DES KELTISCHEN SCHOTTLANDS

Eine eigenständige Entwicklung kündigt sich schon in der ältesten Handschrift mit schottisch-gälischen Texten an, dem »*Book of the Dean of Lismore*« (1512–1542). Zu der Zeit begann auch die Kontroverse über den irischen bzw. schottischen Ursprung der gemeinsamen Tradition. Die schottisch-gälische Literatur ist in einer Vielzahl von Handschriften erhalten. Sie ist vorwiegend in Versform überliefert. Die konventionelle Dichtung der Familienbarden mit ihren komplizierten silbenzählenden Metren ist v. a. aus dem »Buch des Deans« bekannt. Sie wurde nach dem Zerfall des Clansystems im 17. Jahrhundert wie in Irland von einer akzentuierten, dem Volkslied näher stehenden Verskunst abgelöst. Am Übergang steht Mary MacLeod (1615–1707). Der bedeutendste Vertreter der neuen Richtung, zu der bis 1830 weit über hundert Dichter gehörten, ist Alexander Macdonald (1695–1770), der neben Naturlyrik auch politische Gedichte verfasste. Sein Wörterbuch (1741) war das erste gedruckte Buch in schottisch-gälischer Sprache. Das »Buch des Deans« enthält auch religiöse Gedichte und heroische Balladen (*laoidhean*, »*lays*«), darunter die vier wichtigsten heroischen Elegien (auf die Finnhelden Diarmaid und Oscar, den Sohn Cú Chulainns und Fráech). Neben dem Hang zur Elegie ist das Thema des Wikingerangriffs kennzeichnend für die schottische Balladenliteratur. Beide erreichten eine Klimax in Macphersons (allzu) freien Bearbeitungen (vgl. auch das Kapitel »Nachleben«). Deren enormer Erfolg verlieh den gälischen Balladen im 18. und 19. Jahrhundert neuen Auftrieb. 1872 gab John Francis Campbell von Islay mit seinem »*Leabhar na Féinne*« (»Buch der Fianna«) eine Sammlung mündlicher Finnballaden heraus, nachdem er bereits Finnerzählungen in Prosa in seine »*Popular Tales of the West Highlands*« (1860–1862) aufgenommen hatte. Im 20. Jahrhundert kam eine moderne Prosaerzählkunst (Romane, Kurzgeschichten) auf. In der Dichtkunst schlägt Sorley MacLean moderne Töne an.

James Macpherson (1736–1796)

Der Muttersprachler sah seine Welt durch die harte Niederwerfung des letzten Aufstands des gälischen Schottlands von 1745 gefährdet. Sein Griechischstudium weckte in ihm die Begeisterung für das Epos als Krone der nationalen Kultur. Seinen *Ossian*-Nachdichtungen (1760–1763) liegen schottisch-gälische Balladen zugrunde, die er im Sinn der Edinburgher *literati* bearbeitete und »vervollständigte«. Die schon zeitgenössischen Zweifel an seinem Werk betreffen v. a. seine These, die Balladen seien Bruchstücke des Epos eines Dichters Ossian aus dem 3. Jh. n. Chr. – traditionell wurden verschiedene Balladen Finns Sohn Oísin in den Mund gelegt. In heutiger Sicht ist er ein Vorläufer jenes Kulturnationalismus, der im 19.Jahrhundert u. a. die Grimmschen »*Kinder- und Hausmärchen*« und Lönnroths »*Kalevala*« hervorbrachte. Sein großes Verdienst ist, für die gälische Literatur ein internationales Echo geweckt und so der Erforschung der keltischen Literaturen den Weg bereitet zu haben.

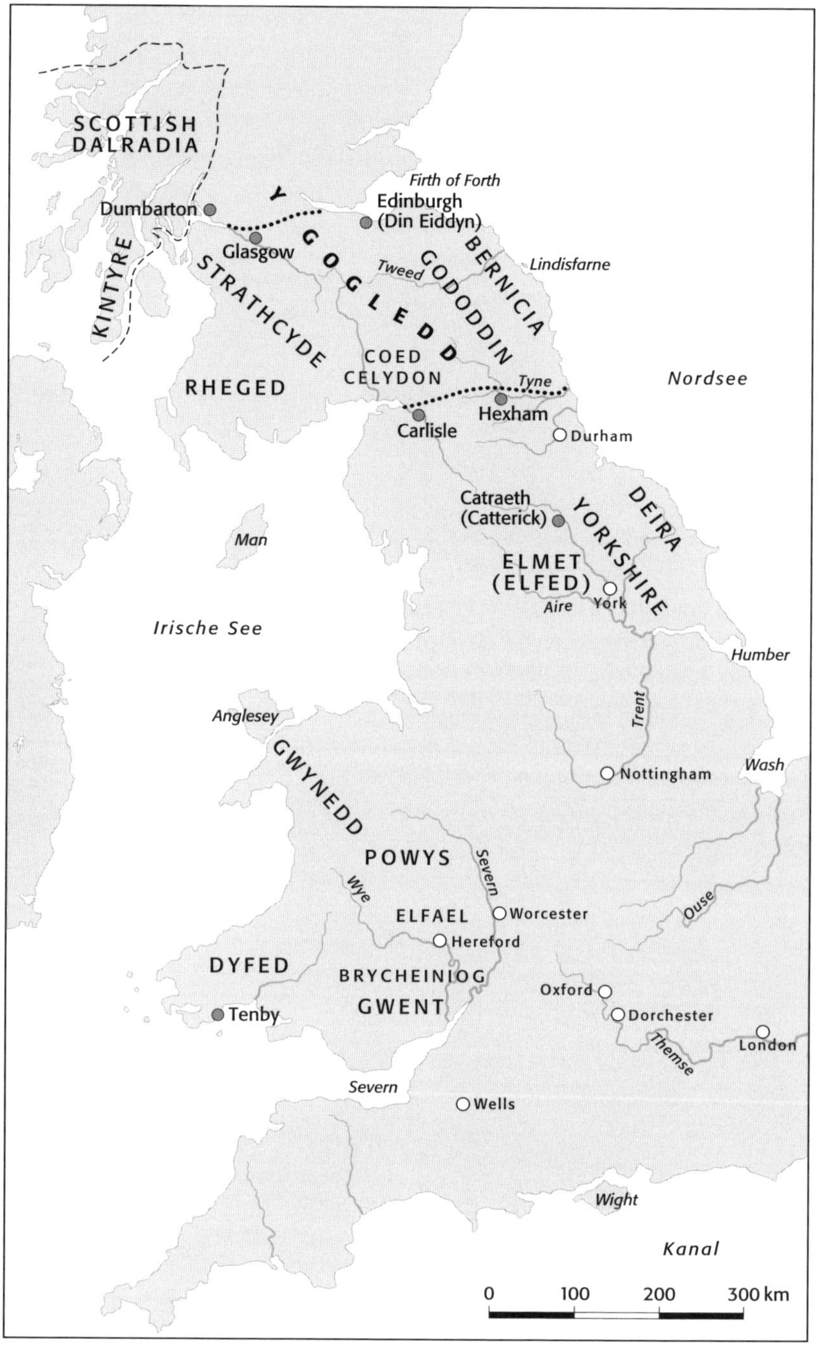

Das keltische Britannien.

DIE LITERATUR DES KELTISCHEN BRITANNIENS

Britannien war fremden Einflüssen früher und direkter ausgesetzt als Irland. Eine Folge davon war die spärlichere schriftliche Überlieferung der volkssprachlichen Tradition. Unter der römischen Herrschaft (43 n. Chr. – ca. 410) wurden die fruchtbaren Lowlands im Südosten weit gehend romanisiert. Der traditionelle Lebensstil hielt sich am zähesten in den Regionen nördlich der Hadrianischen Mauer, deren Bewohner Rom als sog. Verbündete zum Schutz der Grenze dienten. Dort lebte die keltische Kultur im 5. Jahrhundert am stärksten auf. Dort begann auch die Verschriftlichung der kymrischen Literatur mit den Lobgedichten der *cynfeirdd*, »frühen Dichter« auf die *Gwyr y Gogledd*, »Männer des Nordens«. Zusammen mit der um 830 datierten »*Historia Brittonum*« (HB, »Geschichte der Briten«), die auf frühmittelalterliche Art die eigenen Traditionen in die biblische Weltgeschichte einordnete, bilden die *cynfeirdd* auf britischer Seite unsere wichtigste Quelle für die im 5. Jahrhundert einsetzende Kolonisierung der Insel durch die Angeln und Sachsen. Gegen Ende des 11. Jahrhunderts führte die Konfrontation mit den Normannen zu einer neuen Blüte der kymrischen Kultur.

Britannien hat nicht nur weniger keltischsprachige Texte überliefert als Irland, sondern auch weniger Gattungen. Insbesondere die Erzählliteratur ist viel beschränkter. Da die ältesten Handschriften mit literarischen Texten aus dem 13. Jahrhundert stammen, können die Texte der beiden Blüteperioden fast nur auf Grund sprachlicher und historischer Kriterien datiert werden. Wie bereits angedeutet, umfasst »Kymrisch« im frühen Mittelalter auch Texte aus dem Norden Britanniens. Der bedeutendste Beitrag Britanniens zur europäischen Literatur ist die Arthurliteratur.

Die Verwandtschaft der kymrischen mit der irischen Literatur ist vielleicht noch stärker durch die gemeinsame Geschichte innerhalb der Irischen See-Provinz als durch das gemeinkeltische Erbe bedingt. Einer der führenden Herrscher der zweiten Blütezeit wuchs als Sohn eines aus Gwynedd (Nordwales) vertriebenen Dynasten und einer Wikingerprinzessin in der Nähe von Dublin auf. Als es diesem Gruffudd ap Cynan mit Hilfe seiner irisch-skandinavischen Verwandten gelang, sich um 1100 als König von Gwynedd zu etablieren, brachte er aus Irland wichtige kulturelle Impulse mit.

Die Dichtkunst

Auch in Britannien war die Kernaufgabe der Dichter die Lobdichtung und beurteilten diese die Machthaber. Neben dem weltlichen ist auch das religiöse Lobgedicht gut vertreten. Das heroische Lebensgefühl der *cynfeirdd* Taliesin und Aneirin erinnert an den Ulsterzyklus, doch in der Konfrontation mit den heidnischen Gegnern sind ihre Gestalten mit christlichen Zügen ausgestattet. HB situiert beide Dichter in das ausgehende 6. Jahrhundert. Die Entstehungszeit der ihnen zugeschriebenen Werke ist umstritten, aber sprachliche und historische Gründe sprechen für eine frühe Datierung wenigstens eines Kerns. Die Gedichte bestehen aus einer wechselnden Zahl Langzeilern mit Endreim.

Aneirin gilt als der Verfasser des »*Gododdin*«, einer Elegie von 1200 Versen auf eine britische Niederlage gegen die Angeln bei Catraeth (Catterick in Yorkshire). Die Krieger zahlen mit ihrem Leben für den Met, mit dem sie der Fürst der Gododdin (Ptolemaeus' Votadini) ein Jahr lang in Din Eiddyn (Edinburgh) bewirtet hat:

»Männer zogen nach Catraeth, bereit zum Kampf,
Klarer Met ihr Fest[trunk], er ward zu Gift.«

Nach neueren Erkenntnissen soll schon im 7. Jahrhundert im Norden Britanniens eine schriftliche Kernfassung existiert haben, die dann in Wales als ein Monument britischen Widerstands bis ins 13. Jahrhundert weiterentwickelt wurde.

Taliesin werden zwölf Lobgedichte auf britische Fürsten zugeschrieben, davon neun auf König Urien von Rheged und seinen Sohn Owein. Laut HB führte Urien eine erfolgreiche Koalition gegen die Angeln im Norden an, wurde aber von seinem britischen Rivalen Morcant getötet. (Einige dieser Namen sind in die festländische Artusliteratur übernommen worden, aber für ganz andersartige Figuren.) Taliesin preist Urien als Viehräuber, der seine Beute freigebig austeile, und vergleicht Owein mit einem Wolfsrudel. Auch der Dichter ist erpicht auf Beute: Sein Speer ist seine Inspiration, sein Schild das Lächeln, hinter dem er sich zurückzieht, wenn er zu weit gegangen ist.

Die spätere Tradition kannte auch einen legendarischen Taliesin, der die Gestalt wechselt und so zum Alleswisser wird – eine Verkörperung des Dichters als Seher, wie der irische Amairgen.

Im 9. Jahrhundert kam die Strophe (*englyn*, Mz. *englynion*) auf. Ein gebräuchlicher Name für diese Dichtung ist *saga poetry*, auf Grund der These, dass es sich bei vielen Strophen um die metrischen Bestandteile verlorener Erzählungen handle, da die Schreiber Britanniens sich zunächst auf die gebundene Sprache beschränkt und die handlungstragende Prosa der mündlichen Praxis überlassen hätten. Ein wichtiges Thema ist der Verlust der östlichen Grenzgebiete an die Sachsen im 9. Jahrhundert. Auch hier ertönt jene neue Stimme über den allzu hohen Preis der Ehre, die wir bereits aus dem Ulsterzyklus kennen. Llywarch Hen, »der Alte«, der schon dreiundzwanzig Söhne im Kampf gegen die Sachsen verloren hat, beschuldigt sich, mit seinen Zweifeln am Mut seines Jüngsten nun auch diesen in den Tod getrieben zu haben; die Fürstentochter Heledd wirft sich vor, mit ihrer Ehrsucht am Untergang ihrer Familie und ihres Landes schuldig zu sein.

Um 940 manifestierte sich mit dem Gedicht »*Armes Prydein*« die Gattung der politischen Prophezeiung, die großen Einfluss auf die kymrische Literatur einschließlich der Arthurmaterie hatte. Das Thema der Befreiung vom fremden Joch findet sich übrigens schon in HB (s. u.).

Die kymrische Naturlyrik hat viel mit der irischen gemein, ist aber weniger reich entwickelt. Naturbeobachtungen wurden oft mit Weistümern über den menschlichen Charakter oder die Natur verbunden – die Natur als Spiegel des menschlichen Gemüts. Typisch ist, dass der Kuckuck mit seinem Ruf *Cw?*, »Wo?« nicht als Verkündiger des Frühlings, sondern des Verlusts erscheint. Die Gedichte über den Waldmenschen Myrddin (latinisiert Merlinus) ähneln den viel zahlreicheren über den irischen Suibne.

Um 1100 griffen die *gogynfeirdd*, »beinahe frühesten Dichter« die Tradition der *cynfeirdd* auf und entwickelten sie zu einer komplexen Hofdichtung, die sich über den Verlust der kymrischen Unabhängigkeit hinaus bis in die Mitte des 14. Jahrhunderts halten konnte. Die bedeutendsten der rund drei Dutzend Dichter sind Meilyr Brydydd, der Gründer einer Dichterfamilie in Gwynedd, und Cynddelw Brydydd Mawr, der in ganz Wales aktiv war. Der größte Dichter von Wales ist Dafydd ab Gwilym (1320–1370). Durch ihn nahm Wales Anteil am europäischen Mainstream, aber nach seinem Tod führten die Hausdichter des walisischen Landadels die konventionelle Lobdichtung der *gogynfeirdd* mit einigen Anpassungen auf niedrigerem gesellschaftlichen Niveau bis ins 18. Jahrhundert weiter. Der Einfluss der *Bardic Grammars* des 14. Jahrhunderts auf die Dichtkunst ist umstritten. Durch Dafydd ab Gwilym wurde der *cywydd* populär, das Verspaar von Siebensilblern, in dem eine betonte Silbe mit einer unbetonten reimt, doch das hoch entwickelte kymrische System von Alliteration, Konsonanz und Binnenreim, *cynghanedd*, »Zusammengesang« genannt, wurde erst nach seinem Tod dominant. Im 16. Jahrhundert erscheinen in den Handschriften freie Metren, neben den anonymen *hen benillion*, »alten Strophen« aus der mündlichen Überlieferung, die zur Harfe vorgetragen wurden, auch Liebesgedichte und (unter Einfluss der Reformation) religiöse Streitgedichte nach englischen Vorbildern.

Die Erzählungen

Die narrative (Prosa)-Literatur, die sich gegen 1100 mit der Arthurerzählung »*Mal y kavas Kulhwch Olwen*« (»Wie Kulhwch Olwen gewann«) manifestierte, entspringt nicht einem Vakuum. Hinweise auf verlorene Erzählungen finden sich nicht nur in der *saga poetry*, sondern auch in den »*Trioedd Ynys Prydein*« (»Triaden der Insel Britannien«), die den Überlieferungsträgern als mnemotechnische Stütze dienten. Die Triaden ordnen einem Schlüsselbegriff jeweils drei Gestalten zu. Die Triade der mächtigen Schweinehirten gibt einen der frühesten Hinweise auf den kymrischen *Tristan*, der nur in sehr später und unvollständiger Form erhalten ist: Drystan habe die Schweine Marchs gehütet, als er den Hirten zu Essyllt entsandte, und Arthur habe ihm nicht ein einziges Ferkel abjagen können. Arthur kommt mehrmals vor, meist als heroischer Anführer, einmal auch als (nicht-professioneller) Dichter. Ein narrativer Hintergrund wird auch für die »*Englynion y Beddau*« (»Gräberstrophen«) vermutet, eine elegische Aufzählung von Heldengräbern. Der älteste Beleg ist die lateinische Übersetzung einer *dinnshenchas*-artigen Geschichte in HB, die die Befreiung Britanniens vom sächsischen Joch zum Thema hat (und Geoffrey von Monmouths »*Prophetiae Merlini*« von 1136 inspirierte). Vortigern, der sich vor den Sachsen ins Snowdonge-

Übersetzungsliteratur im Kymrischen

Die meisten mittelkymrischen Prosatexte sind Übersetzungen und Adaptationen aus dem Lateinischen, Französischen und später Englischen, so die *»Ystorya de Carolo Magno«* (die mehrere Werke über Karl den Großen kombiniert), die *»Queste del Saint Graal«* und *»Perlesvaus«*, *»Die sieben Weisen von Rom«*, Tierfabeln und Abenteuerromane (Bevis von Hampton). Das religiöse und wissenschaftliche Textmaterial besteht fast nur aus Übersetzungen: von Honorius Augustodunensis das *»Elucidarium«*, ein Lehrdialog über die wichtigsten Glaubensfragen des 12. Jahrhunderts, und die *»Imago Mundi«*, eine enzyklopädische Beschreibung der Welt und ihrer Bewohner, ferner biblische und apokryphe Texte, Heiligenleben, das *»Purgatorium S. Patricii«*, die Reisen von Odoricus von Pordenone, der Brief des Presbyters Johannes usw.

birge zurückgezogen hat, muss die Burg, die er sich dort errichten lässt, an Ambrosius (kymrisch Emreis) abtreten, der als Einziger weiß, warum das tagsüber Erbaute allnächtlich einstürzt: Unter dem Fundament befindet sich ein Steingefäß, das zwei Tiere enthält, von denen das rote das weiße im Kampf verjagen wird. (*Dinas Emreis*, »Emreis Hügelfort«, ist noch heute der Name eines strategischen Hügels südwestlich vom Snowdon.)

Vollständig sind nur elf Prosaerzählungen erhalten, die von verschiedenen Autoren aus dem 11. bis 13. Jahrhundert stammen. Sie stehen ganz im Roten Buch von Hergest (1382–1410) und großenteils im Weißen Buch von Rhydderch (um 1350); ein paar Fragmente liegen in Handschriften des 13. Jahrhunderts vor. Vier sind als *»Pedeir Keinc y Mabinogi«* (»Vier Zweige des Mabinogi«) bekannt, fünf sind Arthur gewidmet und zwei sind Einzelstücke. Der (irrtümliche) Sammelname *»Mabinogion«* geht auf die Wiederentdeckung der mittelalterlichen kymrischen Literatur um 1800 zurück; er gewann allgemeine Bekanntheit durch die monumentale Textausgabe mit Übersetzungen und Kommentar, die Lady Charlotte Guest 1838–1849 mit Hilfe eines Gelehrtenteams publizierte.

Von den Anfängen um 1800 an beherrschte das Verhältnis der drei kymrischen Arthurromanzen *»Owein«*, *»Gereint«* und *»Peredur«* (s. u.) zu Chrétien von Troyes' *»Yvain«*, *»Erec«* und *»Perceval«* die Mabinogionforschung. In Deutschland nahm die »Mabinogionfrage« bisweilen polemische Dimensionen an (v. a. wegen der Frage nach Chrétiens Originalität). Wales konnte lang nicht akzeptieren, dass von den festländischen Weiterentwicklungen der ursprünglich britischen Arthurmaterie prägende Einflüsse auf die kymrische Arthurliteratur ausgingen.

Ein wichtiger Faktor in der literaturwissenschaftlichen Erschließung der *»Mabinogion«* war auch die Märchenforschung mit ihrer Fokussierung auf Themen und Motive. Die *»Mabinogion«* gehören zur Weltliteratur, doch auch in ihrem Fall erschwerte der episodische, sprunghafte Erzählstil die Rezeption. Wie in den irischen Erzählungen ist die Grenze zur Anderwelt fließend. Manche Personennamen haben einen mythologischen Hintergrund (z. B. Mabon Sohn der Modron), teils mit irischen Parallelen (z. B. Manawydan-Manannán).

»Die Vier Zweige des Mabinogi«

Der Name rührt daher, dass jede der vier Erzählungen mit der Formel »So endet dieser Zweig des Mabinogi« endet. *Mabinogi* (von *mab*, »Sohn, Junge«) wird heute in diesem Kontext als »Heldentaten, Abenteuer« verstanden. Der Autor (Redaktor?) wird in Südwales um oder kurz nach 1100 gesucht.

Der erste und dritte Zweig, *»Pwyll, Fürst von Dyfed«* und *»Manawydan, Sohn von Llyr«*, spielen im Süden von Wales, in Dyfed und Gwent. Sie sind durch eine Lektion in Verhandlungskunst verbunden. *»Pwyll«* besteht aus zwei selbstständigen Erzählungen (wie auch die irische *»Táin Bó Fraích«*). Die Erste ist ein Abenteuer in der kymrischen Anderwelt *Annwfn*. Deren König bringt Pwyll mit List dazu, an seiner Stelle gegen seinen Rivalen in *Annwfn* zu kämpfen. Pwyll siegt und erwirbt so den Beinamen Haupt (*penn*) von *Annwfn*. In der zweiten Erzählung heiratet Pwyll die anderweltliche Rhiannon, die sich in ihn verliebt hat. Er verliert sie beinahe an den abgewiesenen Freier Gwawl, als der sich unter die Bittsteller mengt, die der Bräutigam gemäß dem Brauch beschenken muss, und er dem Unbekannten vorbehaltlos verspricht, ihm alles zu gewähren, was in seiner Macht stehe. Aber Rhiannon weiß Gwawl zu übertölpeln und nimmt ihm sogar das Versprechen ab, sich nicht dafür zu rächen. Nach drei Ehejahren gebiert sie einen Sohn, der kurz nach der Geburt auf mysteriöse Weise verschwindet, worauf man sie des Mordes an ihm beschuldigt. In derselben ersten Mainacht findet der Fürst von Gwent unter geheimnisvollen Umständen ein neugeborenes Kind, das er mit seiner Frau aufzieht. Als die Eheleute von Rhiannons traurigem Los hören, werden sie sich der Ähnlichkeit des Knäbleins mit Pwyll bewusst. Sie bringen ihn zu seinen wahren Eltern; Pwylls Ratgeber gibt ihm den Namen Pryderi vab Pwyll, »Sorge, Sohn von Verstand« (auch dies ein Hinweis auf den hohen Wert der klug berechnenden Vorsicht); und Dyfed und Gwent schließen einen Bund.

Im dritten Zweig gibt Pryderi Manawydan seine verwitwete Mutter Rhiannon zur Frau. Dyfed wird von einem Zauber befallen, der das Land seiner Bewohnern beraubt, und etwas später werden auch Pryderi und Rhiannon entrückt, als sie eine neu erbaute Burg mitten in der Einöde betreten. Schließlich findet Manawydan den Grund des Zaubers heraus: Ein Freund Gwawls hat sich so für Gwawls Behandlung bei Rhiannons Hochzeit gerächt. Nun verhandelt Manawydan so lange mit diesem, bis Dyfed von dem Zauber erlöst ist und Rhiannon und Pryderi zurückkehren. Zum Abschluss fordert er, dass niemand je dafür Rache nehme, weder an Rhiannon und Pryderi noch an ihm selbst.

Der zweite und vierte Zweig, *»Branwen, Tochter von Llyr«* und *»Math, Sohn von Mathonwy«*, die im nördlichen Gwynedd spielen, sind im Ton härter. Beide handeln von menschlicher Maßlosigkeit. In *»Branwen«* siegen Ehrsucht und Neid über klug berechnende Vorsicht. Branwen, die Schwester König Bendigeidvrans von Britannien und Manawydans, soll mit König Matholwch von Irland vermählt werden. Ihr Halbbruder Efnisien will die Heirat verhindern, indem er Matholwch schwer beleidigt, doch sie findet nach Bezahlung eines reichen Ehrenpreises trotzdem statt. Kurz nach der Geburt von Branwens Sohn Gwern kommt es in Irland zu einer verspäteten Reaktion auf Matholwchs Beleidigung. Dieser muss Branwen verstoßen, worauf Bendigeidvran Irland angreift. Als die Iren zu Verhandlungen erscheinen, wirft Efnisien den kleinen Gwern ins Feuer, um den Frieden zu torpedieren. Das nun folgende Gemetzel überleben auf irischer Seite nur fünf schwangere Frauen (daher die Fünfteilung der Insel); von den siegreichen Briten entkommen nur sieben, darunter (die bis dahin nicht erwähnten) Manawydan und Pryderi. Auch Branwen überlebt, stirbt aber bei der Rückkehr nach Gwynedd an gebrochenem Herzen.

Die zerstörerische Macht sexueller Begierde findet in der prüderen Erzählliteratur von Wales nur in *»Math«* Beachtung. Math, der König von Gwynedd, braucht eine jungfräuliche Fußhalterin, außer wenn er Krieg führt. Sein Neffe Gwydion stürzt Gwynedd in einen Krieg mit Dyfed (in dem Pryderi fällt), damit sein Bruder Gilfaethwy die Fußhalterin vergewaltigen kann. Zur Strafe verwandelt Math die Brüder nacheinander in ein Paar Hirsche, Wildschweine und Wölfe und lässt sie abwechselnd ein Jungtier werfen. Ihre Schwester Aranrhod, zur neuen Fußhalterin ausersehen, »verliert« beim Jungfräulichkeitstest ein Knäblein, das sich sofort zur See davonmacht, und ein embryonisches Wesen, dessen sich Gwydion annimmt. Die zweite Hälfte der Erzählung ist diesem Kind gewidmet. Aranrhod beschließt, ihm Namen, Waffen und Ehefrau (von der damaligen Rasse) vorzuenthalten, da sie seine Existenz als Schande erfährt. Doch Gwydion weiß sie bei Namengebung und Waffennahme zu überlisten und zaubert schließlich für Lleu *Llawgyffes,* (»mit der geschickten Hand«) eine Frau aus Blumen, Blodeuwedd, »Blumengesicht«. Diese tut sich mit ihrem Liebhaber zusammen, um Lleu zu töten, aber Gwydion macht ihn wieder lebendig, so dass er Math als Herrscher nachfolgen kann.

Die zwei Einzelstücke

Beide lassen sich als Pseudogeschichte verstehen. »*Cyfranc Lludd a Llefelys*« (»Die Geschichte von Lludd und Llefelys«) finden wir erstmals um 1200 in einer kymrischen Version von Geoffrey von Monmouths »*Historia Regum Britanniae*« von 1138. König Lludd von Britannien erlöst die Insel mit dem Rat seines Bruders Llefelys von Frankreich von drei Heimsuchungen. Die zweite Heimsuchung, ein Schrei, der jede erste Mainacht erschallt und das Land unfruchtbar macht, liefert die Erklärung für den rätselhaften Fund unter Vortigerns Burg in HB. Der Schrei wird von zwei kämpfenden Drachen verursacht, die Lludd unschädlich macht, indem er für sie ein Gefäß mit Met bereitstellt und sie, sobald sie darin trunken in Schlaf fallen, mitsamt dem Gefäß am sichersten Ort der Insel begräbt.

Im dem etwa gleich alten »*Breudwyt Macsen Wledig*« (»Fürst Maxens Traumgesicht«) macht sich ein römischer Kaiser auf die Suche nach einer wunderschönen Prinzessin, die er im Traum gesehen hat und schließlich in Wales findet. Maxen liegt jener Magnus Maximus zugrunde, der 383 n. Chr. in Britannien von seinen Truppen zum Kaiser ausgerufen wurde und kurz danach zum Festland zurückkehrte. Die Erzählung endet mit einer Erklärung für die britische Besiedlung der Bretagne.

Die fünf Arthurerzählungen

»*Mal y kavas Kulhwch Olwen*« (MKO) ist nicht nur sprachlich und stilistisch die älteste der elf erhaltenen kymrischen Erzählungen, sondern die älteste erhaltene Arthurerzählung überhaupt. Sie illustriert, dass Britannien nur den Widerschein einer nüchternen, auf Realitäten gerichteten Epik bewahrt hat. Während Arthur in den ältesten Texten gegen die historischen Feinde Britanniens kämpft, sind seine Gegner in MKO und den inhaltlich verwandten Gedichten »*Pa gwr yw y porthawr*« (»Wer ist der Pförtner?«) und »*Preiddeu Annwfn*« (»Beutestücke aus der Anderwelt«) fiktive Figuren. Als Verteidiger der Insel gegen jede denkbare Gefahr erinnert er an Finn. Unter Einfluss der politischen Prophezeiungen entwickelt er sich später zu einem *mab darogan*, einem der vorhergesagten Befreier Britanniens.

In der vorliegenden Fassung, die in die 1080er-Jahre datiert wird, liefert die Werbung Kulhwchs um Olwen den Rahmen für eine Reihe von Arthurabenteuern, die z. T. weiter zurückreichen. Der Arthur von MKO ist nicht der volkstümliche Bezwinger von Ungeheuern, den eine von der Märchenforschung geprägte Literaturwissenschaft in ihm sehen wollte, sondern ein ruhmreicher inselkeltischer Herrscher, der Heldenmut mit klug berechnender Vorsicht paart, und dessen Macht sich ins benachbarte Ausland auszudehnen beginnt. Sein Hof erinnert an Emain Macha, sein Verhältnis zu Kei an das Conchobars zu Cú Chulainn. Kei ist wie Cú Chulainn ein vorbildlicher keltischer Held, der seine Schützlinge bis in den Tod verteidigt. Doch er ist

Der britische Arthur

In HB, dem ältesten Textzeugen, ist Arthur der Anführer der Truppen Britanniens gegen die Sachsen. (Die letzte Schlacht, bei Badon, erwähnt schon Gildas im 6. Jahrhundert als wichtigen britischen Sieg, doch ohne den Namen des Anführers.) Das »*Gododdin*« führt ihn als vorbildlichen Krieger an. Die »*Annales Cambriae*« aus dem 10. Jahrhundert nennen neben Badon auch Camlann, wo Arthur zusammen mit einem nicht näher bekannten Medrawt gefallen sei. In den der HB im 10. Jahrhundert beigefügten *Mirabilia* wird der legendarische Arthur sichtbar: Arthur *miles*, »Krieger« jagt den Eber Troit, wobei sein Hund Caball auf einem Stein einen Fußabdruck hinterlässt, und tötet einen der eigenen Söhne, Amr. Die heroischen Themen werden hier schon mit volkstümlichen Zügen verknüpft: Der Stein mit Caballs Fußabdruck kehrt stets an seinen Ort zurück, und Amrs Grab wechselt fortwährend die Maße.

weniger offen für neue Entwicklungen als Arthur. Ein satirisches Gedicht, das dieser auf ihn macht, führt zum Bruch zwischen ihnen (eine Ankündigung von Keis Niedergang in der festländischen Artusliteratur?).

Die Arthurabenteuer handeln von Belagerungen, der Befreiung von Gefangenen, Kämpfen gegen *Outlaws* und dämonische Kriegerinnen, Plünderungskriegen in Irland und auf dem Festland, der Jagd auf zerstörerische Tiere. Die Taten werden teils von Arthur als (strategisch begabtem) Anführer der Truppen Britanniens, teils (bis zum Bruch) von Kei und dessen Gefährten Bedwyr vollbracht. Die Einbettung in die Rahmengeschichte führt gegenseitig zu Anpassungen. Die Brautwerbungsgeschichte wird »arthurisiert«: Als die Stiefmutter Kulhwch die *geis* (kymrisch *tynged*) auferlegt, er könne einzig Olwen, die Tochter Ysbaddadens, als Frau gewinnen, rät ihm sein Vater, die Hilfe Arthurs anzurufen – die Mütter Arthurs, Kulhwchs und Goreus (s. u.) sind Schwestern in der kymrischen Tradition. Arthur ist bereit zu helfen, aber nicht vorbehaltlos (so wird er sein Schwert Caledfwlch und seine Gattin Gwenhwyfar nie hergeben). Olwens Vater Ysbaddaden *Pennkawr* (»Oberriese«, älter »Oberkämpe«) entpuppt sich als ein gefährlicher Herausforderer Arthurs, der bereits Goreus dreiundzwanzig Brüder getötet hat.

In den Arthurabenteuern verschiebt sich der Nachdruck von der eigentlichen Heldentat auf die Eroberung der Gegenstände, die der Brautvater vom Werber für das Hochzeitsfest fordert. So geht es bei der Jagd auf den Eber Trwyth um dessen Stoßzähne, aus denen ein Kamm und eine Schere für Ysbaddaden verfertigt werden sollen. Auch hat allerlei volkstümliches Material Eingang gefunden, u. a. das Motiv der ältesten Tiere, deren Rat benötigt wird, um einen berühmten Gefangenen aufzuspüren. (Auffallend ist, dass Arthur sorgfältig von derartigen Begegnungen fern gehalten wird.) Die Arthurmaterie ist jedoch nicht vollständig mit der Brautwerbung verschmolzen, wie die Abwesenheit Kulhwchs in den Arthurabenteuern zeigt: Nachdem er die Forderungen des Brautvaters entgegengenommen hat, verschwindet er aus dem Blickfeld bis zur Schlussszene, in der er Olwen in Empfang nimmt, während Goreu sich an Ysbaddaden für den Tod seiner Brüder rächt.

Dass sich der Autor von MKO in der traditionellen Gelehrtheit auskannte, bezeugen der mehr als 220 Namen lange Katalog von Arthurs Kriegern und die Liste von Ysbaddadens gut vierzig Forderungen, die zusammen mehr als ein Viertel des Texts ausmachen.

Vom britischen Arthur zum Arthur der Tafelrunde

Durch die normannische Eroberung Englands 1066 entstand ein weiter Kulturraum unter französischer Dominanz. An den zweisprachigen Fürstenhöfen im Süden und Südosten von Wales lernte die normannische Elite die kymrische Arthurliteratur schätzen. Bei der Verbreitung der *matière de Bretagne* spielten auch die Bretonen und Flamen eine Rolle, die mit den normannischen Truppen nach Wales gekommen waren.

Walisische Literatur der Neuzeit

Grundlage der modernen Prosa ist die Bibelübersetzung von William Morgan (1588). Einfluss hatten ferner die Methodistenprediger. Im 18. Jahrhundert gründeten Exilwaliser in London zur Pflege der eigenen Kultur die Gesellschaft der *Cymmrodorion*; einer von ihnen, Iolo Morganwg (1747–1826), stattete das »Dichtertreffen« des *Eistedfodd* mit druidischen Riten aus und »ergänzte« die alten Handschriften mit diversen Fälschungen. In der Dichtkunst kamen Hymnen und freie Metren auf. Vom 19. Jahrhundert an kennt Wales neben Dichtern auch namhafte Roman- und Kurzgeschichtenautoren. Jetzt hat es die vitalste und reichhaltigste Literaturproduktion von allen keltischsprachigen Ländern.

Ein weiteres Beispiel, wie sich der britische Arthurstoff dem verändernden Publikumsgeschmack anpasste, ist die vermutlich jüngste Mabinogionerzählung, »*Breudwyt Ronabwy*« (BR, »Rhonabwys Traumgesicht«). Rhonabwy, ein Abgesandter des historischen Königs Madog ap Maredudd von Powys (gest. 1159), hat im Traum eine Begegnung mit Arthur und seinen Kriegern, denen die Bewohner Britanniens im 12. Jahrhundert wie Zwerge erscheinen. BR spielt auf die Schlacht von Camlann zwischen Arthur und seinem Neffen und Ziehsohn Medrawt (als etwas Vergangenem?) an und erwähnt die Mobilisierung der Truppen Britanniens und Skandinaviens (!) für die Schlacht von Badon, die jedoch auf Gesuch des Gegners, Osla Großmesser, vertagt wird. Der Autor wirft den Dichtern vor, dass sie sich unverständlich ausdrücken, und den Erzählern, dass sie sich in Äußerlichkeiten verlieren. BR ist nicht nur sehr verschieden datiert (zwischen 1150 und 1300), sondern auch sehr verschieden interpretiert worden. Am überzeugendsten ist, darin eine Parodie zu sehen.

In den so genannten Romanzen »*Owein*«, »*Gereint*« und »*Peredur*« spielen die Abenteuer der Arthurhelden in einer Phantasielandschaft statt in dem toponymisch greifbaren Britannien der kymrischen Arthurtradition, und wie in den festländischen Werken erscheint Arthur als passiver Mittelpunkt seiner Welt und Kei als Nörgler.

Diese drei Erzählungen sind deutlich von Chrétien inspiriert, doch es sind freie Adaptionen. Die Atmosphäre ist häuslicher, u. a. in der Eingangsszene des »*Owein*«, wo Kei für die Hofgesellschaft aus der Küche eine Kanne Met und eine Hand voll Fleischspießchen holt, während Arthur ein Nickerchen macht. Der geistige Horizont ist enger: Von der Problematik des Verliegens[3] in Chrétiens »*Erec*«, oder deren Pendant im »*Yvain*«, der Vernachlässigung der ehelichen Liebe zugunsten des Ritterlebens, ist in den kymrischen Werken kaum etwas zu finden, und anstelle der Gralserfahrung in »*Perceval*« finden wir in »*Peredur*« eine Rachegeschichte. Wie bereits erwähnt, war der inselkeltischen Welt die Vorstellung geistigen Wachstums fremd. Ihre Figuren stellen sich den Schwierigkeiten (die v. a. kämpferischer Natur sind), ohne in eine Persönlichkeitskrise zu geraten oder zu tieferer Einsicht zu gelangen. Wie Irland blieb auch Wales in der kulturellen Renaissance des 12. Jahrhunderts abseits.

DIE LITERATUR DER KELTISCHEN BRETAGNE

Da die Oberschicht schon im 10. Jahrhundert dem Französischen den Vorzug gab, sind vor dem 15. Jahrhundert nur Glossen und Eigennamen erhalten. Die dann einsetzenden Übersetzungen und Nachahmungen französischer Werke sind vorwiegend religiöser Art. Besonders beliebt waren Heiligenleben und Mysterienspiele. Eine eigenständige bretonische Literatur kam erst mit dem Interesse der Romantik für die Volkstradition auf.

Frankreich verhielt sich der Bretagne gegenüber zwiespältig. Für die Anhänger der Französischen Revolution bedeutete die keltischsprachige und tief katholische Halbinsel ein Hindernis für die Verwirklichung ihres Einheitsideals. Doch Napoleon, ein Bewunderer Macphersons, unterstützte 1805 die Gründung einer »*Académie Celtique*« zur Erforschung der keltischen Wurzeln der französischen Kultur. Treibende Kraft war dabei Le Gonidec, der als Erster die Bibel ins Bretonische übersetzte und mit seiner »*Grammaire celto-bretonne*« (1807) und seinem »*Dictionnaire*« (1821) Bretonisch zur Kultursprache erhob. Die Bretagne wurde zum Schottland Frankreichs.

Das Sammeln mündlicher Volkslieder und -balladen begann mit Hersart de la Villemarqué (1815–95), der 1838 für Lady Guests Mabinogionprojekt eine Ausgabe von Chrétiens »*Yvain*« besorgte. 1839 erschien seine zweisprachige »*Barzaz Breiz*« (»Gedichtsammlung der Bretagne«), in der er die verlorene bretonische Literatur seit den vorchristlichen Druiden zu rekonstruieren versuchte. Wie Macpherson hielt er die eigene keltische Kultur für ursprünglicher als die der (bedeutenderen) Schwestersprache. Auch in seinem Fall sind v. a. der Kommentar und die Rückdatierungen irreführend, aber die von ihm verwendeten Texte sind großenteils echt, wie seine wieder gefundenen Aufzeichnungen bezeugen. Noch seine Nachfolger glätteten ihre Texte sprachlich und inhaltlich, beschränkten sich aber in ihren Kommentaren auf Quellenangaben. François-Marie Luzel (1821–1895), der Grimm der Bretagne, gab zwischen 1868 und 1890 je zwei Bände *Gwerziou* (Balladen) und *Soniou* (lyrische, satirische und religiöse Gedichte) und ferner fünf Bände Prosaerzählungen heraus. Von ihm stammt auch die bedeutendste Handschriftensammlung mit Mysterienspielen. Für Anatole Le Braz (1859–1926) gehörte die Bretagne, wie er sie in seiner »*Légende de la Mort*«, einer Legendensammlung rund um den Tod, hervorrief, bereits unwiederbringlich der Vergangenheit an.

Eine moderne literarische Bewegung kam im 20. Jahrhundert mit Gedichten, Erzählprosa, Theaterstücken und Zeitschriften wie »*Gwalarn*« und »*Al Liamm*« auf. Einer der vielseitigsten modernen Autoren war Roparz Hemon (1900–1978).

KELTISCHES RECHT

Jede Gesellschaft bedarf zum Zusammenhalt einer Rechtsordnung. Jedes Volk hat eigentümliche Sitten und Gebräuche, die immer als »uralt« bezeichnet werden. Untersuchungen zeigen jedoch, dass jede Rechtsordnung in der Regel Junges und Altes, Eigenes und von anderen Übernommenes enthält.

Im Falle der Kelten des Altertums fehlen uns direkte Quellen. Durch die Berichte der griechischen und römischen Schriftsteller werden wir jedoch über einige Grundzüge der gallischen Gesellschaftsordnung informiert (drei soziale Schichten, keine Könige mehr). Zu den vielfältigen Aufgaben der Druiden (vgl. das Kapitel »Religion«) gehörte auch die Schlichtung privater und öffentlicher Streitigkeiten, die Vermittlung bei kriegerischen Konflikten und die Urteilsfindung bei Tötungsdelikten. Besonders schwierige und strittige Fälle wurden der Jahresversammlung der Druiden im Gebiet der Carnuten unterbreitet. Einzelheiten werden leider nicht mitgeteilt, doch muss auf ein recht differenziertes System der Rechtsprechung geschlossen werden. Die Praktiken der Rechtsfindung sind vermutlich einerseits denjenigen der römisch-griechischen Welt (Zeugenvernehmung, Eide) so ähnlich gewesen, dass Caesar und die anderen Autoren sie gar nicht erwähnt haben. Andererseits werden sie denjenigen geglichen haben, die wir aus den mittelalterlichen irischen und walisischen Rechtsbüchern kennen.

Praktisch alles, was über keltisches Recht gesagt werden kann, beruht auf diesen frühmittelalterlichen Quellen. Die irischen Textsammlungen sind, wie schon ihre Sprachform zeigt, in ihren kanonischen Teilen sehr alt (7. – 8. Jahrhundert); die Kommentare stammen aus vielen folgenden Jahrhunderten. Die walisischen Texte behaupten (vermutlich zu Recht), auf eine von König Hywel Dda (10. Jahrhundert) veranlasste Sammlung und Redaktion der einheimischen juristischen Tradition zurückzugehen. Sie sind aber in vielen Einzelheiten deutlich jünger. Demgegenüber verrät das irische Recht durch eine Fülle von sehr altertümlichen Einzelheiten, dass es alten Traditionen stark verpflichtet ist. Mit gebührender Vorsicht darf es als Reflex altkeltischer Rechtsvorstellungen verstanden werden. Bisweilen scheinen sogar altindogermanische Züge durch, wie durch Vergleich mit entsprechenden Einzelbestimmungen etwa der hethitischen Gesetze gezeigt werden konnte.

In deutscher Sprache gibt es keine zusammenfassende Darstellung des heutigen Kenntnisstandes. Der Bonner Keltologe Rudolf Thurneysen (1857–1940) hat in den Dreißigerjahren des vergangenen Jahrhunderts zahlreiche Rechtstexte philologisch erschlossen und damit den Anstoß zur Erforschung der höchst umfangreichen Quellen gegeben.[1] Aber auch in Irland arbeiten nur wenige Gelehrte daran; die allermeisten Texte sind noch nicht übersetzt, geschweige denn erschlossen.

Der Bonner Rechtshistoriker Ferdinand Walter (1794–1879) hatte sich im 19. Jahrhundert enthusiastisch dem walisischen Recht zugewandt; seine Arbeit wurde jedoch nicht fortgesetzt. Die walisische Forschung der letzten 50 Jahre hat sich durch Handschriften-Editionen verdient gemacht. Eine zusammenfassende rechtsvergleichende Darstellung fehlt jedoch nach wie vor.

Der folgende Abriss beruht v. a. auf den beiden Werken von F. Kelly und D. Jenkins (siehe Literaturhinweise am Schluss des Bandes). Ausdrücklich muss darauf hingewiesen werden, dass wir nicht wissen können, ob die in den irischen bzw. walisischen Gesetzen aufscheinenden gesellschaftlichen Verhältnisse in allen Einzelheiten den tatsächlichen, realen Gegebenheiten entsprechen. Vermutlich stellen sie eher einen Idealzustand vor, der gewiss als Ausgangspunkt bei der jeweilig aktuellen Rechtsfindung diente. Neben dem irischen weltlichen Recht stand von Anfang an das Kirchenrecht, dem der Klerus samt seinem Besitz (einschließlich des dazugehörigen Personals) unterlag. Es ist aber römischen Ursprungs und wird daher in dieser Darstellung nur ausnahmsweise erwähnt. Wie wohl die allermeisten vormodernen Rechtssysteme unterscheiden sich die beiden alten keltischen von unseren heutigen in erster Linie durch den Grundsatz, dass keineswegs alle Menschen vor dem Gesetz gleich sind, sondern im Gegenteil jeder einem bestimmten gesellschaftlichen Stand angehört, der u. a. seinen Rang und damit seine rechtliche Stellung bestimmt. Hier muss daher gleichzeitig die alte irische Gesellschaftsstruktur, wenigstens in groben Zügen, geschildert werden.

IRISCHES RECHT

An der Spitze des Staates (Stammes, ir. *túath*, »Volk«, gall. *toutā*) stand der König (*rí,* vgl. gall. *–rix*, »König« in Personennamen). Er genoss besondere Privilegien; aber auch viele andere Personen, ja sogar Orte und Bäume (wohl ehemals so genannte heilige Orte, heilige Bäume), waren durch Privileg (ir. *nemed*, vgl. gall. *nemeton*, »Heiligtum, heiliger Hain«) herausgehoben. (Die beiden Klassen der Privilegierten sollten besser nicht als »Adel« bezeichnet werden.) Privilegierte 1. Klasse (ir. *sóernemed*, »frei privilegiert«) waren neben dem König die Dichter (*fili*, Pl. *filid*), Kleriker und Herren (*flaith*, eig. »Herrschaft«); der 2. Klasse (*dóernemed*, »unfrei privilegiert«, angeblich so benannt, weil der 1. Klasse dienstbar) gehörten die Juristen, Ärzte, Schmiede und sonstigen Handwerker (einschließlich der Kunsthandwerker) an. Die Masse der Bevölkerung besaß keinerlei *nemed.* Sie bestand aus freien und unfreien Bauern und Viehzüchtern. Sie wurden allesamt als Klienten (*céile*, wtl. »Gefährte«) bestimmt, d. h. als Abhängige. Die erste Untergruppe (*sóerchéile*, »freier Klient«) hatte sich freiwillig in eine bloß geschäftliche Abhängigkeit von einem Höhergestellten begeben, konnte dieses Verhältnis aber aufheben oder ändern. Alle anderen (*dóercheile*, »unfreier Klient«, *fuidir*, etwa »Hüttner«, *seuchléithe*, »Leibeigener«) konnten das nicht oder nur theoretisch. Die weitere interne Unterteilung dieser Gruppen, die sich in den Rechtstexten findet, scheint von geringer praktischer Bedeutung gewesen zu sein.

Die unterste Stufe der Gesellschaft bildeten die nicht geschäftsfähigen, d. h. immer von einem Vormund abhängigen, Personen: alle Frauen und Kinder, erwachsene Söhne eines noch lebenden Vaters, Geisteskranke und Sklaven. Letztere zählten, wie überall in der Antike, als »zweifüßiges Vieh« und hatten keinerlei Rechte.

Diese gesellschaftlichen Ränge waren keineswegs unveränderlich. Wer gegen die Etikette verstieß und seine gesellschaftlichen Pflichten nicht erfüllte, stieg ab – das betraf insbesondere alle *nemed*-Personen. Solche Rangminderung hatte ganz handfeste materielle Folgen: der Ehrenpreis (s. u.) wurde reduziert. Ein Niedriggestellter konnte den *nemed*-Status durch besondere Fertigkeiten (vgl. oben die 2. Klasse der Juristen, Dichter, Handwerker usw.) oder durch Reichtum erwerben. Allerdings erreichten erst die Enkel eines reich gewordenen Bauern den vollen Herrenstatus. Beachtenswert ist der Grundsatz *ferr fer a chiniud*, »Besser ist der Mann als seine Geburt«. Nicht zur *túath* gehörige Personen hatten keinerlei Rechtsstatus, bedurften also sofort des Schutzes durch einen Herren oder Vormund (vgl. unten im Eherecht die Einheirat von Fremden). So erklären sich königliche Privilegien für Fernkaufleute[2] (vgl. Ähnliches auch auf dem europäischen Festland).

Niemand stand alleine gegenüber der Gesellschaft oder vor dem Recht. Jeder war Mitglied seiner Familie, seiner Großfamilie, seiner Sippe (*derbhfine*, »echte Familie«, d. h. alle Nachkommen eines gemeinsamen Urgroßvaters in männlicher Linie, vgl. den schottischen *Clan*). Durchgehend herrschte Sippenhaftung: jeder war nach innen gegenüber seiner Sippe verantwortlich, für jeden war nach außen die gesamte Sippe verantwortlich. »Freiheit des Individuums« im modernen Sinne gab es nicht, weder für den Sklaven noch für den König. Jeder war in ein Geflecht von Verbindlichkeiten und Verpflichtungen eingebunden; jede Abweichung kam nicht nur den Täter, sondern die ganzen Sippe teuer zu stehen. Es ist anzunehmen, dass Kriminalität (im heutigen Sinn) relativ selten war. Natürlich kam es zu Auseinandersetzung, Streit und Körperverletzung. Auch für Diebstahl und Mord sahen die Gesetze bestimmte Strafen vor, sodass auch solche Verbrechen vorgekommen sein müssen. Die Gesetzbücher unterschieden zwischen folgenden Straftatbeständen: Tötung, Körperverletzung, Satire (Schmähdichtung, Beleidigung), Verweigerung des Gastrechts, Schutzverletzung (Verletzung von Asyl), Diebstahl, Sachschäden (illegaler Viehtrieb, Baumschäden usw.). Der Richter war gehalten, die Umstände jedes Vergehens zu klären, insbesondere zu prüfen, ob mildernde Gesichtspunkte in Frage kamen, wie z. B. Unfall, Fahrlässigkeit, Unwissen, Notsituation (Nothilfe, Mundraub usw.), Trunkenheit, Geistesstörungen usw.

Kommt uns dies ganz geläufig vor, sind die möglichen Verfahren zur Wahrheitsfindung dagegen recht eigentümlich. Neben den Aussagen von Kläger und Beklagten sowie eventuellen Zeugen spielten Eide und Eideshelfer eine große Rolle. Eide höher gestellter Personen wogen schwerer, konnten also nur durch eine Mehrzahl von Eiden Niedriggestellter aufgewogen werden. Vor Beginn der rechtlichen Auseinandersetzung mussten beide Parteien Bürgen stellen und Pfänder hinterlegen, die gegebenenfalls für die Verwirklichung des Urteils in Anspruch genommen werden konnten. Falls weder durch Zeugen noch durch Eide (von denen die Gesetze mehrere Typen unterschieden) Klarheit gewonnen wurde, entschied das Los (v. a. bei Sachschäden durch Vieh und ähnliche Vergehen, für die es keine Zeugen gab). In anderen Fällen praktizierte man *Ordale* (im Deutschen spricht man auch von Gottesurteilen) verschiedener Art: Wem kochendes Wasser, glühendes Metall und Gift nichts antat, der musste unschuldig sein. Eine besonders beliebte Art von Gottesurteil war der Zweikampf, der nur nach strengen Regeln ausgefochten werden durfte, sollte er juristischen Wert haben. Seit dem 6. Jahrhundert versuchte die Kirche, Zweikämpfe als Gottesurteile abzuschaffen.

Am Ende des Verfahrens stand das Urteil, das nur von einem ausgebildeten und anerkannten Richter (ir. *brithem;* über die Zuständigkeit entschied im Zweifelsfall der König), ausgesprochen wurde. Im Gegensatz zu den meisten Strafrechten bis in die Gegenwart hielt das irische Recht Vermögens- und Leibesstrafen für ausreichend, um Verbrechen aller Art zu sühnen. Die Todesstrafe war äußerst selten und wurde praktisch nur vom christlichen Kirchenrecht (nicht-keltischer Herkunft!) gefordert; gewöhnlich erlaubte das irische Recht als Alternative den Verkauf in die Sklaverei. Es gibt Hinweise darauf, dass zum Tod verurteilte Verbrecher häufig vom König oder anderen Vornehmen ausgelöst wurden; sie wurden dann zu unfreien Gefolgsleuten.

Bestimmte, besonders ehrenrührige Vergehen wurden mit Exkommunikation bestraft, einer sehr alten und weit verbreiteten Strafe (bei den Römern hieß sie *aquae et ignis interdictio*, »Verbot von Wasser und Feuer«): der Ausgestoßene wurde vogelfrei, niemand durfte ihm helfen, ihn aufnehmen oder beköstigen. Schnelle Flucht ins Ausland (im alten Irland also zur nächsten *túath*) war die einzige Chance des Betroffenen. Dort war er als Fremder zwar auch rechtlos, konnte aber z. B. in eine Gefolgschaft eintreten oder sich auf andere Weise in Schutz begeben.[3] Nach vielen Jahren mochte er dann versuchen, nach Hause zurückzukehren. Strafen waren also in der Regel zu erbringende Zahlungen. Der Begriff »Geldstrafe« eignet sich nicht, da die Gesetze aus einer Zeit stammen, die noch kein geordnetes Geldwesen (Währungen, Münzen) kannte: das ist einer der archaischen Züge des irischen Rechts. Den regelmäßigen Gebrauch von gemünztem Geld haben erst die Wikinger in Irland eingeführt. Als Werteinheiten wurden in den Gesetzen genannt: *cumal*, »Sklavin«, *sét*, »Wertgegenstand«, Stücke Vieh und Unzen von Silber (nach römischem Muster: 1 Unze = 24 Skrupel). Die Äquivalente sind unterschiedlich angegeben, meist war 1 *sét* = 1/2 Milchkuh und 1 Milchkuh = 1 Unze Silber. Der Wert der *cumal* schwankte, er entsprach meist etwa 3 Milchkühen. Bemerkenswert ist das Fehlen von Gold und die Bedeutungslosigkeit von männlichen Sklaven (*mug*) als Zahlungsmittel. In der Praxis dürfte die Milchkuh (samt ihrem Kalb) die gebräuchlichste Währung gewesen sein; auch anderes Vieh und Getreide werden bisweilen als Zahlung genannt.

Die vom Verurteilten bzw. seiner Sippe zu erbringenden Leistungen zerfielen in bis zu drei verschiedene Zahlungen:

1. Ehrenpreis (*lóg n-enech*, »Preis des Gesichts«), der an denjenigen zu zahlen war, dessen Ehre durch das Vergehen berührt worden war. Er differierte sehr stark, je nach dem Rang der verletzten Person.
2. Schadensersatz, in der Regel ein Mehrfaches (wiederum je nach Rang des Geschädigten, aber v. a. nach den Umständen des Falles) des entstandenen Schadens, zu zahlen an den Geschädigten bzw. seine Familie.
3. Strafe bei strafrechtlichen Delikten (meist *díre*, »Zahlung« – das Wort wird auch für andere Zahlungen verwendet), in der Regel an den Herrn oder König zu zahlen.

Wenn der Verurteilte nicht zahlen konnte, seine Familie und Sippe die Leistungen ebenfalls nicht aufbringen konnte oder wollte, konnte der Geschädigte ihn gefangen halten, in die Sklaverei verkaufen oder töten. Wenn der Verurteilte dagegen nicht zahlen wollte, obwohl er dazu in der Lage gewesen wäre, sah das Recht eine Reihe von Erzwingungsmaßnahmen vor (Heranziehung der Bürgen, Zugriff auf Pfänder, Beschlagnahmung usw.). Die Möglichkeiten, einen Schuldspruch auch durchzusetzen, richteten sich v. a. nach dem Rang des Verurteilten. Die wichtigste Beschränkung war das Privileg aller *nemed*-Personen, dass ihr Besitz nicht beschlagnahmt werden konnte. Wer gegen sie einen rechtlichen Anspruch hatte, musste gegen sie fasten. Hier finden wir wiederum einen archaischen Zug, der unmittelbare Parallelen in Indien hat, also als altindogermanisches Erbe betrachtet werden muss: Die einzige Möglichkeit, einen Mächtigeren zur Erfüllung von Verpflichtungen zu zwingen, bestand darin, ihn an seiner Ehre zu packen. Der Gläubiger setzte sich vor die Tür des Schuldners und fastete. Damit war die Ehre des *nemed*-Schuldners gefährdet. Er durfte während des Fastens des Gläubigers selbst auch nichts zu sich nehmen, andernfalls verdoppelte sich automatisch die geschuldete Schadensersatzsumme. Wenn er nicht binnen kurzer Zeit zahlte, verlor er obendrein seinen Rang als *nemed*, so dass sein Besitz dann doch beschlagnahmt werden durfte. Altirische Heiligenlegenden berichten, dass manche Heilige sogar »gegen Gott gefastet« hätten, um ihre Ansprüche auf göttliche Gewährung ihrer Bitten zu erzwingen.

Die Fülle der vermögensrechtlichen Vorschriften, die das Verhältnis von Herren (verschiedenen Rangs) und Klienten (verschiedenen Rangs) regeln, kann hier nicht dargestellt werden, ebenso wenig wie das Nachbarschaftsrecht und vieles andere. Als Grundsatz gilt, dass niemand Geschäfte machen konnte, deren Umfang den Wert seines eigenen Ehrenpreises überstieg. Aus den zahlreichen Bestimmungen seien hier eine besonders altertümliche Vorschrift sowie das im alten Europa einzigartige Familienrecht (Ehe- und Erbrecht) herausgegriffen.

Als *folog n-othrusa*, »*sick-maintenance*«, »Unterhalt eines Kranken«, wurde folgende Verpflichtung bezeichnet: Das Opfer einer Körperverletzung musste neun Tage lang in seinem eigenen Haus von seiner Familie nach Anweisung des Arztes gepflegt werden. Starb es innerhalb dieser Frist, hatte der Täter die volle Tötungsbuße zu zahlen (vgl. unsere »Körperverletzung mit Todesfolge«). Andernfalls musste der Arzt nach neun Tagen feststellen, ob der Patient weiterer Pflege bedurfte und wenn ja, ob er voraussichtlich überleben würde. In diesem Fall wurde der Verwundete in das Haus eines Dritten gebracht und dort bis zur vollständigen Gesundung auf Kosten des Schädigers gepflegt. Das ist ein hoch formalisierter Akt, der die Bereitstellung von Bürgen und Pfändern erforderte und außerordentlich teuer werden konnte. Der Schädiger musste nämlich nicht nur für Arzt und Arzneikosten sowie standesgemäße Unterkunft und Verpflegung des Opfers bezahlen, sondern auch für den Unterhalt von dessen Gefolge, das sich nach dem Rang des Verletzten bemaß.[4] Ferner musste der Schädiger die ausfallende Arbeitskraft des Opfers ersetzen; war das Opfer eine verheiratete Frau in gebärfähigem Alter, hatte ihr Mann Anspruch auf Schadensersatz wegen »verhinderter Fortpflanzung«. Besondere Bestimmungen bestanden auch für den Unterhalt verletzter Kinder. Ganz ähnliche Bestimmungen finden sich in den hethitischen Gesetzen aus dem 16. Jahrhundert v. Chr. Die irische Gesellschaft bewahrte diese archaische Institution bis ins 9. Jahrhundert n. Chr.

Das irische Eherecht findet seine genaueste Parallele im alten Indien. Auch germanische Volksrechte sowie griechische und römische Ordnungen bewahren – in unterschiedlicher Weiterentwicklung und Ausgestaltung – entsprechende Reste altindogermanischer Vorstellungen. Zum besseren Verständnis muss vorausgeschickt werden, dass die Mehrehe (»Vielweiberei«) bis ins hohe Mittelalter üblich war (aus materiellen Gründen v. a. bei den herrschenden Familien). Die Kirche lehnte diese zwar ab, konnte aber dem Hinweis der irischen Juristen auf die Erzväter des Alten Testaments wenig entgegensetzen. Das irische Recht kannte neun Formen der »sexuellen Vereinigung« (*lánamnas*) von denen die beiden letzten keine gültige Ehe begründen können:

1. *lánamnas comthinchuir*, »*union of joint property*«
   Hier brachte die Frau nennenswertes Vermögen (*tinchor*) mit in die Ehe und blieb Miteigentümerin des Familienbesitzes (*bé cuitcherusa*).
2. *lánamnas mná for ferthinchuir*, »*union of a woman on man-property*«
   Hier brachte die Frau nichts oder wenig mit in die Ehe.
3. *lánamnas fir for bantinchur*, »*union of a man on woman-property*«
   Heirat eines mittellosen Mannes mit einer vermögenden Frau.

4. *lánamnas fir thathigtheo*, »union of a man visiting«
   Eine Art Besuchsehe: der Mann besuchte die Frau regelmäßig in ihrem Haus (sie zog also nicht zu ihrem Mann; es wurde auch kein neuer Hausstand begründet), und zwar mit Zustimmung ihrer Familie.
5. Öffentliches Entlaufen:
   Die Frau wurde von ihrer Familie nicht förmlich an den Mann verheiratet, ging aber mit Duldung ihrer Familie zu ihm.
6. *lánamnas foxail*, »Vereinigung des Wegtragens«
   Entführung mit Zustimmung der Frau, aber ohne Erlaubnis ihrer Familie.
7. *lánamnas táidi*, »Diebes-Vereinigung«
   Der Mann besuchte die Frau heimlich, ohne Zustimmung ihrer Familie.
8. *lánamnas éicne nó sleithe*, »Vereinigung durch Vergewaltigung oder Diebstahl[5]«
   Dieses Verfahren wurde vom Eherecht nicht als mögliche Form der Begründung einer Ehe anerkannt, doch gibt es literarische und ethnographische Belege aus anderen Weltgegenden (z. B. im alten Rom; Sizilien) für seine Anwendung.
9. Vereinigung von Geisteskranken:
   Geisteskranke konnten keine gültige Ehe eingehen; wenn aus solchen Vereinigungen Kinder hervorgingen, war derjenige für sie verantwortlich, der auch die Vereinigung zu verantworten hatte, also seine Aufsichts- und Schutzpflichten gegenüber den Kranken verletzt hatte.

Die Hauptgemahlin (*cétmuinter*) sollte nach einer der drei ersten Eheformen geheiratet werden; nachrangige Frauen (in den Texten oft inkorrekt als »Konkubinen« bezeichnet) unterlagen gewöhnlich den Formen 4 bis 7. Nebenfrauen hatten einen verminderten Status (z. B. den halben Ehrenpreis der Hauptgemahlin), aber ihre Söhne waren – unabhängig vom Status der Mutter – gleich erbberechtigt. Die Frau trat in die Familie des Mannes ein, behielt aber Bindungen (auch vermögensrechtlicher Art) zu der ihres Vaters. Wie schon manche Benennungen in der Liste der Eheformen zeigen, wurden Frauen normalerweise von ihrer Familie an den zukünftigen Ehemann verheiratet. Gewöhnlich kaufte der Mann seine Frau: der Bräutigam bezahlte dem Vater der Braut den Brautpreis, von dem ein Teil im Besitz der jungen Frau blieb. Es gab keine Bestimmungen über eine eventuelle Gegengabe, jedoch war die Vermögenseinbringung bei einigen Eheformen genau geregelt – sie war wichtig für die spätere Verfügungsgewalt, bei Ehescheidung und im Erbfall. Kamen die Ehegatten aus unterschiedlichen Ständen (Rängen), wurde das für die niedrigere Partei teuer – sie musste sozusagen den Preis für den gesellschaftlichen Aufstieg bezahlen, z. B. durch Übernahme der Kosten des Hochzeitsfestes und für den neuen Hausstand.

Ehescheidung war aus verschiedenen Gründen rechtlich möglich. Die Gesetze regelten die Vermögensaufteilung sehr genau in Abhängigkeit von der betreffenden Eheform, dem Status der Partner, dem ursprünglich eingebrachten Vermögen und der erbrachten Leistungen (einschließlich Kinder).

Sexuelle und andere Verfehlungen des Mannes berechtigten die Frau zur Scheidung, ebenso Misshandlung und Beleidigung. In jedem Fall waren juristische Formen einzuhalten, um Vermögens- oder gar Ehrverluste zu vermeiden. In der Ehe geborene Kinder galten als ehelich, auch wenn (männliche oder weibliche) Ehehelfer, die das Gesetz bei Unfruchtbarkeit ausdrücklich erlaubte, zum Einsatz gekommen waren.

Wie schon oben bemerkt, waren Frauen grundsätzlich weder rechtsnoch geschäftsfähig, da sie immer unter Aufsicht standen (in älterem Deutsch »Munt« genannt, vgl. Vormund, Mündel): nämlich ihres Vaters, ihres Ehemannes, ihres ältesten Sohnes oder eines sonstigen männlichen Verwandten. Im Einzelnen sieht es jedoch besser aus: Die Frau war Besitzerin ihres Hausrats und durfte in gewissem Umfang selbstständig kleinere Geschäfte tätigen. Wenn sie eine so genannte Erbtochter (*banchomarbae*) war, d. h. keine Brüder hatte, galt sie rechtlich als Mann[6] und ihr Ehepartner war entsprechend rechtlos (auch das ist indogermanisches Erbe, wie Parallelen bei vielen anderen Völkern zeigen). Das Gleiche galt bei Eheform 4 oder wenn eine Frau einen (grundsätzlich rechtlosen, s. o.) Fremden heiratete.

Unabhängig-rechtlichen Status hatten nur Frauen mit besonderen Fähigkeiten: Dichterinnen, Ärztinnen, Handwerkerinnen und andere (z. T. sind die in den Gesetzen auftauchenden Begriffe dunkel). Aus der prinzipiell abhängigen Stellung einer Frau folgte unmittelbar, dass sie für Vergehen auch nicht alleine verantwortlich war. Je nach den Umständen waren Strafen von ihrer Familie einerseits und ihrem Mann oder den Söhnen andererseits zu bezahlen. Schadensersatz für Vergehen gegen eine Frau ging entsprechend an ihren Ehemann.

Sowohl die Rechtsbücher als auch die altirische Literatur kennen den Brauch, Kinder nicht selbst aufzuziehen, sondern anderen (Fremden, Verwandten, aber auch Höher- und Niedrigergestellten) zur Pflege zu geben. Die Institution wird heute meist mit dem englischen Fachwort *fosterage* benannt, das irische Recht spricht einfach von *altramm*, »Aufzucht«. Auf Freundschaft beruhende *fosterage* war kostenlos; in allen anderen Fällen wurde eine – nach Rang des Kindes – gestaffelte Gebühr (3 bis 30 *sét*) fällig. Mädchen waren teurer als Knaben. Die Pflegeeltern waren verpflichtet, das Kind seinem Rang (d. h. dem seines Vaters) entsprechend zu erziehen und zu unterhalten; sie hafteten auch für das Kind. Nicht nur zwischen den leiblichen Kindern der Pflegeeltern und den Pflegekindern, sondern auch zwischen den Pflegeeltern und den Pflegekindern entstand eine lebenslang wirksame affektive und rechtliche Bindung. Der Pflegevater war verpflichtet, seinen getöteten Pflegesohn zu rächen; am Empfang von Bußzahlungen war er wesentlich beteiligt, usw. Die Einrichtung der *fosterage* trug wesentlich zum Zusammenhalt der Gesellschaft bei: Neuere Autoren vermuten, dass der auch auf Island praktizierte Brauch dort nach irischem Vorbild übernommen sei, doch gibt es Fälle von *fosterage* schon in der altgermanischen Heldensage; die Einrichtung muss also grundsätzlich auch bei den Germanen bekannt gewesen sein.

Die irischen Rechtstexte sind in Sammelhandschriften des 14. bis 16. Jahrhunderts überliefert; ihre Sprachform lässt auf erstmalige Abfassung (Redaktion) im 7. und 8. Jahrhundert schließen. Manche Rechtsbegriffe stimmen etymologisch ganz genau mit den entsprechenden Begriffen in anderen keltischen Sprachen überein, sodass auf gemeinkeltisches Alter der betreffenden Regelungen geschlossen werden darf. Einige charakteristische Besonderheiten (s. o.) beweisen darüber hinaus, dass es sich beim traditionellen irischen Recht um eine eigenständige, aus indogermanischem Erbe erwachsene Entwicklung handelt. Sie verdankte sich der Pflege durch Spezialisten (Druiden im Altertum, Juristen im alten Irland und Wales), die die Tradition weitergaben und weiterentwickelten, die Texte aufzeichneten, kommentierten und immer wieder zusammenstellten und abschrieben. In Irland kann man von regelrechten Juristenschulen sprechen, die – ähnlich den Dichter- und Arztfamilien – die Tradition und den Juristenberuf vererbten. Noch englische Autoren des 16. Jahrhunderts waren beeindruckt von der hohen Bildung dieser Leute, die ebenso gut Latein wie Irisch sprachen. Ihre Ausbildung dauerte zwischen 16 und 20 Jahren; wie aus den Glossen (erklärenden Zusätzen), mit dem sie die Texte versahen, ersichtlich wird, beherrschten sie auch das Altirische ihrer Quellentexte ausgezeichnet. Nach der Flucht der letzten einheimischen irischen Fürsten (*Flight of the Earls*, 1603) verloren die Juristenschulen ihre Lebensgrundlage. Die neuen englischen Herren setzten überall englisches Recht durch. Im 17. Jahrhundert war noch gelegentlich von der Anwendung des *Brehon Law*, wie die Engländer das irische Recht nannten, die Rede; im 18. Jahrhundert war es tot. Einigen irischen Juristen gelang es, im englischen Rechtssystem Fuß zu fassen. Im Gedächtnis des Volkes verschwand die einheimische Rechtstradition gänzlich. Ihre Texte gerettet zu haben, ist das Verdienst der Antiquare des 18. und der Gelehrten des 19. und 20. Jahrhunderts.

WALISISCHES RECHT

Die walisischen Rechtstexte (von sehr viel geringerer Zahl als die irischen) finden sich in Handschriften des 13. und 14. Jahrhunderts. Sie enthalten sämtlich einleitende Kapitel, die von einer Rechtssynode sprechen, die König Hywel Dda, Hywel der Gute, im Jahr 940 in Whitland/Ty Gwyn ar Daf versammelt habe, um das traditionelle Recht zu kodifizieren. Das klingt glaubhaft, denn wie aus anderen Quellen bekannt, unternahm dieser König offensichtlich große Anstrengungen, sein Reich nach englischem Vorbild zu modernisieren und die walisische Kultur als der angelsächsischen ebenbürtig darzustellen. Im Prinzip entspricht das walisische Recht dem irischen, da ja beide derselben Tradition entstammen. Wales war aber viel stärker und viel früher als Irland zunächst dem lateinisch-kirchlichen, dann dem angelsächsischen und noch später dem normannischen Einfluss ausgesetzt, sodass v. a. Einflüsse der angelsächsischen Rechtsbücher (in erster Linie der westsächsischen) deutlich sind. Insgesamt spiegeln sie einen gegenüber Irland moderneren, schon hochmittelalterlichen Zustand der Gesellschaft wider, bewahren aber dennoch allerlei altertümliche Eigenheiten, z. B. bei der Inbesitznahme von Land aufgrund eines Rechtstitels (ir. tellach, kymr. dadannudd) (Kelly 186 f. = Jenkins 101.18–104.8). Bemerkenswert ist, dass es auch eine lateinische Fassung der walisischen Gesetze gibt. Als kuriosester Abschnitt der walisischen Rechtsbücher gelten die Bestimmungen über die königliche Katze im »Llyfr Blegywryd«:

»Der Wert einer Katze, die die königliche Scheune bewacht, falls sie getötet oder gestohlen wird: ihr Kopf wird auf einen sauberen Fußboden gelegt, ihr Schwanz hochgehalten, Weizenkörner werden auf sie geschüttet, bis die Schwanzspitze bedeckt ist. Das wird ihr Wert sein. Wenn es kein Korn gibt, ein Milchschaf mit Lamm und seiner Wolle«.

Rechtsgeschichtlich ungleich wichtiger ist ein altkymrisches Dokument, das den Ausgang eines konkreten Rechtsfalls festhält. Da die umfangreiche irische Literatur keinen einzigen bestimmten Fall dokumentiert, ist dieser Text – einer der ältesten walisischen Texte überhaupt – von großer Bedeutung.[7] Es handelt sich um eine Eintragung auf dem oberen Blattrand einer Seite einer prächtigen Evangelienhandschrift (des »*Book of St Chad*«, heute in Lichfield):

»Tutbulc, Sohn des Liuit, aus der Familie des Tutri, war aufgestanden, um Tir Telih (etwa »Stirnland«, Name eines Bauernhofs) zu fordern, das sich in der Hand von Elcu, Sohn des Gelhig, aus der Familie des Iuguret, befand. Sie stritten lange darum. Schließlich sprachen sie (die Richter?) der Familie des Tutri ihre Rechte endgültig (?) ab. Die ‚Guten' (offenbar eine Art Schiedsmänner[8]) sprachen: Lasst uns Frieden machen. Anschließend hat Elcu gegeben: 1 Pferd, 3 Kühe, genauer gesagt drei gerade gekalbt habende Kühe (d. h. also mit ihren Kälbern), nämlich damit es keine Feindschaft mehr geben soll zwischen ihnen wegen des Besitzes bis zum Jüngsten Tag. Nachher (noch) ein schriftliches Dokument, nicht wollen Tutbulc und seine Familie es in Ewigkeit. (Es folgt eine Zeugenliste; zuerst der Ortsheilige, dann 2 Kleriker und eine Gruppe von Klosterältesten; darauf 3 Laien als Zeugen und die Schlussformel:) Wer das achtet, wird gesegnet sein, wer es bricht, wird verflucht sein.«

Ein anderer Eintrag auf derselben Seite macht klar, warum dieses Vermerk in eben diesem Evangeliar steht:

»Hier wird deutlich gemacht (wohl i.S.v. festgehalten), dass Gelhi, Sohn des Arihtiud, dieses Evangelium von Cingal gekauft hat und dass er ihm dafür ein (sein?) bestes Pferd gegeben hat. Er hat dieses Evangelium für seine Seele (sein Seelenheil) Gott und dem heiligen Teilo gegeben und es auf den Altar gelegt. [Unterschriften:] Gelhi + Sohn des Arihtiud und Cincenn + Sohn des Gripiud.«

Der Sohn des Stifters der Handschrift durfte den endgültigen Besitz des umstrittenen Landguts an so herausragender Stelle festhalten lassen.

FOLKLORE

Folklore – das erinnert an Urlaub, an tanzende Menschen in bunter Tracht mit lächelnden Gesichtern, an fremdländische Musik auf urtümlichen Instrumenten. Es erinnert eher nicht an ein spektakuläres Mozartkonzert in Tokio oder den Besuch des Theaterfestivals in Edinburgh. Folklore lenkt den Blick vom Eigenen auf das Fremde im Rahmen der Popular- und Alltagskultur. Die Gegenwart steht dabei im Vordergrund. Das Vergangene trägt seinen Teil dazu bei, indem es Ausgangspunkt und Begründung für aktuelle kulturelle Phänomene sein kann (aber nicht muss).

Der Begriff »Folklore« wurde 1864 von einem englischen Altertumsforscher, William John Thoms (1803–1885), geprägt. Er suchte nach einer griffigen Bezeichnung für sein Interesse an den Ausdrucksformen der »niedrigeren«, zumeist bäuerlichen Bevölkerungsschichten, deren Volkskultur er als reich, faszinierend und untersuchenswert wahrnahm. Schnell entwickelte sich daraus im 19. Jahrhundert eine Wissenschaft, im englischen Sprachraum als *folkloristics*, im deutschen als Volkskunde bezeichnet. Ihr Forschungsgegenstand war primär die Volksliteratur, die mündlich überlieferte Erzählkunst. Erst später kamen weitere Aspekte der Volkskultur hinzu: Kleidung (Tracht), Handwerksgeräte, Haustypen, Sitten und Bräuche, Feste, Lieder und Tänze. Alles wurde notiert, beschrieben, abgezeichnet oder fotografiert, abgelauscht – nicht anders als ein moderner Ethnologe mit einem neu entdeckten Eingeborenenstamm umgehen würde. Die Märchen, Sagen und Legenden wurden als Zeugnisse lebendiger Kreativität geschätzt und trugen maßgeblich zu einer Aufwertung der ärmeren Bevölkerungsschichten bei. Das gesammelte Erzählgut durchlief allerdings zunächst eine sprachliche und inhaltliche Überarbeitung, ehe es derart »bereinigt« zur Märchenwelt unserer Kindheit werden konnte.

Natürlich können nicht alle Aspekte der Alltagskultur der Kelten besprochen werden. Den Schwerpunkt in der zweiten Hälfte dieses Beitrags bildet die Musik und das traditionelle Instrumentarium. Beides ist für Außenstehende leichter zugänglich als z. B. die Erzählkultur. Der Leser soll dadurch angeregt werden, selbst einen volkskundlichen Blick auf moderne Alltagskultur zu entwickeln. Diese Blickweise ist offen und wohlwollend gegenüber fremden kulturellen Ausdrucksweisen, jedoch ohne dabei unkritisch zu sein. Die eigene Rolle darf dabei nie vergessen werden: Nehmen wir aktiv teil oder stehen wir als Tourist am Rand? Übertragen wir unsere Träume und Wünsche nach einer intakten heilen Welt auf das, was wir beobachten? Denn was wir sehen und wahrnehmen, wird zuallererst davon bestimmt, wie wir uns selbst begreifen und was wir erwarten und wünschen.

STEREOTYPEN UND KLISCHEES

»Unsere Kelten«: Der Ire hat rote Haare und genießt Guinness bereits zum Frühstück, der Bretone isst pfundweise Crêpes, trinkt Cidre und geht in Holzschuhen zur Feldarbeit. Schotten tragen Röcke mit nichts darunter und die Waliser haben das Dorf mit dem längsten Ortsnamen der Welt. Es ist nicht leicht, in unserer modernen Werbewelt den Klischees zu entkommen und zum Wesentlichen durchzudringen. Wo die Welt durch Globalisierung zusammenrückt und die meisten Länder Europas vereint, mit einer gemeinsamen Währung neues Gewicht in der Weltpolitik zu gewinnen suchen, werden im Kleinen die Unterschiede betont oder gar erst konstruiert. Die Tourismusbranche ist ein finanzmächtiger Propagandist jeglicher Klischees, die dem Geschäft dienen, dabei aber immer bemüht, die Balance zwischen Exotik und Vertrautem zu finden. Warum sollte der Fremde überhaupt die Beschwernisse der Reise auf sich nehmen, wenn doch alles ist wie daheim?

Die Nachfahren der Kelten leben heute größtenteils abseits der klimatisch verwöhnten Gebiete Europas, jenseits der großen Industriegebiete. Auch heute noch finden zahllose Heranwachsende ihr Auskommen fern der Heimat, als Bauarbeiter in Berlin, als Krankenschwester in der Schweiz, als Facharbeiter in den USA. Ihre Landwirtschaft ist benachteiligt und trotz Subventionen kaum überlebensfähig. Natur, Landschaft, aber auch die anziehenden Klischees (»keltische Folklore«) sind so zu einem großen Kapital geworden, das entsprechend beworben wird. Ohne Tourismus wäre mancher abgelegene Landstrich bereits verwaist, ohne Subventionen der Europäischen Union als Kulturlandschaft verloren.

Die Dekonstruktion der Stereotypen sollte beim Begriff »Kelten« ansetzen. Die archäologischen, historischen und linguistischen Aspekte hierzu finden sich in anderen Beiträgen dieses Buches. Aber gibt es auch eine »keltische Folklore«, »keltische Musik«, »keltische Tracht«? Anders herum gefragt: wer käme auf die Idee, von germanischer Folklore zu sprechen, wenn er an bayrische Schnaderlhüpfer, fränkische Zwiefache, elsässische Mazurkas oder Schweizer Polkas denkt? Mehr als ein zweifelndes Stirnrunzeln wäre kaum zu erwarten, und die Betroffenen würden zu Recht auf ihre kulturelle Eigenständigkeit pochen. Nicht anders hier: Die Begriffe »Kelten« und »keltisch« sind im Zusammenhang mit Folklore unpassend, sie sind allenfalls in der Linguistik (»keltische Sprachen«) und in Ortsbezeichnung (»keltische Gebiete«) vertretbar, nämlich für Irland, Schottland, Wales, die Bretagne und die Insel Man. Wie nicht anders zu erwarten, bestehen auch zwischen diesen Ländern mehr Unterschiede als Gemeinsamkeiten. Eine gemeinsame Geschichte, Kultur oder Konfession haben sie nicht, sie bilden keine Nation. Auch eine gemeinsame keltische Sprache gibt es nicht.

KELTISCHE SPRACHEN IM ALLTAG

Die existierenden Reste der keltischen Sprachen in den keltischen Gebieten erlauben keine Kommunikation untereinander (auch wenn man manchmal das Gegenteil versichert bekommt). Der sprachliche Abstand zwischen, sagen wir mal Bretonisch und Walisisch, ist so groß wie der zwischen Hamburger Platt und Rosenheimer Grundmundart (Bairisch). Auch der kulturelle Abstand dürfte ähnlich weit sein: Der Bretone wird den Waliser als sehr englisch, der Waliser den Bretonen als sehr französisch empfinden. Denn natürlich prägt die dominierende Hochkultur und -sprache den Alltag und das Verhalten der Betroffenen auf nachhaltige Weise. Wer wen wie wahrnimmt, wird folglich auch vom Abstand bestimmt, den der Beurteilende jeweils einnimmt. So ist es keinesfalls ein Widerspruch, dass der Pariser den Bretonen dennoch als solchen leicht erkennen wird, wie auch der Waliser in London durch Aussehen und Akzent schnell seiner Herkunftsregion zugeordnet werden kann. Kulturell (und politisch) sind für die keltischen Gebiete also die englische bzw. die französische Kultur dominierend. Schottland ist politisch ein Teil Englands (seit 1707), ebenso Cornwall und Wales (1536). Die Bretagne gehört politisch zu Frankreich, sie verlor bereits 1532 ihre Unabhängigkeit.

Die Republik Irland (ohne die sechs Grafschaften Nordirlands, die 1922 aufgegeben werden mussten) ist ein Sonderfall insofern, als das Land seit 1949 aus dem Commonwealth ausgeschieden ist, also eine unabhängige Nation bildet (*Poblacht na hÉireann/Republic of Ireland* = *Éire*). Umgangs- und Amtssprache ist in Irland dennoch das Englische, wie sich auch die Alltagskultur aus der Sicht eines Mitteleuropäers ziemlich englisch darstellt, trotz deutlich wahrnehmbarer Unterschiede. Dieser Umstand war schon im 19. Jahrhundert eine viel beklagte Tatsache, und auf dem Weg Irlands in die politische Unabhängigkeit wurde unendliche Mühe aufgewendet beim Kampf um eine genuin irische Kultur, die sich unverwechselbar von der englischen zu unterscheiden habe (hierzu mehr im Kapitel »Nachleben«).

Die keltischen Sprachen existieren in den verschiedenen Ländern unter völlig verschiedenen Bedingungen und nehmen daher erwartungsgemäß eine uneinheitliche Rolle im Alltagsleben ein. Gemeinsam ist ihnen ihre Zersplitterung in Dialekte und ihr Minderheitenstatus. In Irland, sollte man annehmen, müssten sich die besten Vorbedingungen für eine starke keltische Sprache finden lassen, ruhte doch der irische Nationalismus im 19. und beginnenden 20. Jahrhundert auf zwei starken Säulen: der irischen Sprache und dem Glaubensbekenntnis (Katholizismus). Tatsächlich bietet kein anderes Land so günstige Rahmenbedingungen: Irisch (= Gälisch) ist gleichberechtigte Amtssprache, fester Bestandteil der Schulausbildung und an manchen Hochschulen sogar Unterrichtssprache. Es gibt einen rein irischsprachigen Radiosender (*Raidió na Gaeltachta*) und einen irischsprachigen

Fernsehsender (TG4, früher *Teilifís na Gaeilge*). Beide haben ihr Zielpublikum in den irischsprachigen Gebieten (*Gaeltachtaí*), können aber auch im ganzen Land empfangen werden. Betrachten wir die Zahlen: wenn auch die Anzahl derer, die das Irische in (bescheidener) Form beherrscht, die Millionengrenze überschreitet, so sind es doch nur rund 40.000, die diese Sprache im täglichen Umgang anwenden. Außerhalb der *Gaeltacht* gibt es Schwierigkeiten, wenn einer auf sein Recht pocht, komplizierte Amtshandlungen auf Irisch abzuwickeln. Und so ist das Keltische auch in Irland seit Jahren ein Kandidat auf der Roten Liste gefährdeter Sprachen. In gedruckter Form ist das Irische hingegen fast allgegenwärtig. Fast überall sind die Ortsschilder und Verkehrszeichen zweisprachig, ebenso Dokumente wie Pass und Personalausweis. Im Bereich des Kunsthandwerks findet vor allem die aus dem Mittelalter ererbte Schrift Verwendung, die *irische Minuskel*, die ab dem 19. Jahrhundert weite Verbreitung im Buchdruck erfuhr. Erst im Jahr 1948 wurde diese Schrift von Staats wegen zugunsten der lateinischen Schrift abgeschafft. Heute tragen zahllose zweisprachige Grußkarten an den Festtagen die Erinnerung an das Irische und seine einstige Blüte in alle Welt.

Zweisprachige oder rein keltische Ortsnamen finden sich heute auch in anderen keltischen Gebieten, häufig ohne Rücksicht auf den Anteil, den die Keltischsprecher an der Bevölkerung tatsächlich besitzen. In der Bretagne werden Bemühungen um zweisprachige Ortsschilder erst unterstützt, seit den Gemeindeverwaltungen klar wurde, wie gut dies den ausländischen Gästen gefällt. Vergessen scheint die Zeit, da der Kampf um die Ortsschilder in der Bretagne und in Wales mit Verve bis hin zu gewalttätigen Aktionen ausgetragen wurde: Schilder wurden übermalt oder gestohlen. Zur gleichen Zeit wurden in Wales englische Ferienhäuser niedergebrannt, um den Ausverkauf des Landes zu stoppen. Regionalismus wurde Anfang der Siebzigerjahre des 20. Jahrhunderts in ganz Europa zu einer politischen Bewegung, wobei die jeweiligen regionalen Besonderheiten herausgestrichen wurden. Mit den jungen städtischen Intellektuellen konnten damals neue Kreise über den begrenzten bäuerlichen hinaus für die Sprache interessiert werden, und manch ein Angehöriger der jungen Generation wollte nun von den Großeltern jene Sprache lernen, die seine eigenen Eltern nicht hatten lernen dürfen. Den keltischen Sprachen hat dies auf Dauer freilich nichts genutzt, was ihre Verankerung im Alltag anbelangt. Im Bereich der Literatur, Kleinkunst (Liedvortrag, Theater) und in der traditionellen Musik hingegen ist der Einfluss jener Aufbruchszeit bis heute spürbar.

Während das Bretonische als Umgangssprache weiterhin praktisch nur als Familiensprache existiert – es wird von vielen Bretonischsprechern als peinlich empfunden, es in der Öffentlichkeit zu sprechen – ist es bei Tanzveranstaltungen und auf Festivals als Liedgut nicht mehr wegzudenken. Die Bretagne ist das Gebiet mit den meisten Sprechern einer keltischen Sprache (um die 200.000), doch diese agieren im Verborgenen. Ganz anders die Situation des Kymrischen (Walisischen). Da ihm nicht wie in der Bretagne der Ruch des Ärmlichen anhaftet, besteht auch kein Grund zur Scham in der Öffentlichkeit. Auf der Insel Man wie auch in Cornwall bewahren lediglich Orts- und Flurnamen die Erinnerung an die verlorenen keltische Sprachen, Manx und Kornisch. Im Alltag spielen sie keine Rolle. Der letzte Sprecher des Kornischen soll John Davey von Boswednack gewesen sein (gest. 1891). Anderen zufolge war eine Fischersfrau, eine gewisse Dolly Pentraeth, die bereits 1777 starb, die letzte Sprecherin. Reste des Kornischen scheinen aber noch im 19. Jahrhundert unter australischen Auswanderern überlebt zu haben. Der letzte Sprecher des Manx-Gälischen, Ned Maddrell aus Cregneash, starb im Jahr 1974.

KONFESSION UND RELIGIÖSES BRAUCHTUM

Die meisten Bräuche in Europa sind religiösen Ursprungs und orientieren sich am Kirchenjahr. Viele Festtermine erinnern an Ortsheilige oder den Tag der Kirchweihe. Das hat bis heute, wo die Mehrzahl der Menschen konfessionell ungebunden oder nicht gläubig ist, seine Gültigkeit. Es gilt als Faustregel, dass Gebiete römisch-katholischen Glaubens reich, protestantische hingegen arm an Brauchtum sind. Seit Augustinus wird das Materielle in der Welt von den Katholiken als Ausdruck von Göttlichkeit verstanden, wodurch Sakral-

^
Umzug am St. Patricks Day, An Cheatrú Rua (1986).

und Popularkultur nicht im Gegensatz zueinander stehen. Lebensfreude und ihre Ausdrucksformen können somit im Einklang mit Religiosität stehen und sind in den Augen des Klerus nicht per se schlecht. Im Protestantismus, besonders unter dem Einfluss der strengen Calvinisten, findet sich hingegen häufig die Ablehnung säkularen Genusses und der Popularkultur, da sie von der eigentlichen Gotteserkenntnis ablenke. Nun gibt es allerdings nicht *den* Protestantismus, sondern eine Vielzahl protestantischer Einzelkirchen, die die unterschiedlichsten Ausrichtungen in unterschiedlicher Strenge vertreten. Dennoch ist die genannte Faustregel hilfreich, um die Unterschiede im Brauchtum der keltischen Gebiete zu erklären. Irland und die Bretagne als katholische Länder sind reich an religiösem Brauchtum. Ein sichtbarer Ausdruck ihrer Frömmigkeit sind die zahlreichen Gebetsstätten neben den regulären Kirchenbauten. In Irland ist die Marienverehrung weit verbreitet, Marienstatuen und nachgebaute Lourdesgrotten finden sich überall. Der heilige Patrick gilt als Nationalheiliger, am 17. März wird er mit einer Messe, mit Umzügen und Umtrunk verehrt (s. S. 175). Viele stecken sich dabei ein Kleeblatt (*seamróg*) an, denn ein solches soll Patrick bei seiner Missionstätigkeit im 5. Jahrhundert zur Veranschaulichung der Trinität benutzt haben (»drei Teile und doch ein Ganzes«). In der Bretagne markierten Kalvarienberge (figürliche Darstellungen der Kreuzigungsszene) den Mittelpunkt vieler Dörfer. Die Bretagne ist überreich an Lokalheiligen, die an den entsprechenden Terminen (*pardonioù*) geehrt werden. Solche Anlässe sind es, bei denen Popularkultur an die Öffentlichkeit tritt und Außenstehende Gelegenheit finden, sie zu beobachten und in Grenzen auch daran teilzuhaben.

TRADITIONELLE MUSIK UND TANZ

Dem Außenstehenden fällt vor allem die traditionelle Musik auf, die er als landestypisch erkennt. Hierbei hilft die Tourismusbranche mit ihrem allgegenwärtigen Bemühen, das Typische herauszustreichen und dem Reisenden den Zugang dazu zu erleichtern. Im Sommer drängen sich die Festivals traditioneller Musik, konkurrieren Straßenmusiker um Aufmerksamkeit und um einen Obolus, dringt traditionelle Musik aus jedem zweiten Pub. Festivals sind gute Gelegenheiten, sich einen Überblick über den momentanen Stand und die angesagten Stile der Szene zu verschaffen. Die Termine sind in Reiseführern und Fremdenverkehrszentralen oder bequem per Suchmaschine im Internet zu finden. Ein Ort in Irland, der sich sozusagen in Dauerfestivalstimmung befindet, ist Doolin in County Clare. Der Ort hat die traditionelle Musik und die zahlreichen ausländischen Besucher zu seiner ökonomischen Basis gemacht. In Doolin ist vor allem die so genannte *session music* zu finden, das gemeinsame Spielen des bekannten Repertoires in offenen Gruppen, zumeist in Pubs. Diese ist von der Tanzmusik völlig getrennt. Manche Sessionmusiker schauen gar verächtlich auf die Tanzmusiker mit ihren Akkordeons und Schlagzeugen herab und missbilligen deren Veranstaltungen, die so genannten *céilí*.

^
Straßenmusiker in Cork (1996).

Tanzveranstaltungen richten sich häufig mehr an ein lokales Publikum, denn für eine aktive Teilnahme ist natürlich die Kenntnis der entsprechenden Tanzschritte Voraussetzung. Wer sich für lokale Traditionen und Stile interessiert, ist bei kleineren Veranstaltungen gut aufgehoben (das gilt besonders für die Bretagne). Da für sie oft nur begrenzt geworben wird, sind Ort und Termine nicht immer leicht herauszubekommen.

Von »keltischer Musik« oder »keltischen Instrumenten« zu sprechen wäre irreführend, da es beides nicht gibt. An Gemeinsamkeiten sind zwar die Einstimmigkeit, die Tendenz zur Verwendung von Kirchentonarten (statt des klassischen Dur/Moll-Schemas) und die Freude an musikalischen Verzierungen festzustellen, das alles findet sich allerdings auch in vielen anderen regionalen Musikstilen Europas. Für diese Stile empfiehlt sich der Begriff »traditionelle Musik« anstelle des veralteten (und irreführenden) Begriffs »Volksmusik«. Traditionelle Musik umfasst das gesungene Lied und die Instrumental- und Tanzmusik. Eine Sonderform ist die wortlose gesungene Tanzmelodie, bei der der Sänger bedeutungslose Silben singt (*poirtín béil, portaireacht/mouth music, lilting*). Dadurch sollte ursprünglich ein Instrument ersetzt werden, das aufgrund von Armut oder Verbot (oft in protestantischen Gebieten) nicht zur Verfügung stand. Auch wenn es heute noch Leute gibt, die diese Form des Singens beherrschen, spielt sie unter modernen Verhältnissen fast keine Rolle mehr. Bei der mündlichen Unterweisung kann man ihr noch begegnen. Das Tanzlied ist wiederum eine Spezialität der Bretagne.

LIED UND TANZLIED

Alle Kulturen kennen Lieder, aber ihre Verbreitung und Wahrnehmung in der Öffentlichkeit ist sehr unterschiedlich. Bei uns in Deutschland werden Kompositionen aus der Romantik »im Volkston« als deutsche Volkslieder angesehen. In den keltischsprachigen Gebieten gibt es hingegen eine große Anzahl von Liedern, auf welche die Bezeichnung »traditionell« tatsächlich zutrifft. Die Gelegenheiten für Lieder (wie übrigens auch für die Erzählkunst) in der Öffentlichkeit sind heutzutage gegenüber früher erheblich eingeschränkt. Sie sind oft in eine private oder halbprivate Sphäre verdrängt worden (Schlaf- und Spottlieder, religiöse und anzügliche Lieder). Arbeitslieder sind praktisch ausgestorben. Die berühmten *waulking songs* (*òrain luadhaidh*) der schottischen Hebriden, wo singende Frauen reihum feuchte Webstücke aus Wolle rhythmisch in Form brachten, gingen mit dem Verlust der wollverarbeitenden Heimindustrie unter. Zusammen mit vielen erzählenden Liedern (Balladen) leben sie heute nur noch in einem Reservat, nämlich als Vortragslied auf Konzerten und Festivals, weiter. Eine sehr beliebte Musik der Conamara-*Gaeltacht* ist heute eine Art Country-Western in irischer Sprache geworden (durchaus kreativ und spritzig), von der die archaisch anmutende *Gaeltacht*-Tradition des *sean-nós*, eines getragenen und reich verzierten Singstils, verdrängt wird. Andererseits hat der *sean-nós* vor kurzem in Limerick und Galway den Sprung in die akademische Welt geschafft (*amhránaí sean-nóis cónaithe/Singer in Residence*). Eine besonders beeindruckende Entwicklung nahm das religiöse Lied auf den ansonsten an Popularkultur ärmeren äußeren Hebriden. Die Presbyterianer pflegen dort eine in der mittelalterlichen Hymnologie wurzelnde Singkultur, deren reich verzierte Hymnen der Kunstfertigkeit des *sean-nós* in nichts nachstehen. Auch zu dieser Kultur ist der Zugang für eine breitere Öffentlichkeit allerdings beschränkt. Eine neue Form unverbindlichen gemeinschaftlichen Singens bietet die Pubkultur in Irland. Auch die beliebten Gesellschaftsabende der Iren und Schotten (*céilí*), in deren Verlauf jeder Anwesende sein *party peace* zum Besten zu geben hat, bilden ein modernes Forum für den Liedvortrag.

KAN HA DISKAN, DER BRETONISCHE WECHSELGESANG

In der Bretagne ist das gesungene Tanzlied auf Bretonisch und ohne Begleitung die Regel. Wenn heute die Tanzmelodien auch rein instrumental vorgetragen werden, so ist dies als Neuerung anzusehen. Die Tanzlieder werden im Wechselgesang vorgetragen: Ein Sänger singt eine musikalische Phrase von vier oder acht Takten, die dann vom anderen wiederholt wird. Im letzten Takt überschneiden sich beide Sänger. Diese Singweise heißt auf bretonisch *kan ha diskan*, sie ermöglicht ein Absingen der strophenreichen Lieder ohne Holpern und Unterbrechungen, wie es bei einem Tanz erwartet wird. *Kan ha diskan* ist zweifellos das wichtigste und typischste Merkmal bretonischer traditioneller Musik (auch die Kombination von *bombard* und *binioù kozh* [siehe unten] folgt diesem Schema). Kein anderes keltisches Gebiet kennt diesen Singstil oder weist der Stimme beim Tanz eine solche Bedeutung zu. Seine Domäne sind die nächtlichen Tanzveranstaltungen im Freien, die *festoù noz*. Das Repertoire besteht aus Tänzen wie *gavotenn ar menez, dañs plinn* und *dañs fisel*, die dreiteilig aufgebaut sind. Der Mittelteil (*tamm kreiz*) hat ruhigere Teile und dient der Erholung. Die genannten Tänze stammen aus der Zentralbretagne. Heute werden aber häufig Tänze aus allen Regionen der Bretagne gemischt, man kann also auch südbretonische Tänze wie *hanter dro, an dro, kas-a-barh* und *laridé* im Gebiet der Gavotte finden (und umgekehrt), auch Tänze aus der Haute-Bretagne wie *avant-deux* und *pach-pi*. Zudem dringen Tänze aus der französischen *bal folk*-Bewegung ein (*scottisch, valse, polka*).

INSTRUMENTARIUM (ÜBERBLICK)

Ein Merkmal lebendiger traditioneller Musikkultur ist, dass prinzipiell alle jeweils verfügbaren Instrumente zum Musizieren herangezogen werden. Entsprechend groß ist die Vielfalt in diesem Bereich. Einschränkungen auf bestimmte Musikinstrumente sind hauptsächlich ökonomisch motiviert, allerdings spielt auch die Frage eine Rolle, ob sich ein Instrument leicht oder schwer erlernen lässt. Transportierbarkeit und Reparaturanfälligkeit sind weitere Aspekte, ebenso die Gewöhnung und dadurch Bevorzugung bestimmter Typen. Musikinstrumente, die die lokalen Handwerker herstellen und reparieren konnten, hatten gute Chancen, sich über längere Zeiträume zu etablieren. Aber ob ein Instrument zur traditionellen Musik »passt« oder nicht, ist zumeist eher das Problem selbst ernannter Heimatpfleger, nicht der Musiker. Überall in den keltischen Gebieten wird traditionelle Musik durch entsprechende Musikwettbewerbe gefördert, und über diese hatten und haben die Brauchtums- und Heimatpfleger verständlicherweise einigen Einfluss auf die Entwicklung von Musikstilen und auf das Instrumentarium (unliebsame Instrumente werden erst gar nicht zugelassen). Einfluss haben auch die Schulen (Musikunterricht).

Das Instrumentarium setzt sich aus traditionellen bäuerlichen und moderneren Instrumenten zusammen, Letztere können der städtischen Unterhaltungsmusik oder gar der Kunstmusik entstammen. Jede neuere Entwicklung oder Mode (Didgeridoo!) schlägt sich mit einiger Verzögerung auch in der traditionellen Musik nieder, soweit dies nicht aktiv unterbunden wird. Das Banjo in Irland ist ein Beispiel für ein Musikinstrument, das sich für die traditionelle Musik wunderbar eignet – es ist robust, laut und lässt sich virtuos spielen –, jedoch lange als »unirisch« geschmäht wurde. Als erfolgreich muss die Geschichte der griechischen Bouzouki angesehen werden, die erst in den Sechzigerjahren des 20. Jahrhunderts von Johnny Moynihan in Irland eingeführt wurde. Sie hat sich in Irland zu einem eleganten Instrument entwickelte, mit einem flachen anstelle des ursprünglich gerundeten Klangkörpers. Generell hatten aber früh übernommene Instrumente (19. Jahrhundert) größere Chancen, später als »passend« angesehen zu werden. Ein gutes Beispiel ist das in Deutschland im 19. Jahrhundert erfundene diatonische Knopfakkordeon (*bosca ceoil/[squeeze] box, button accordion*), das von irischen Musikern beeindruckend virtuos gespielt wird, wobei sie sich zuweilen auf eine einzige Knopfreihe beschränken und auf Akkorde verzichten. Eine ähnlich erfolgreiche Adaption gelang der mit dem Akkordeon verwandten Concertina. Beide Instrumente sollen durch Seeleute nach Irland gelangt sein. Denselben Weg nahm vermutlich auch das Hackbrett, das um 1900 herum in County Antrim verbreitet gewesen sein soll und dort heute noch von ein paar wenigen Musikern beherrscht wird.

Der Kunstmusik entstammen die Geige, die Querflöte, die (Konzert-)Gitarre und die Klarinette. Die Geige (*fidil/fiddle*) wird in allen keltischen Gebieten gepflegt; sie genoss, da sie ein teures, schwer zu spielendes und auch in städtischen Kreisen verbreitetes Instrument war, allgemein hohes Ansehen. Der Einfluss des klassischen Stils ist hier groß. Mancher Geiger, der heute traditionelle Musik spielt, hat zuvor eine klassische Musikausbildung durchlaufen, was sich an der Art, die Geige zu halten und den Ton zu formen (Vibrato!), erkennen lässt. Geiger in Irland und Schottland ohne entsprechende Ausbildung halten das Instrument ganz anders (tiefer geneigt und mehr nach vorne) und bedienen sich einer anderen Bogentechnik. Statt langer Bogenstriche machen sie kurze, wodurch sich die einzelnen Töne stärker akzentuieren lassen, außerdem ohne Vibrato. Überhaupt ist das Vibrato ein geeigneter Indikator für den Einfluss ästhetischer Kriterien aus der heutigen klassischen Musik. Der traditionellen Musik ist das Vibrato fremd, egal ob der Ton mit einem Instrument oder mit der Stimme hervorgerufen wird. In den letzten Jahren hat die Verwendung von Vibrato unter traditionellen Musikern jedoch erheblich zugenommen. Hier kann ein Wandel beobachtet werden, der erstaunlich schnell vonstatten geht. Es gibt kaum noch einen traditionellen Sänger, der seinen Lebensunterhalt mit Konzerten und der Produktion von CDs bestreitet, der auf das Vibrato verzichten würde (eine solche Ausnahme ist z. B. der bretonische Sänger Yann-Fañch Kemener).

Die Klarinette ist mir in der traditionellen Musik der Inseln nie begegnet, sie spielt jedoch eine erhebliche Rolle in manchen Gegenden in der Bretagne, wo sie *treujenn goal* genannt wird. Da die Klarinette eine zylindrische Bohrung aufweist, funktioniert sie nach dem Prinzip der »gedackten Pfeife«: sie produziert einen tieferen Ton, als die Länge des Rohrs vermuten lässt, kann dafür aber nicht in die Oktave, sondern nur in die Duodezime überblasen. Dies muss einerseits mit einem erheblichen Aufwand an Klappen kompensiert werden, wird aber andererseits mit dem größten Tonumfang aller Holzblasinstrumente belohnt. Für die traditionelle Musik der Bretagne ist das nebensächlich. Denn im Gegensatz zur traditionellen irischen und schottischen Musik, deren Melodien sich oft im Umfang von zwei Oktaven bewegen, beschränkt sich der Tonumfang bretonischer Melodien auf eine Oktave und bleibt oft sogar darunter.

Neu in der irischen Musik ist die flache Handtrommel mit Holzrahmen, ähnlich dem Tambourin, jedoch ohne Schellen. Sie wird mit einem kurzen Holzschlegel geschlagen. Die Spielweise hat sich in den letzten Jahrzehnten so weit fortentwickelt, dass das *bodhrán* sogar als Soloinstrument gehört werden kann.

Die Harfen gehörten (entgegen weit verbreiteter Meinung) nie zu den traditionellen Musikinstrumenten, auch wenn es seit den Siebzigerjahren des vergangenen Jahrhunderts Bemühungen gibt, kleine, einfach gebaute Typen innerhalb der Folkszene zu etablieren (s. S. 177). Die neuen Harfen orientieren sich zwar an mittelalterlichen Instrumenten, erreichen deren hohen Entwicklungsstand jedoch nicht. Aus diesem Grund wird das Instrument im Kapitel »Nachleben« behandelt. Die walisische Tripelharfe ist ein sehr spezielles Instrument, das seine vollchromatische Tonleiter durch die parallele Anordnung dreier Reihen von Saiten erreicht. Dieses komplizierte und empfindliche Instrument nimmt seinen Platz im Rahmen der bürgerlichen Kultur ein und gehörte nie der Popularkultur an.

Ein paar wenige Musikinstrumente sollen im Folgenden einzeln besprochen werden. An ihnen lässt sich gut verdeutlichen, warum man nicht von einer einheitlichen »keltischen Musik« oder gar von »keltischen Instrumenten« sprechen kann.

DER DUDELSACK

Dudelsäcke finden sich in mehreren Randgebieten Europas als traditionelle Instrumente, ihre Attraktivität beruht auf ihrer Tonmächtigkeit und dem ununterbrochenen Tonfluss. Das erfordert spezielle Spieltechniken zur Tontrennung und Akzentuierung. Dudelsäcke bestehen aus einem Ledersack für den Luftvorrat, der durch Blasen oder durch einen Blasebalg gefüllt wird und mit Hilfe der Arme unter gleichmäßigem Druck gehalten wird. Dazu kommt eine Melodiepfeife und eine oder mehrere unveränderliche Bordunpfeifen. Die tiefen, anhaltenden Bordunbässe machen den Reiz dieses Instruments aus, sie bilden die stützende Basis, über der sich die Melodie entwickelt. Sie geben dieser Musik ihre eigentümliche Fülle. Seit den letzten zwei Jahrzehnten erfahren Dudelsäcke eine enorme Wiederbelebung in Frankreich und Deutschland, wo sie eine wichtige Rolle in der Folk- und Tanzszene spielen, neuerdings auch in der Mittelalterszene.

Auch für Galizien wurden in den letzten Jahren keltische Wurzeln behauptet und als Zeuge hierfür der galizischen Dudelsack (*gaita*) ins Feld geführt. Im Gegensatz zu den Dudelsäcken in den keltischen Gebieten, wo der schwingungserzeugende Teil der Melodiepfeifen aus einer Doppelzunge besteht (ähnlich wie bei einer Oboe), handelt es sich bei der Gaita jedoch um ein Instrument mit Aufschlagzunge (ähnlich der Klarinette), das dadurch nicht in die Oktave überblasen kann. Aber auch abgesehen von diesem bautechnischen Unterschied hat der Anspruch der Galizier auf keltische Wurzeln ihrer Kultur keine historische Berechtigung.

Schottland, Irland und die Bretagne haben Dudelsäcke in ihrem traditionellen Instrumentarium, sie alle vertreten allerdings eigenständige Typen mit unterschiedlicher Entwicklungsgeschichte, und sie erfüllen auch unterschiedliche Funktionen. Der schottische Dudelsack (*a' pìob mhór/highland bagpipes*) wird als Nationalinstrument angesehen, allerdings ist er kaum der Popularkultur zuzurechnen, sondern ist eher mit dem Militär und den einstmals mächtigen Clans assoziiert. Er ist in Schottland das traditionelle Instrument der Militärkapellen und bei den entsprechenden Anlässen und militärischen Ritualen präsent. Darauf deutet auch die in Irland verbreitete englische Bezeichnung *war pipes* hin.

Der schottische Dudelsack hat drei Bordunpfeifen und eine sich konisch öffnende Melodiepfeife, die einen Tonumfang von neun Tönen hat und aufgrund der Bauweise sehr laut ist. Das Repertoire wird in drei Kategorien aufgeteilt, *pìobaireachd* (oder *ceòl mór*), *ceòl meadhonach* und *ceòl aotrom*. Ersteres ist sozusagen die klassische Musik des Hochlands, deren Wurzeln bis ins 15. Jahrhundert zurück reichen. *Pìobaireachd* umfasst getragene Melodien, oft Totenklagen für einstige Clanchefs, die in der Durchführung kunstvoll variiert werden. Die Namen der Komponisten und die Anlässe der Kompositionen sind zumeist bekannt. *Ceòl meadhonach* und *ceòl aotrom* vertreten die leichtere Muse. *Ceòl meadhonach* umfasst Liedmelodien und *Jigs* im 6/8-Takt. *Jigs* wurden ursprünglich lediglich als Fingerübungen gepflegt, sind heute aber als Tanzmelodien sehr beliebt. *Ceòl aotrom* schließlich ist ein jüngeres Genre, das Militärmärsche im 2/4- und 4/8-Takt sowie die Tänze *Reel*, *Strathspey* und *Hornpipe* umfasst.

Unter dem Namen *biniou̇ braz* (*braz* ist bretonisch für »groß«) hat der schottische Dudelsack seit den Vierzigerjahren des letzten Jahrhunderts auch in der Bretagne Fuß gefasst und bildet dort inzwischen zusammen mit der traditionellen Bombard, einem schalmeiähnlichen Oboeninstrument, dic Dorfmusik. In ihrer Funktion entsprechen diese Musikbands (*bagadou̇*) ungefähr den süddeutschen Blasmusikkapellen, auch die Anlässe sind ähnlich. Der eigentliche traditionelle bretonische Dudelsack heißt *biniou̇ kozh* (*kozh* ist bretonisch für »alt«). Er tritt praktisch immer im Duo mit der Bombard auf. Seine Melodiepfeife ist weniger als 15cm lang, wodurch er exakt eine Oktave über der Bombard liegt und durchdringende laute Töne wie Nadelstiche produziert. Die Bombard erfordert einen solch hohen Druck, dass sie nicht über einen längeren Zeitraum gespielt werden kann. So entstehen kurze Zwangspausen, die das Biniou̇ alleine füllt. Beide Instrumente werden zumeist beim Tanz im Freien eingesetzt. Die Bombard hat in jüngerer Zeit die enge Bindung an den Dudelsack gelöst und sich neue Klangräume erobern können. In modernen Tanzensembles wird sie mit Bass und E-Gitarre kombiniert. In Sakralräumen ist sie in Verbindung mit der Kirchenorgel regelmäßig zu hören.

Nun zu Irland, wo ein weiterer Dudelsack zu finden ist, der *píb uilleann* (engl. *uillean oder Union pipes, uillinn* ist irisch und bedeutet »Ellbogen«). Im Gegensatz zum schottischen und bretonischen Dudelsack handelt es sich bei diesem nicht um ein Freiluftinstrument, sondern um ein Instrument für Innenräume, das im Sitzen gespielt wird. Anders als beim bretonischen und schottischen füllt der Spieler beim irischen Dudelsack den Luftsack, der unter den linken Arm geklemmt wird, nicht mit seinen Lungen, sondern durch einen unter den rechten Arm geschnallten Blasebalg. Die Bordunpfeifen liegen auf dem rechten Oberschenkel. Die Bohrung der Melodiepfeife (engl. *chanter*) ist enger, wodurch sich ein angenehmer, aber dennoch kräftiger Ton ergibt. Aufgrund der engen Bohrung können die Töne leichter in die Oktave überblasen werden. Zum leichteren Überblasen wird die Melodiepfeife auf den Oberschenkel gepresst, um das Rohr unten zu verschließen. Die Verschließbarkeit des Rohrs ist auch Voraussetzung für eine schwierige und daher seltene Spieltechnik, das *close fingering*. Dabei ist beim Spielen immer nur ein Loch offen, die anderen Finger bleiben auf den restlichen Öffnungen liegen. Werden alle Löcher verschlossen, verstummt der Chanter, nur die Bordunbässe sind zu hören. Auf diese Weise können die Töne voneinander abgesetzt gespielt werden bis hin zum Staccato.

Der irische Dudelsack erreicht den für einen Dudelsack enormen Tonumfang von zwei Oktaven. Er ist kein bäuerliches Musikinstrument. Seine Wurzeln hat er in der europäischen Kunstmusik: Er ist ein Nachfahr eines barocken Instruments (Musette) und stellt die höchste Entwicklungsstufe des Dudelsacks dar. Zusätzlich zu den üblichen Bordunbässen (*drones*) gibt es welche mit Klappen (*regulators*) die während des Spielens mit dem rechten Handballen des Spielers bedient werden und Akkorde produzieren. Dieses Überbleibsel aus der Zeit, als der Dudelsack in der Kunstmusik verwendet wurde, ist in der irischen traditionellen Musik zumeist überflüssig. Viele Spieler verwenden *Uillean Pipes* ohne *regulators* (dann *half set* genannt), andere besitzen zwar einen *full set*, verwenden Akkorde jedoch nur sporadisch, und niemand setzt die *regulators* ununterbrochen ein. Das Repertoire unterscheidet sich nicht von dem der anderen traditionellen Instrumente, es besteht aus *slow airs* (getragene Liedmelodien) und Tänzen, darunter *reels* (4/4), *hornpipes* (4/4), *jigs* (6/8), *slip jigs* (9/8), seltener auch Polkas (2/4) und Walzer (3/4).

TIN WHISTLE UND HOLZQUERFLÖTE

Von den Flöten ist die Schnabelflöte mit sechs Löchern, die sich in ganz Europa in verschiedenen Formen findet, überall in den keltischen Gebieten verbreitet. Sie ist ursprünglich ein bäuerliches Instrument, das die Spieler selbst produzierten oder das von lokalen Handwerkern herstellt wurde. Der sich nach unten konisch verjüngende Typ aus Blech mit einem Holzpflock am Mundstück existiert in Irland nur noch sporadisch (*Clark whistle*), er wurde zugunsten eines zylindrischen Typs mit rotem oder blauem Plastikkopf fast aufgegeben. Der neue Typ, allgemein als *feadóg stáin/tin whistle* bezeichnet, ist in der Produktion erheblich einfacher und damit billiger. Der Ton klingt durch die zylindrische Bauweise rauer und weniger angenehm. Dafür kann durch Verschieben des Plastikmundstücks die Tonhöhe reguliert werden, was bei einer konischen Flöte unmöglich ist. Die heute weit verbreiteten *tin whistles* stammen aus englischer Produktion, erst seit 1979 gibt es auch eine in Irland selbst hergestellte *tin whistle* – das Plastikmundstück natürlich in der Nationalfarbe Grün. Die *tin whistles* sind in einer Durtonart gestimmt. Für die irische Musik wird zumeist die *D-whistle* verwendet. Wo Transponieren in eine andere Tonart erforderlich wird, greift man eher zu einer anderen *tin whistle* in der entsprechenden Tonart (es gibt sie von B bis G), anstatt sich mit Halbtönen herumzuplagen. Erforderliche Halbtöne werden durch Halbdeckung der Löcher erzielt. Zwei Oktaven werden spielend erreicht, allein durch erhöhten Atemdruck des Spielers.

Die andere Flöte, die allerdings seltener, teurer und schwerer zu erlernen ist, ist die schwarze Holzquerflöte mit Klappen. Sie spielt eine Oktave unter dem *D-whistle*. Sie stammt aus der europäischen Kunstmusik, wo sie als Konzertflöte von der moderneren Vollmetallquerflöte (Boehmflöte) abgelöst wurde. Heute begegnet man in Irland noch vielen alten Konzertflöten aus deutscher Produktion. Inzwischen gibt es aber in allen keltischen Gebieten Flötenbauer, die Holzquerflöten diesen Typs nachbauen (dann als *feadóg mór oder Irish flute* bezeichnet). Die Anzahl der Klappen wird reduziert, da für die traditionelle Musik die Verfügbarkeit aller Halbtöne unnötig ist und sich so die Kosten senken lassen. Die Spielweise von *tin whistle* und Holzquerflöte in Irland ist bei den Verzierungstechniken ähnlich. Beide imitieren letztlich diejenigen der *uillean pipes*, bei der schnell gespielte Noten (*grace notes*) allerdings nicht Verzierung sind, sondern ein technisch notwendiges Mittel der Tontrennung, da der ununterbrochene Tonfluss anderenfalls nicht zuließe, z. B. drei Noten in gleicher Tonhöhe hintereinander zu spielen. Die Querflöte erfordert aber eine andere Atemtechnik als die *tin whistle*, es wird erheblich mehr Luft verbraucht, dadurch sind Luftholpausen häufiger. Es wird zudem mehr mit Atemdruck gearbeitet, und seltener als bei der *tin whistle* wird der Atemstrom mit der Zunge unterbrochen. Der *tin whistle* sind aufgrund ihrer Bauweise und dem geringen erforderlichen Atemdruck weniger Einschränkungen auferlegt. Indem frei über alle Verzierungsformen verfügt werden kann, ist sie ein zwar leises, dafür aber das virtuoseste Instrument der irischen Musik. Kein Wunder, dass die *tin whistle* zu einem beliebten und weit verbreiten Instrument mit guter Reputation geworden ist.

MÜNDLICHE VERMITTLUNG DES REPERTOIRES

Die Zahl der traditionellen Musiker, die Notenschrift nur wenig oder gar nicht beherrschen, ist immer noch groß. Sammlungen von Tanzmelodien und Liedern wurden zwar regelmäßig publiziert und sind z. T. leicht erhältlich, so z. B. in Irland Francis O'Neills große Sammlung (1907; regelmäßig Nachdrucke und Neuauflagen), oder die von Breandán Breathnach (1963; häufig nachgedruckt). Dennoch spielt beim Erlernen des Repertoires und bei der Aneignung eines bestimmten Stils das Abhören (Konzerte, Tonträger bekannter Musikgruppen) und Nachahmen immer noch die größte Rolle. Instrumentenworkshops werden regelmäßig angeboten, oft in Kombination mit Tanzkursen. Berühmt ist die irische *Willie Clancy Summer School*, die seit 1973 in der ersten Julihälfte in Miltown Malbay in County Clare abgehalten wird und nicht nur einheimische Musiker anzieht. Seit Aufnahmegeräte klein und billig geworden sind, übernehmen diese oft die Rolle der direkten mündlichen Vermittlung. Ein Kassettenrekorder, der nach Belieben vorwärts- und rückwärts gespult werden kann, übertrifft zudem jeden noch so geduldigen Lehrer. Bei Workshops, Wettbewerben, Sessions und Tanzveranstaltungen kann man beobachten, wie ständig Aufnahmegeräte in die Nähe der Musiker oder Lautsprecher geschoben werden.

WAS ALLES NICHT GESAGT WURDE

Oben wurde schon darauf hingewiesen, dass eine Auswahl an Themen getroffen werden musste. Folklore im Sinne von Popularkultur umfasst natürlich noch viele weitere Aspekte, sei es die Erzählkunst, die Art der Landwirtschaft, des Häuserbaus, der Kleidung, den Einfluss der Massenmedien usw. Vergessen werden darf auch nicht, dass die traditionelle Kultur immer nur einen Ausschnitt innerhalb einer komplexen Schichtung gleichzeitig und nebeneinander existierender, teils auch konkurrierender Lebensformen darstellt. Überall in den keltischen Gebieten gibt es, wie überall in Europa auch, McDonald's und Coca Cola, gibt es Pop, Techno, House, Punk und all die anderen Subkulturen und Szenen, unter denen der Einzelne wählen oder auch zwischen denen er nach Belieben ihnen hin- und herpendeln kann.

FOLKLORISTIK ALS WISSENSCHAFT

Zum Schluss soll darauf hingewiesen werden, dass die hier angesprochenen Themen auch wissenschaftlich behandelt werden können. Über die Feststellung und Beschreibung der Phänomene hinaus können zum Beispiel die Rolle der traditionellen Musik innerhalb der modernen Gesellschaft oder ihre Trägerschichten in den Mittelpunkt gerückt werden (Soziologie), traditionelle Kultur kann auch auf ihre Zeichenhaftigkeit hin untersucht werden (Semiotik). Mit Popularkultur allgemein, natürlich ohne Beschränkung auf die keltischen Gebiete, beschäftigt sich die Europäische Ethnologie (veraltet auch als Volkskunde bezeichnet). Eine Teildisziplin, die so genannte Erzählforschung, in Deutschland vielleicht nicht mehr ganz zeitgemäß, nimmt in Irland immer noch einen sehr hohen Rang ein (*béaloideas*). Im Department of Folklore in Belfield/Dublin (als Teil der National University of Ireland) befindet sich ein umfangreiches Archiv von teils noch unausgewerteten Belegen aus der mündlichen Tradition. Informationen zu den Forschungszentren und Studienplänen lassen sich im Internet unter den bisher genannten Stichpunkten sowie weiteren wie *popular culture* oder *culture populaire* ermitteln. Nicht verschwiegen sei, dass für ein akademisches Studium die entsprechende keltische Sprache zumindest passiv beherrscht werden muss, und dass dies keine geringe Hürde darstellt.

NACHLEBEN

Wann das Nachleben einer Kultur beginnt, wird je nach Standpunkt des Betrachters unterschiedlich aufzufassen sein. Der kulturelle und politische Niedergang der keltischen Länder in nachmittelalterlicher Zeit war ein langandauernder Prozess, der sich in konkreten historischen, aber auch symbolhaften Daten manifestiert: Der Anschluss der Bretagne an Frankreich im Jahr 1532 als Folge der Zwangsheirat zwischen der bretonischen Herzogin Anne und den französischen Königen (zunächst Karl VIII., dann Ludwig XII.); der Verlust der walisischen Unabhängigkeit im Jahr 1536 und der schottischen durch den *Act of Union* im Jahr 1707; die militärische Unterwerfung Irlands durch Oliver Cromwell im Jahr 1649 und der Anschluss an England 1801. Die einheimischen herrschenden Dynastien wurden entmachtet, vertrieben oder ermordet, die keltischen Sprachen zurückgedrängt, verboten, aufgegeben oder ausgemerzt. Die nachmittelalterliche Geschichte der keltischen Völker ist über weite Strecken eine von Entbehrung, Demütigung und Aufbegehren, und als solche ist sie in die kollektive Erinnerung eingebrannt. Aber sie ist auch die Geschichte einer wundersamen Wandlung: Während sich einerseits die Kulturen und Sprachen der keltischen Völker auf dem Rückzug befanden, erfuhr andererseits der Begriff »keltisch« seit der zweiten Hälfte des 18. Jahrhunderts in ganz Europa eine ungeheure Aufwertung. Dies vollzog sich zwar vor allem innerhalb der gebildeten städtischen Gesellschaft und half der betroffenen Bevölkerung zunächst nicht viel. Im Verlauf dieses Prozesses entstand jedoch bei den Betroffenen ein neues Selbstbewusstsein, eine vorher unbekannte positiv besetzte Selbstwahrnehmung als Kelten. Sie wurde mit solcher Hartnäckigkeit nach innen und nach außen propagiert, dass dadurch eine Eigendynamik in Gang gesetzt wurde, die bis heute nicht zum Stillstand gekommen ist. Auf ihrem Weg entstand eine unabhängige »keltische Nation« (nämlich Irland), eine mächtige Sprachbewegung zur Wiederbelebung (fast) verlorener keltischer Sprachen und außerdem völlig neue kulturelle Ausdrucksformen, die von uns heute längst als typisch und genuin keltisch empfunden werden (vgl. auch das Kapitel »Folklore«). Ein paar ausgewählte Beispiele dieser Aufwertung und ihre Produkte, aber auch ihre Abwege werden hier vorgestellt. Es lässt sich nicht vermeiden, in diesem Zusammenhang viele Organisationen, Persönlichkeiten und ihre Publikationen mit Namen zu nennen. Denn ohne die konkrete Nennung von Kristallisationspunkten, Organisationsformen und Kommunikationsmedien sind kulturelle Prozesse in den komplexen modernen Gesellschaften nicht zu verstehen.

DIE LITERARISCHE WIEDERENTDECKUNG DER KELTEN: OSSIANISCHE DICHTUNG

Am Anfang stand eine Fälschung. Als im Jahr 1760 ein Buch mit epischer Dichtung unter dem Titel »*Fragments of Ancient Poetry, Collected in the Highlands of Scotland, and Translated from the Galic or Erse Language*« erschien, war das für die gebildeten Kreise Europas eine literarische Sensation. Eindringliche, ergreifende Dichtung aus dem angeblich dritten nachchristlichen Jahrhundert trat am Rande Europas ans Tageslicht, deren Qualität mit der eines Homer oder Virgil verglichen wurde! Als Autor zeichnete ein gewisser James Macpherson (1736–1796), der aus einem Dorf im schottischen Hochland stammte (Ruthven, Badenoch, bei Inverness). Er hatte seine Ausbildung in Aberdeen erfahren und sich danach für ein Jahr an der Universität in Edinburgh eingeschrieben. Er brach das Studium ab und arbeitete als Dorfschullehrer in seinem Heimatdorf, später als Privatlehrer in Edinburgh. Schon als Student war Macpherson als Dichter aufgefallen, und bald begann er sich für die alte Literatur und Kultur Schottlands zu interessieren. Er bereiste das Schottische Hochland. Nach seiner Rückkehr behauptete er, Fragmente alter Dichtung in Schottisch-Gälisch entdeckt zu haben. Als Autor nannte er den Dichter Ossian, Sohn des Fingal, eine Gestalt bekannt aus der mittelalterlichen Literatur. Der Dramatiker John Home (1722–1808) erkannte sofort die Qualität der »Übersetzungen« Macphersons. Durch seine Vermittlung und mit der tatkräftigen Hilfe eines Professors für Poetik und Rhetorik in Edinburgh, Hugh Blair (1718–1800), gelangten Ossians Gesänge zur Publikation.

Der Erfolg der »Fragments« war so überwältigend, dass in schneller Folge weitere »Übersetzungen« aus dem Schottisch-Gälischen erschienen. Macpherson behauptete nun, in der Zwischenzeit das vollständige Epos entdeckt zu haben. 1761 erschien »*Fingal. An Ancient Epic Poem in Six Books; Together with Several Other Poems, Composed by Ossian, the Son of Fingal*«, 1763 gefolgt von »*Temora, an Ancient Epic Poem, in Eight Books; Together with Several Other Poems, Composed by Ossian, the Son of Fingal*«. Beide Werke wurden 1765 in einem Werk kombiniert herausgegeben, »*The Works of Ossian, the Son of Fingal in Two Volumes. Translated from the Galic Language*«. Dann folgte schließlich 1773 die ultimative Ausgabe unter dem Titel »*The Poems of Ossian. A New Edition, Carefully Corrected, and Greatly Improved*«.

Macpherson traf Nerv und Ton seiner Zeit (Sturm und Drang, Romantik). Ossianische Dichtung, gefühlsschwer und kitschig, wurde zum Synonym für authentische keltische Dichtung. Schon bald wurden Macphersons Werke auch in andere Sprachen übersetzt. Sie begeisterten Dichter wie Herder und Goethe (der sogar Gälisch zu lernen begann) und regten zu kreativer Imitation des schwülstigen Stils an.

Inzwischen waren allerdings Zweifel an der Echtheit der gälischen Vorlagen aufgekommen und Macpherson wurde der Fälschung bezichtigt. Sein gewichtigster Kritiker wurde der Engländer Samuel Johnson (1709–1784), Autor eines berühmten Werkes, »*A Journey to the Western Islands of Scotland*« (1775). Johnson hatte seinerseits auf seinen Reisen durch die Hebriden im Jahr 1773 vergeblich nach entsprechender mündlicher Überlieferung gefahndet. Erst lange nach Macphersons Tod (1796) und nach akribischen Untersuchungen vieler Forscher wurde der Vorwurf der Fälschung bestätigt: Macpherson hatte seine Dichtung aus verschiedenen Motiven keltischer Dichtung zusammengeschrieben. Seine später (1807) veröffentlichten angeblichen gälischen »Originale« stellten sich als Rückübersetzungen von Macphersons englischen Schöpfungen heraus.

Dennoch war ein Tor aufgestoßen, eine neue Zeit brach an. Der Blick wurde auf die Peripherie Europas gelenkt und gleichzeitig auch auf Bevölkerungsschichten, die bisher eher als Arbeitstiere denn als Kulturträger angesehen worden waren. Plötzlich wurden sie zu potentiellen Vermittlern uralter Weisheit und ungeahnter literarischer Schätze, bislang übersehen und nie zu Papier gebracht. Macphersons ossianische Fälschung war die Voraussetzung dafür, dass sich Gelehrte und Sammler in ganz Europa in Bewegung setzten, um Volksdichtung und andere regionale Traditionen zu sichern. Und sie gaben den anderen keltischen Völkern den Anstoß, sich im eigenen Land nach Vergleichbarem umzusehen. Seither haftet den Kelten und ihrer Kultur eine romantische Verklärung an, die bis heute andauert.

DIE LITERARISCHE »WIEDERGEBURT« DER BRETAGNE: DER »BARZAZ BREIZ«

Das neue »keltische Bewusstsein« erreichte die Bretagne über den Umweg Paris, der Hauptstadt und dem Zentrum des gebildeten Kulturlebens, wo alle europäischen Moden ihren Widerhall fanden.

Auch Théodore Hersart de La Villemarqué, geboren am 7. Juli 1815 in Quimperlé (Dep. Finistère) kam dort damit in Berührung. Obwohl er selbst als *vicomte* von adeligem Stand war, hatte er als Kind etwas Bretonisch von seiner Umgebung gelernt. Er erhielt eine standesgemäße Schulausbildung, zunächst durch die Jesuiten, später an der renommierten École des Chartes in Paris. Wie viele Bretonen nach ihm wurde er sich erst hier in der »Diaspora« seines »Bretonisch-Seins« bewusst. Durch Auguste Gourcuff, der Gesellschaftsabende (Soirées) für die Pariser Intellektuellen bretonischer Herkunft veranstaltete, wurde der junge La Villemarqué angeregt, Bretonisch als Schriftsprache zu erlernen und sich der Volksüberlieferung zuzuwenden.

Er sammelte zwischen 1833 und 1837 in ländlichen Gebieten der Basse-Bretagne (Bro Gernew und Cornouaille) Lieder von bretonisch sprechenden, jedoch schreibunkundigen Landbewohnern und bereitete sie zur Publikation vor. Sein Vorbild war dabei Macphersons »*Fingal*« von 1761.

Die erste Edition seiner Sammlung mit über 50 Liedern erschien in Paris am 24. August 1839 in zwei Bänden unter dem Titel »*Barzaz Breiz*« (»Liedsammlung der Bretagne«). Damals war La Villemarqué gerade einmal 24 Jahre alt. Im Jahr 1845 erschien eine erweiterte Neuausgabe, im Jahr 1867 dann die ultimative Ausgabe, die zur »Bibel« der bretonischen Volkskultur wurde.

Ähnlich wie bei Macpherson kamen auch im Fall des »*Barzaz Breiz*« Zweifel an der Authentizität des Materials auf, zunächst nur hinter vorgehaltener Hand. La Villemarqué wurde vorgeworfen, sich nicht nur die Texte der Lieder, sondern auch die Melodien selbst ausgedacht zu haben. Er habe die französischen Texte erfunden und sie erst danach ins Bretonische rückübersetzt. Zudem sei er des Bretonischen gar nicht ausreichend mächtig. Der hitzige Streit um den »*Barzaz Breiz*« hielt auch nach seinem Tod am 8. Dezember 1895 an.

Trotz vieler Parallelen zu Macpherson gibt es doch gewichtige Unterschiede: Über ein halbes Jahrhundert später gelang durch die quasi detektivische Leistung des 1935 geborenen Forschers Donatien Laurent (heute Direktor des Centre de Recherches Bretonnes et Celtiques in Brest) eine gewisse Rehabilitierung. Er entdeckte 1964 im Familienarchiv der La Villemarqué in deren Stammsitz in Keransquer (Finistère) jene Hefte, in denen La Villemarqué seine Funde notiert hatte, und transkribierte, übersetzte und analysierte sie. Laurents Ziel war vorrangig die Suche nach einer wertvollen Quelle für die heute verlorene mündliche Tradition. Aufgrund seiner Forschungen lässt sich heute der kreative Beitrag (oder der Grad der Verfälschung, wenn man so will) von Théodore Hersart de La Villemarqué neu einschätzen. Anders als im Fall des »*Fingal*« gab es tatsächlich eine mündliche Überlieferung. Die Verfälschungen des Herausgebers beschränkten sich auf die Einebnung dialektaler Unterschiede, auf die »Literarisierung« der Lieder allgemein und auf eine sehr freie Übersetzungsweise. Ohne diese Vorgehensweise hätten sich vermutlich nur Spezialisten für das Material interessiert.

Warum konnte der »*Barzaz Breiz*« zu einem »Kultbuch« für die Bretagne werden und warum wurde er auch in anderen Ländern so enthusiastisch aufgenommen? In der ersten Hälfte des 19. Jahrhunderts war es gelungen, eine »Keltizität« der Bretagne zu etablieren. In deren Folge wurden antike Berichte über das Druidentum, prähistorische Dolmen und Menhire (die zu jener Zeit fleißig wieder aufgerichtet wurden – ganz Carnac war zuvor im Zustand eines Trümmerfeldes!) und die aktuelle tiefe Religiosität der Bevölkerung in einem widerspruchsfreien Kontinuum gesehen. Viele Menschen außerhalb und innerhalb der Bretagne arbeiteten daran mit, das uns heute geläufige Bild der keltischen Bretagne zu konstruieren. Die romantische Literatur und Malerei (z. B. die internationale Künstlerkolonie in Pont Aven) griff es willig auf, aber auch der bereits 1855 beginnende Tourismus in der Bretagne wusste und weiß es Gewinn bringend zu nutzen.

»CARMINA GADELICA«: DIE STIMME DES KATHOLISCHEN SCHOTTLANDS

Wie schon erwähnt, schwärmten im 19. Jahrhundert überall in Europa Forscher aus, um »dem Volk aufs Maul zu schau'n«: in Deutschland z. B. die Gebrüder Jakob Ludwig Grimm (1785–1863) und Wilhelm Karl Grimm (1786–1859), in der Bretagne François-Marie Luzel (1821–1895), in Wales John Rhŷs (1840–1915), in Irland Thomas Crofton Croker (1798–1854) und der Amerikaner Jeremiah Curtin (ca. 1840–1906), und in Schottland John Francis Campbell of Islay (1822–1885) und John Gregorson Campbell of Tiree (1836–1891). Die Hinwendung zum Volk wurde zu einer ernst zu nehmenden Wissenschaft (*folkloristics*) mit internationalen Anstrengungen, eine angemessene Methodik zum Sammeln und objektive Kriterien für die Untersuchung zu entwickeln. Die Ergebnisse der Sammler, als Buch gedruckt, wurden weit über die gelehrten Kreise hinaus gelesen und geschätzt, sie flossen in schulische Lehrpläne ein und wurden gelegentlich sogar Teil der Weltliteratur.

Als Beispiel hierfür möchte ich die »*Carmina Gadelica*« (»gälische Lieder«) nennen, eine umfangreiche Anthologie von Hymnen, Gebeten und religiösen Sprüchen, die in der zweiten Hälfte des 19. Jahrhunderts in Nordschottland gesammelt wurden, und zwar unter der katholischen Minderheit. Die konfessionelle Situation in Schottland ist unübersichtlich. Seit 1690 dominieren verschiedene protestantische Kirchen calvinistischer Ausrichtung nebeneinander, nämlich die »*Church of Scotland*«, die »*Free Church of Scotland*« (seit 1843), die »*Free Presbyterian Church of Scotland*« (seit 1893) und die »*Associated Presbyterian Churches*« (seit 1989). Hinzu kommen noch Baptisten sowie die »*Scottish Episcopal Church*«. Die Verbreitung des Schottisch-Gälischen überschreitet zwar die Konfessionsgrenzen, jedoch gab es z. B. die einflussreiche schottische *Society for Propagating Christian Knowledge* (1709 in Edinburgh gegründet), die deutlich anti-katholisch und anti-gälisch agierte, und die sich auch gegen die Popularkultur überhaupt richtete.

In dieser Atmosphäre begann Alexander Carmichael, der Verfasser der »*Carmina Gadelica*«, im Jahr 1855 mit seiner Sammeltätigkeit. Die Anregung hierzu bekam er von John Francis Campbell of Islay, Autor der bekannten »*Popular Tales of the West Highlands: Orally Collected*« (4 Bände, 1860–1862).

Carmichael wurde im Dezember 1832 in Lismore an der Küste von Argyll in Schottland geboren. Sein Beruf als Beamter (*Customs and Excise Inspector*) erforderte häufiges Reisen und gab ihm Gelegenheit zum Sammeln. Sein Ziel war nicht primär die Publikation, sondern es ging ihm vor allem um die Bewahrung der mündlichen Überlieferung, deren Schwinden zu seiner Zeit bereits absehbar schien.

Die Publikationsgeschichte der »*Carmina Gadelica*« erstreckt sich über mehr als 100 Jahre: Die ersten beiden Bände des sechsbändigen Gesamtwerks kamen 1900 heraus. Zwei weitere Bände bereitete Carmichael noch teilweise vor, er verstarb aber darüber im Jahr 1912. Einer seiner Enkel, James Carmichael Watson (1910–1942), Professor für keltische Sprachen an der Universität von Edinburgh, gab 1928 die nächsten beiden Bände heraus, Band fünf und sechs erschienen erst 1954 und 1971 unter der Herausgeberschaft von Angus Matheson (1912–1962), Professor für keltische Sprachen in Glasgow.

Carmichaels Schaffen hatte einen deutlich wissenschaftlichen Hintergrund, auch bei seine Sammeltätigkeit konnte er auf akademische Unterstützung zählen, so z. B. von Seiten der Keltologen William Forbes Skene (1809-1892) und George Henderson (1866–1912). Sein faszinierendes Werk wird auch heute noch geschätzt. In Auszügen wurde es in andere Sprachen übersetzt und in kirchlichem Rahmen popularisiert.

Das sich bei der Lektüre aufdrängende archaische Bild deckt sich keineswegs mit den modernen Verhältnissen der katholischen Bevölkerung Schottlands: Carmichaels Welt ist längst untergegangen und wird selbst von den Nachfahren seiner Gewährsleute heute als fremdartig empfunden.

VOM KULTURELLEN NATIONALISMUS ZU STAATENBILDUNG: IRLAND

Nationalismus und die Bildung von Nationalstaaten treten in der europäischen Geschichte erst infolge der Französischen Revolution (1789–94) auf. Die frühere dynastische Aufteilung Europas, die sich nicht an Sprach- und Völkergrenzen hielt, wurde vom Nationalstaatenmodell hinweggefegt. Es übte einen unwiderstehlichen Anpassungsdruck auf die benachbarten Gesellschaftsformen aus und wurde letztlich in alle Welt exportiert.

Für die Nationalstaaten musste eine neue Legitimationsgrundlage gesucht werden. Grenzverläufe sollten nun entlang deutlich unterscheidbarer Kultur- und Sprachgrenzen verlaufen. Von den betroffenen Völkern wurde ein entsprechendes Nationalbewusstsein erwartet.

Die Eckdaten der Geschichte Irlands sind im Kapitel »Abriss der Geschichte der keltischen Länder seit dem Mittelalter« dargelegt. Hier soll hingegen gezeigt werden, wie es den Iren als einzigem der keltischen Völker gelang, eine nationale Identität auszubilden, die zu einem eigenen Nationalstaat führte. Die Voraussetzungen waren zunächst ungünstig. Nach dem Verlust der politischen Souveränität (1801) sah die irische Oberschicht in ihrer Mehrheit die Zukunft des Landes nicht in der Unabhängigkeit. Es waren zumeist angepasste, englischsprachige Profiteure, die sich nur wenig von den entsprechenden englischen Kreisen unterschieden. Ironischerweise waren es Angehörige der Oberschicht englischer Abstammung, von denen letztlich die Anstöße zur kulturellen und politischen Unabhängigkeit Irlands ausgingen.

Eine Schlüsselrolle nahm Douglas Hyde (1860–1949) ein, Abkömmling der anglo-irischen *ascendency* (privilegierte Iren anglikanischen Glaubens), Sohn eines anglikanischen Pfarrers. Als Jugendlicher war er ein wenig ein seltsamer Kauz, seine Sitten entsprachen nicht immer städtischen Erwartungen, zudem lernte er Irisch von den Bediensteten auf dem Landsitzes der

Familie in County Roscommon. Er erhielt eine standesgemäße universitäre Ausbildung und fand in Dublin bald Anschluss an die irische Sprachbewegung. Deren Organisationen waren die »*Society for the Preservation of the Irishlanguage*« (1876), die »*Gaelic Union for the Preservation and Cultivation of the Irish Language*« (»*Aondacht na Gaeilge*«; 1880–1893) und seit 1893 deren Nachfolgeorganisation »*Connrad na Gaedhilge/The Gaelic League*«, die bis heute aktiv ist. Daneben existierte eine Reihe weiterer politischer und kultureller Organisationen (auf die hier aber aus Platzgründen nicht eingegangen werden kann).

Hyde wurde ein glühender Verfechter irisch-gälischer Sprache und Kultur. Er betätigte sich als Dichter und Stückeschreiber, immer in irischer Sprache. Er folgte dem Beispiel der *folklorists*, sammelte Volkserzählungen und gab mehrere Märchensammlungen heraus (z. B. »*Beside the Fire*«, 1890; »*Abhráin Grádh Chúige Chonnacht, or, Love Songs of Connacht*«, 1893). Er schrieb politische Pamphlete, die billig und in hoher Zahl von »*Connradh na Gaedhilge*« unters Volk gebracht wurden. Diese schrieb er in englischer Sprache, um die Massen zu erreichen.

Hydes Aktivitäten waren kein Selbstzweck. Wie viele seiner Mitstreiter zielte er darauf ab, genuin irische Kultur zu unterstützen, wo sie existierte, und irische Kultur zu konstruieren, wo die kulturelle Nähe zu England als zu groß empfunden wurde. Messlatte waren die Kriterien des Italieners Guiseppe Mazzini (1807–1882), Theoretiker des italienischen *Risorgimento*-Nationalismus (*risorgimento* »Wiederauferstehung«; gemeint ist die Befreiung von politischer und sozialer Unterdrückung durch einen anderen Staat und die Entstehung einer eigenen Nationalkultur). Der einflussreiche Mazzini hatte 1857 den Iren das Recht auf einen eigenen Staat abgesprochen, da sich ihre Kultur nicht deutlich genug von den Engländern unterscheide.

1892 hielt Hyde vor der neu gegründeten »*National Literary Society*« als deren erster Präsident einen programmatischen Vortrag (später in hoher Auflage publiziert), in dem er den Iren den Weg zur kulturellen und politischen Emanzipation von England wies. Das Schlagwort war die *De-Anglicization* (»Ent-Englischung«) Irlands, die Abkehr von der englischen Kultur und die Hinwendung zur irischen. Hierbei wurde einerseits an ländliche Traditionen angeknüpft (was in den Städten verständlicherweise auf Ablehnung stieß), andererseits aber auch eine neue Literatur in englischer Sprache angeregt, das so genannte *Irish Literary Revival* um William Butler Yeats, Synge, Lady Gregory und Oscar Wilde. Der Gebrauch der irischen Sprache wurde gefördert, ebenso die traditionelle Musik, Tänze (zum Teil neu erfundene), aber auch Sport (*hurling, gaelic football*). Ein wichtiges Hilfsmittel waren Wettkämpfe, bei denen großzügige Geldpreise lockten – ein großer Anreiz für die teils verarmte Bevölkerung! Das *Oireachtas* (s. S. 194) , die zentrale kulturelle Veranstaltung von »*Connradh na Gaedhilge*«, wurden nach dem Vorbild des walisischen *Eisteddfod* geschaffen, dessen Existenz schon für das 12. Jahrhundert nachgewiesen ist und sich daher durch seine Aura des »Alt-Ehrwürdigen« und »Keltischen« besonders zur Nachahmung empfahl.

^
Vortanzen zum Dudelsack beim Oireachtas (1903).

Auch auf staatlicher Ebene wurde der Einfluss der irischen Sprach- und Kulturbewegung spürbar. 1906 wurde Hyde Mitglied in der »*Royal Commission on Irish University Education*«, und konnte so Einfluss auf die Gestaltung der 1908 gegründeten National University of Ireland nehmen. 1909 wurde Hyde der erste Professor für Modern Irish am University College in Dublin. Seine Bemühungen um Irland bei gleichzeitiger politischer Zurückhaltung gegenüber den zerstrittenen politischen Gruppierungen – sein Schwerpunkt war immer der kulturelle Bereich, auch der Erfolg von »*Connradh na Gaedhilge*« beruht auf dieser Ausrichtung – empfahlen Hyde zunächst für den Posten eines Senators des 1922 gegründeten Freistaats (*Saorstát Éireann*). 1938 wurde Hyde dann zum ersten Präsidenten Irlands (*Uachtarán na hÉireann*) gewählt.

Allen Bemühungen zum Trotz ging und geht die Zahl der Irischsprecher stetig zurück. Erfolgreich war der irische kulturelle Nationalismus dennoch, denn er legte den Keim für das heute unangefochtene irische National- und Selbstbewusstsein. Es wurde die Basis für die politischen Organisationen und Parteien, deren Arbeit schließlich zu einem eigenen Staat führte (konstitutioneller Nationalismus). Dieser verstand sich als dezidiert katholisch, und es scheint, dass damit bereits ein wesentlicher Faktor gegeben ist, in dem sich Irland vom anglikanischen und protestantischen Großbritannien unterscheidet. Eine eigene Staatssprache scheint für die Mehrheit der Iren zur Identitätsfindung nicht erforderlich zu sein. Die Kirche hingegen hat bis heute ihren übergroßen Einfluss in allen gesellschaftlichen und politischen Bereichen bewahren können.

Ähnliche Prozesse und Organisationsformen wie in Irland gab es auch in den anderen keltischen Gebieten, allerdings stand nirgends sonst am Ende die politische Unabhängigkeit. In aller Kürze soll hier wenigstens die schottische Entsprechung zu »*Connradh na Gaedhilge*« erwähnt werden: »*An Comunn Gaidhealach*« wurde 1880 mit dem Ziel gegründet, Kenntnis und Gebrauch des Schottisch-Gälischen zu fördern. Auch hier gibt es eine jährliche nationale Versammlung, *Mòd Naiseanta*, die ebenfalls dem Vorbild des walisischen *Eisteddfod* folgt.

DIE ERFINDUNG EINES SYMBOLS: DIE KELTISCHE HARFE

Die goldene Harfe auf grünem Grund gilt vielen als keltisches Symbol Irlands. Die kleine und etwas plump wirkende mittelalterliche Harfe schmückt heute Geldscheine, Münzen und Briefköpfe, sogar im Emblem der Guinness-Brauerei kehrt sie wieder.

Irische Harfen, keltische Harfen, Bardenharfen, *cláirseach* – die heute geläufigen Bezeichnungen sind vielfältig und uneindeutig – werden heute in Form originalgetreuer Nachbauten (selten) und zahlloser Hybridformen in allen keltischen Gebieten gespielt, darüber hinaus auch in aller Welt. Immer noch ist das Instrument von einer Aura des Besonderen umgeben, auch wenn es inzwischen eine eigene Harfen-Szene mit entsprechenden Vermarktungsstrukturen gibt. Viele Harfenisten habe ihre Instrumente sogar in einem Kurs oder per käuflichem Bausatz selbst hergestellt. Die kleinen Harfen stehen nicht selten im Mittelpunkt von Konzerten und Wettbewerben, so z. B. auf dem »*Edinburgh Harp Festival*« (Schottland; April), dem »*Granard Harp Festival*« (Granard, County Longford/Irland; April), dem »*Rencontres internationales de harpe celtique de Dinan*« (Bretagne; Mitte Juli), dem »Internationalen Harfentreffen in Mosenberg« (Mosenberg bei Wabern, Kassel; Juni), »*An Chúirt Chruitireachta/The Annual Festival for Irish Harp*« (Termonfeckin, County Louth/Irland; Ende Juni) und »*The O'Carolan Harp Competition and Traditional Music Festival*« (Keadue, County Roscommon/Irland; August), um nur die größten zu nennen. Bei dieser Verankerung im modernen Musikleben wird oft übersehen, dass es sich bei der heutigen keltischen Harfe um ein junges Phänomen handelt.

Die mittelalterliche irische Harfe (s. S. 196) unterschied sich von den kontinentalen in einem wesentlichen Punkt: sie wurde mit relativ weichen, dicken, unumsponnenen Metallsaiten bezogen (Messing, Bronze). Solche Metallsaiten erfordern das Spiel mit Fingernägeln und eine ausgeklügelte Dämpftechnik wegen der langen Schwingungsdauer. Die zeitgleichen so genannten gotischen Harfen des Kontinents mit ihren schlanken Klangkörpern waren mit Darmsaiten bespannt. Ihre Klangfülle erhalten sie durch am Klangbrett angebrachte Schnarrhaken, welche die Saiten leicht berühren und durch Erregung der Obertöne einen lauten, schnarrenden Ton hervorrufen.

Die frühesten irischen Harfen mit rund 30 Saiten und 70–90 cm Höhe haben einen tief heruntergezogenen Kopf (*small low-headed harps*). Das älteste erhaltene Exemplar, die *Trinity College harp*, stammt aus dem 14. Jahrhundert. Allerdings ist die Existenz irischer Harfen durch Giraldus de Barri, einem normannischen Kleriker mit walisischem Hintergrund, schon für das Jahr 1183 belegt. In den folgenden Jahrhunderten werden die Harfen größer (*large low-headed harps*; z. B. die *Fitzgerald-Kildare harp*; frühes 17. Jh.). Der Harfenkopf beginnt allmählich in die Höhe zu wandern, d. h. die Mensur wird steiler (*high-headed harps*). Die Harfen des 18. Jahrhunderts sind dann nochmals deutlich größer mit erheblich längeren Basssaiten, was auf dünnere Metallsaiten und eine daran angepasste andere Spieltechnik hindeutet. Grundsätzlich blieb aber die Bautechnik unverändert, also Metallsaiten und ein unverleimter geschnitzter Corpus (z. B. die *Sirr harp*, die *Carolan harp* und die *O'Neill harp*). Die dünneren Saiten ermöglichten, diese Harfen auch mit den Fingerkuppen zu spielen. Allerdings nicht mit der »klassischen« Handhaltung, bei welcher der Daumen steil nach oben und die Finger gerade nach unten gestreckt werden, um die Saiten auf möglichst großer Flache zu berühren. Denis Hempson (1695–1807) war der letzte Harfner, der mit Fingernägeln spielte und damit schon zu seinen Lebzeiten ein Unikum.

Die letzten Harfner Irlands und Schottlands zogen als Wandermusiker von einem Landsitz zum anderen und spielten und komponierten für den Landadel. Einer der bekanntesten war der blinde Toirdhealbhach Ó Cearbhalláin (Turlough O'Carolan, 1670–1737). Er soll sein Instrument zwar eher

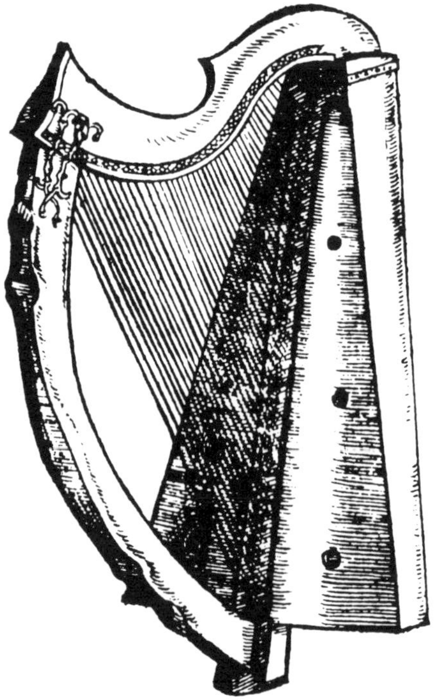

^
Irische Metallsaitenharfe, abgebildet in Michael Praetorius: *Syntagma Musicum* (1619).

lausig beherrscht haben, war jedoch ein begnadeter Komponist. Viele seiner Stücke gehören heute wieder zum Standardrepertoire der Harfenisten, manche sind sogar in die traditionelle Musik gelangt.

Als die Gönner der Harfenspieler durch die englische Unterdrückung an Einfluss und Reichtum verloren, bedeutete das auch für die alte Harfenkultur Irlands das Aus. Mit dem erwachenden Bewusstsein für Lokalgeschichte und Altertümer (antiquarisches Interesse) gerieten die letzten Harfner Irlands in den Blick des aufsteigenden Bürgertums und fanden neue Gönner. Gegen Ende des 18. Jahrhunderts wurden Harfenfestivals und Preiswettbewerbe veranstaltet: Es wurden Veranstaltungen fast ausschließlich für alte Männer! Ein Organist aus Belfast, Edward Bunting (1773–1843), wurde extra dafür angestellt, die Melodien der rund Dutzend Teilnehmer zu notieren. Vor der Veröffentlichung harmonisierte Bunting die Melodien gemäß dem Geschmack seiner Zeit.

Während nun Harfengesellschaften in Belfast und Dublin in der ersten Hälfte des 19. Jahrhundert erfolglos versuchten, durch die Ausbildung blinder Kinder die Harfenkultur zu erhalten und wieder zu beleben, lebten und starben die letzten Harfner in Armut. Die bei den Wiederbelebungsversuchen verwendeten Harfen wurden vom Dubliner Instrumentenbauer John Egan, später von dessen Nachfolger Francis Hewson hergestellt. Größe und die nach außen gewölbten Säule dieser Harfen orientierten sich zwar vage an den traditionellen Harfen, ihre Konstruktion war aber die der kontinentalen Pedalharfen, d. h. mit zusammengesetztem, hinten gerundetem Corpus und einem Klangbrett aus Nadelholz mit querliegender Faserrichtung (heute klassifiziert als *neo-Irish harp*). Sie waren primär für Besitzer von Pedalharfen gedacht, die sich zusätzlich eine kleine reisefähige Harfe wünschten (so genannte *portable harps*). Damit wird deutlich: Nicht nur die traditionelle Spielweise der irischen Harfner, auch die spezielle Bauweise der irischen Harfen war endgültig untergegangen. Die Traditionslinie war abgebrochen.

Es sind die Nachfahren des Eganschen Hybridtyps – und nicht etwa die traditionellen Instrumente von Toirdhealbhach Ó Cearbhalláin oder Denis Hempson –, die heute allgemein als die traditionelle Harfe aufgefasst und in Irland als *Irish harp* bezeichnet werden. Ihr Saitenbezug besteht aus Darm-, Nylon- oder Carbonsaiten, die Basssaiten sind aus Polyamidfasern (früher Rohseide) mit Stahlseele und Metallumspinnung. Für den flexibleren Einsatz sind unterhalb der Stimmwirbel Halbtonklappen angebracht – alles Neuerungen des 19. Jahrhunderts und später. Der Klang und die erforderliche Spielweise sind folglich völlig anders als bei den historischen Harfen und orientieren sich stark an der klassischen Pedalharfe. Auf den Wettbewerben kann man beobachten, dass (vor allem in Irland) das klassische, auf Harmonien aufbauende Klangbild in Verbindung mit einer ritualisierten, »gezierten« Vortragsweise bevorzugt wird. Das hängt damit zusammen, dass die Juroren in der Regel selbst eine klassische Harfenausbildung durchlaufen haben.

Ein wenig anders verlief die Wiederbelebung der Harfe in Wales und in der Bretagne. In Wales gibt es eine seltene Abart, die Tripelharfe mit drei parallelen Reihen und vollchromatischer (statt diatonischer) Tonleiter. Sie ist ein bürgerliches Instrument, das im 17. Jahrhundert aus der kontinentalen Doppelharfe entwickelt wurde und wie diese eine Nadelholzdecke und einen zusammengesetzten Corpus hat. Sie hatte niemals Metallsaiten.

Die kleine Metallsaitenharfe kam in Wales durch den Instrumentenbauer Arnold Dolmetsch (1858–1940) zu Ehren. Er baute einen Typ nach historischen Vorbildern, um damit die Notierung des Walisers Robert ap Huw zu entschlüsseln, Harfner von James I. in der ersten Hälfte des 17. Jahrhunderts. Dolmetschs Aktivitäten regten Jord Cochevelou (gest. 1974), einen Verwaltungsbeamten in Gourin (Morbihan) in der Bretagne dazu an, eine kleine Metallsaitenharfe zu konstruieren, um sie in der Bretagne zu etablieren. Sein Sohn Alan (*1944) erlernte diese Harfe mit neun Jahren. Er wurde später unter seinem Künstlernamen Alan Stivell weithin bekannt. Stivells Musikausbildung war klassisch (Klavier, Gesang, Harfe). Wie bei manchem anderen Bretonen auch, weckte erst die »Diaspora« in Paris in ihm das Interesse für seine bretonischen Wurzeln. Paris verdankte er auch die Anregung, traditionelle bretonische Musik im Gewand der Popmusik zu präsentieren, womit er ein Publikum weit über die in der Bretagne weit verbreiteten heimatpflegerischen »*Cercles Celtiques*« hinaus ansprechen konnte. Eine seiner Schallplatten, »*Raok dilestra*« (1977 bei Keltia III; Britische Ausgabe bei Fontana unter dem Titel »*Before Landing*«) hat einen deutlich politischen Unterton. Die Texte sind teilweise in Englisch, um auch ein Publikum außerhalb der Bretagne für die keltische Sache zu gewinnen.

Fünfzig Jahren nach ihrer Einführung gilt die Harfe in der Bretagne als fester Bestandteil des einheimischen Instrumentariums. Die Metallsaitenharfe, die sich in der Form an den *low-headed* Typ anlehnt, wird dabei als *la harpe bardique* bezeichnet, die verbreitetere neo-irische Harfe mit Nylonsaiten als *la harpe celtique*. Beide stehen als moderne Symbolen für eine dezidiert »keltische« Kultur.

DIE WIEDERBELEBUNG DES KELTISCHEN AM BEISPIEL VON CORNWALL

Sechs keltische Sprachen werden heute noch gesprochen. Nach der Anzahl ihrer Sprecher geordnet sind dies: Bretonisch in der Basse-Bretagne (*Breizh Isel*), Kymrisch (Walisisch) in Wales, Irisch in Irland und Schottisch-Gälisch in Nordschottland. Einsprachigkeit gibt es in keinem dieser Gebiete. Zwei keltische Sprachen überlebten nur als wiederbelebte Sprachen, nämlich Manx auf der Insel Man und Kornisch in Cornwall, auf das hier nun näher eingegangen wird.

Kornisch (*Kernuak* oder *Kernewek*) war noch im 17. und 18. Jahrhundert eine verbreitete Alltagssprache, gesprochen in Teilen des heutigen Cornwall (*Kernow*) in Südwestengland. Im 17. Jahrhundert gab es die letzten einsprachigen Sprecher, im 18. Jahrhundert wurde Kornisch auch als Zweitsprache durch das Englische zurückgedrängt, der Sprache des Handels und der Kirche. Spätestens gegen Ende des 19. Jahrhunderts war Kornisch als Alltagssprache ausgestorben.

Zeitgleich erwachte allerdings das akademische Interesse an dieser Sprache und es kamen gelehrte Publikationen auf den Markt, z. B. das »*Lexicon Cornu-Britannicum*« (1865) und das »*English-Cornish Dictionary*« (1887). 1901 wurde die »*Cowethas Kelto-Kernuak*« (»*Celtic Cornish Society*«) zur Sprachwiederbelebung gegründet, 1904 publizierte der Gelehrte Henry Jenner die erste Lernhilfe, das »*Handbook of the Cornish Language*«. 1920 sah man die Gründung einer weiteren sprachpflegerischen Gesellschaft, der »*Old Cornwall Society*«. Auf der Basis von Jenners Arbeiten entwickelte R. Morton Nance die Orthographie des modernen (vereinheitlichen) Standardkornischen (*Unified Cornish*) für sein Lehrbuch »*Cornish for All*« (1929) und das »*English-Cornish Dictionary*« (1934). Weitere Lehrbücher folgten, zum Teil in noch weiter vereinfachter Schreibweise. Heute gilt »*Kernewek Kemmyn*« (»*Common Cornish*«) als Sprachstandard.

Seit 1928 gibt es ein alljährliches Kulturtreffen, *Gorseth Kernow*, das wie das irische *Oireachtas* und das schottische *Mòd Naiseanta* nach dem Vorbild des walisischen *Eisteddfod* geschaffen wurde.

Bei der Wiederaneignung des Kornischen konnte kaum auf Muttersprachler zurückgegriffen werden, auch wenn sich Sprachtod und das beginnende Interesse an der keltischen Sprache Cornwalls zeitlich überschnitten. Somit standen nur die nah verwandten Sprachen Walisisch und (vor allem) Bretonisch als Anhaltspunkte für die Realisierung des Kornischen zur Verfügung. Die Wiederbelebung des Kornischen ist also eine recht künstliche Angelegenheit, von hochmotivierten Enthusiasten getragen, die in diversen Gesellschaften (z. B. »*Agan Tavas*«) organisiert sind. Die Sprachbewegung kann dabei auf keinerlei staatliche Unterstützung durch die Britische Regierung hoffen. Über die Orthographie des modernen Kornischen wacht »*Cussell an Tavas Kernuack*« (»*The Cornish Language Council*«), über die Sprachprüfungen seit 1967 »*Kesva an Tavas Kernewek*« (»*The Cornish Language Board*«). Seit 1979 gibt es zusätzlich eine übergeordnete Organisation, »*Cowethas an Yeth Kernewek*« (»*The Cornish Language Fellowship*«), und seit 1972 auch eine akademische, das »*Institute of Cornish Studies*« an der University of Exeter.

Trotz aller strukturellen Schwierigkeiten beim Spracherwerb und der erdrückenden Übermacht des Englischen gibt es Eltern, die ihren Kindern modernes Kornisch als Erstsprache zu vermitteln versuchen. Bemühungen in dieser Richtung werden seit 1979 von der Organisation »*Dalleth*« (»*Beginning*«) unterstützt. Die ganze Sprachbewegung in Cornwall zeigt deutliche Übereinstimmungen mit der in der Bretagne, wo allerdings durch die noch zahlreichen Muttersprachler eine erheblich günstigere Ausgangsposition und teilweise sogar staatliche Unterstützung besteht. Spätestens hier stellt sich die Frage, wie weit eine Sprachbewegung gehen kann, ob es z. B. zu verantworten ist, Kinder für Sprachwiederbelebungsversuche zu instrumentalisieren. Denn von außen betrachtet ist Kornisch tot und kein Bemühen wird dieser Sprache ihre Verankerung im Alltagsleben jemals zurückgeben können. Verbissenheit bis hin zu Militanz ist eine nicht untypische Begleiterscheinung bei Sprachbewegungen und begegnet auch im Fall des Kornischen. Provoziert wird dies durch die Minderheitssituation ihrer Protagonisten, die nicht selten aufgrund ihres Sprachverhaltens diskriminiert werden oder sich diskriminiert fühlen, und man wird als Außenstehender hierfür Verständnis aufbringen müssen.

KELTENTUM UND ESOTERIK

Enormen Aufschwung hat das Keltentum durch die esoterische Bewegung erhalten. Viele Studenten sind nur über den Umweg über die esoterische Literatur zur Keltologie gestoßen. Wenn Esoterik spielerisch betrieben wird, kann sie phantasievoll und unterhaltsam sein, wenn sie sich jedoch zu ernst nimmt und ihre Konstrukte als Wahrheit anpreist, ärgerlich bis gefährlich.

Falschinterpretationen von gesammelten Daten kennt die Wissenschaft durch die gesamte Forschungsgeschichte hindurch. Anders als der gebildete Leser muss ein Wissenschaftler jedoch neben seinem Forschungsgegenstand auch die Geschichte seiner Interpretationen kennen. Dadurch ist er in der Lage, Fehler und Abwege zu erkennen und aus seiner weiteren Forschung auszuschließen.

Die heute verbreitete esoterische Literatur wird jedoch von Leuten verfasst, die zwar im Einzelnen auf wissenschaftliche Ergebnisse zurückgreifen, häufig jedoch deren Bedeutung und Wahrheitsgehalt nicht richtig einschätzen können. So übermitteln sie ihren Lesern unbeabsichtigt veraltete oder falsche Ansichten weiter. Das Keltenbild in der esoterischen Literatur ist oft aus willkürlich gewählten Versatzstücken zusammengesetzt, die weder geographisch noch chronologisch zueinander passen. Wie schon in der Romantik begegnet einem die wissenschaftlich unhaltbare Kontinuität von vorchristlicher Latènekultur, Druidentum, bis hin zu den modernen, christlich geprägten Gesellschaftsformen. Hinzu kommen unreflektierte Anleihen bei Indianern, Schamanen und Hexen, der mittelalterlichen Mythologie und der Mittelalterromantik aus der populären Literatur (Ritter der Tafelrunde, Gralssuche, Merlin, König Artur). Dies alles wird zu einer neuen Mystik zusammengebraut, die mit den historisch belegten keltischen Kulturen ebenso wenig zu tun hat wie mit den heute existierenden. Der »keltische Baumkalender« zum Beispiel, der als keltische Entsprechung der Tierkreiszeichen ausgegeben wird, hatte nie existiert. Er ist eine moderne Erfindung.

Auch die Musikbranche reagierte schnell auf die esoterischen Bedürfnisse (Weltmusik!): Im »keltischen Bereich« kann man die Tendenz beobachten, dass der virtuose bodenständige Stil zugunsten einer verlangsamten, getragenen Spielweise aufgegeben wird. Die Melodien werden mit einem breiten Teppich von Akkorden und viel Hall unterlegt, um beim unbedarften Publikum eine quasi mystische Erfahrung hervorzurufen.

ZUSAMMENFASSUNG

Voraussetzung für die Wiederentdeckung und Mystifizierung der Kelten war die romantische Sehnsucht nach etwas geistig, materiell und räumlich Dauerhaftem, dessen Wurzeln möglichst bis in die Urzeit herabreichen. Hinzu kommt die verbreitete Annahme, dass Gegenwärtiges am besten durch Zeittiefe zu legitimieren sei. Dies verführt dazu, Traditionen auch dort zu suchen, wo sie gar nicht existierten, und – wenn sich keine auffinden lassen – sie notfalls zu konstruieren. Die Ergebnisse können dann als Grundlage für Identifikations- und Orientierungsmuster genutzt werden, die oft rein symbolischer Natur sind. Dieser Prozess hält bis heute an, wie ich hoffentlich anschaulich zeigen konnte. Er ist keineswegs auf unsere Kelten beschränkt.

Mit dem Nachleben der keltischen Kulturen kann also einerseits die Konstruktion eines Bewusstseins von Keltentum oder Keltizität gemeint sein, zusammen mit jenen Phänomenen, in denen sich dieses Bewusstsein ausdrückt. Andererseits schließt Nachleben auch den banalen Alltag in einem Staat mit ein, dessen Bewohner Nachfahren von Kelten sind. Sie schlagen sich mit denselben Problemen herum, wie die anderen Bewohner des modernen Europas auch. Ihre Alltagsverhältnisse wird der Außenstehende freilich kaum mit keltischer Kultur in Verbindung bringen, weil er das Andere und nicht das Bekannte sucht.

ANMERKUNGEN

EINLEITUNG

1 Es sei schon hier deutlich darauf hingewiesen, dass die Megalith-(Großstein-)Kultur nichts mit den Kelten zu tun hat, trotz Obelix und seiner so genannten Hinkelsteine. Sie ist viel älter und stammt aus einer Zeit, als in Europa – jedenfalls in Nordwesteuropa – noch niemand indogermanisch gesprochen hat. Dennoch bleibt selbstverständlich die Frage nach einer Bevölkerungskontinuität seit dem Ende der Eiszeit bis in unsere Tage völlig berechtigt.

2 Besonders einflussreich war das Pamphlet von M. Chapman: The Celts: The construction of a myth, London 1992. Selbst Archäologen lassen sich aufs Glatteis führen, wie etwa die völlig verunglückte Einleitung in dem ansonsten empfehlenswerten Buch von S. Rieckhoff und J. Biel: Die Kelten in Deutschland, Stuttgart 2001, zeigt.

DIE KELTISCHEN SPRACHEN

1 Nicht zu verwechseln mit *Scots,* dem Namen der schottischen Variante des Englischen (eigentlich kein Dialekt, sondern eher eine Nahsprache des Englischen, die auf einer Gruppe von nördlichen Dialekten des Angelsächsischen beruht). Diese Sprache ist v. a. in den Lowlands verbreitet und wird daher manchmal auch als *Lallans* bezeichnet.

2 Der wohl älteste Beleg für einen keltischen Personennamen findet sich in einer etruskisch geschriebenen Besitzerinschrift: *mi nemetieś*, »ich (bin des) Nemetie« (die Endung des Namens ist dem Etruskischen angeglichen; der altkeltische Name war sicher *Nemetios*) aus Genua, ca. 500 v. Chr.

3 Pierre-Yves Lambert: La langue gauloise, 2. Auflage, Paris 2003.

4 Xavier Delamarre: Dictionnaire de la langue gauloise, 2. Auflage, Paris 2003.

5 Im Anschluss an P. de Bernardo Stempel, [Kuhns] Zeitschrift für vergleichende Sprachforschung 114, 2001: Gotisch *IN-WEITIÞ guþ* und gallisch *ANDE-díon UĒDIÍU-mi* (Chamalières, Z.1), dort S. 165, hier modifiziert.

6 »Goidel«, »Gäle« ist eine Fremdbezeichnung, die aus dem Britannischen stammt. Kymr. *Gwyddel* heißt »Ire«, *gwyddeleg* heißt »gälisch«. Offenbar ist ein alter, für die Waliser noch heute durchsichtiger Spottname (»Wilder, Waldmensch«) rasch übernommen worden. Iren, Schotten und Manxmen nannten und nennen ihre keltischen Sprache immer »gälisch«.

7 Grundlegende neuere Darstellung: Damian McManus: A Guide to Ogam, Maynooth 1991. Zur Sprachform: Sabine Ziegler: Die Sprache der altirischen Ogam-Inschriften, Göttingen 1994.

8 Hier pflegt man auf Caesars Bericht von der Ausbildung zum Druiden zu verweisen, die zwanzig Jahre dauerte. Ähnliche Traditionen bestehen in Indien bis heute.

9 Berühmte Autobiographie, auf Deutsch leider nur in einer Übersetzung der englischen (gekürzten) Übersetzung von R. Flower (1937) vorliegend:
Tomás O'Crohan: Die Boote fahren nicht mehr aus, aus dem Englischen v. A. und H. Böll, Göttingen 1989.

10 Wird nur im Zusammenhang mit »Wind« gebraucht: *an ghaoth aduaidh/aneas*, Nordwind/Südwind und bei zusammengesetzten Richtungsangaben wie *thiar aduaith*, im Nordwesten, *thoir aneas*, im Südosten, usw.

11 Siehe vorhergehende Note.

12 Der irische Text lautet zum Vergleich (An Bíobla Naofa, moderne katholische Bibel, Maynooth 2002): 1. Bhí an Briathar ann i dtús báire, agus bhí an Briathar in éineacht le Dia, agus ba Dhia an Briathar. 2. Bhí sé ann i dtús baire in éineacht le Dia.

13 Großbuchstaben, Interpunktion und Auflösung der Abkürzungen stammen vom Herausgeber. Die oben in VERSALIEN erscheinenden Wörter des Texts sind lateinisch! Das Dokument wird im Kapitel »Recht' vollständig übersetzt.

14 Das *-d* ist kein Druckfehler. Es handelt sich um die übliche englische Form für wal. *cantref* (wtl. »aus hundert Häusern bestehend«). Das engl. *-d* ist unerklärt.

15 Aus: K. Roberts: Katzen auf einer Versteigerung, Erzählungen, üb. von W. Schamoni, Bielefeld 2000, S. 74. Eine wörtliche Übersetzung mag den eigentümlichen Satzbau der Sprache verdeutlichen: »Zum vierten Dreh in ihrem Leben war J.R. beim Versuch des Legens der Ereignisse dieses Lebens in ihre richtige Position. Und sie selbst 72 (»zwölf auf dreimal zwanzig«) alt, war (i.S.v. »gab es«) mehr von ihnen (d. h. der Ereignisse) zu ihrem Setzen in ihren Ort jetzt, mehr von Ereignissen und Personen zu ihrem Bewegen und ihrem Sondern und ihrem Klassifizieren.«

16 So erklären sich die Verwechslungen von auslautendem -f [-v] und -dd. Vgl. die engl. Schreibung *Cardiff* für wal. *Caerdydd* und daneben *Cardi* = »Einwohner von Cardiff«.

17 Die in Klammern stehenden Personalpronomina werden in der gesprochen Sprache aus Deutlichkeitsgründen zusätzlich gebraucht. Sie können, müssen aber nicht geschrieben werden. Man beachte die scharfe Trennung von maskulin vs. feminin in der 3. Person Singular.

18 Diese Einschätzung ist insofern problematisch, als das in Europa gelegentlich (z. B. im Dänischen) auftretende Zwanzigersystem erst seit dem Mittelalter bezeugt ist. Da es nicht auf indogermanische Wurzeln zurückzuführen ist, liegt der Verdacht nahe, dass es aus vorindogermanischen Sprachen stammt (so genannte Substratsprachen); das würde auch erklären, warum es erst so spät bezeugt ist. Es dauert überall recht lange, bis Spracheigentümlichkeiten der unterworfenen Bevölkerung in die jeweilige Schriftsprache aufsteigen.

19 In romanischen Dialekten, v. a. solchen des Spanischen, gibt es Ansätze zu ähnlichen Entwicklungen. Sie konnten sich jedoch nirgends gegenüber der – von der lat. Schulgrammatik dominierten – Standardsprache durchsetzen.

20 Dieser Strich — bedeutet, dass der betreffende Anlaut nicht der Mutation unterliegt, d. h. es findet keine Veränderung statt.

21 Anlautendes *g-* ist durch die Lenition bereits in frühester Zeit zu einem Reibelaut (etwa wie norddt. *-g-* in Wagen) geworden, der aber schon im Mittelalter völlig geschwunden ist. Das *g-* wird in solchen Positionen auch nicht mehr geschrieben!

22 Viele Ausnahmen.

23 Viele Ausnahmen.

24 Anlautendes *f-* ist also zweideutig: es kann auf *b-* wie auf *m-* zurückgehen.

25 Die dt. Übersetzungen versuchen, dem Original möglichst wörtlich zu folgen, weichen daher bisweilen von den Regeln der dt. Wortstellung ab.

26 Aus: L. Mühlhausen (Hrsg. und Übers.): Die kornische Geschichte von den drei guten Ratschlägen, Berlin 1938, S. 13.

27 Nach einer Meinungsumfrage, vgl. Fañch Broudic : Histoire de la langue bretonne, Rennes 1999, S. 26. Die Zeitung *Le Monde* zitiert in einem Artikel vom 27. 4. 2001 eine Statistik des frz. Unterrichtsministeriums, nach der 21.000 Schüler staatlichen oder privaten Bretonisch-Unterricht besuchen.

28 Hrsg. von Joseph Loth in der Révue Celtique 34, 1913, S. 241–252 unter dem Titel »Le plus ancien texte suivi en breton«. In Klammern ergänzte bzw. korrigierte Buchstaben.

29 Text aus und Übersetzung (bearbeitet) nach Daniel Giraudon: Chansons populaires de Basse-Bretagne sur feuilles volantes, Morlaix 1985, S. 49 f. Man beachte, dass die Schreibungen sehr unregelmäßig sind und auch die Grammatik nicht heutigen Normen entspricht. Gründe dafür benennt der Sänger selbst.

KELTISCHE LITERATUR

1 Hier zwar seine Tochter, aber sonst überall seine Schwester.

2 Insasse eines sog. Schottenklosters (wörtlich: Irenkloster; *Scotia* war ursprünglich ein Name für Irland, *Scotia Minor* für Schottland).

3 »Verliegen« bezeichnet die Vernachlässigung der Ritterpflichten zugunsten des Ehelebens.

KELTISCHES RECHT

1 Fast vollständig abgedruckt (ohne jedes Beiwerk) in D.A. Binchy: Corpus Iuris Hibernici, 6 Bände, Dublin 1978.

2 Die es nach Ausweis der archäologischen Funde gegeben haben muss, auch wenn sie in den Rechtstexten nicht erwähnt werden.

3 Jeder Freie durfte einen flüchtigen Fremden für eine bestimmte Frist, meist drei Tage, in seinen Schutz nehmen, d. h. ihm Asyl gewähren. Verweigerung von Asyl war ehrenrührig.

4 So hatte z. B. ein Dichter der höchsten Klasse Anspruch auf ein Gefolge von 24 Personen, einer der niedrigsten Klasse nur auf zwei Begleiter.

5 Hier zu verstehen im Sinne von Beischlafserschleichung.

6 Im alten Indien hieß die Erbtochter denn auch *putrikā*, »Söhnin« (vgl. *putra*, »Sohn«).

7 Der Text wird genauer erläutert in meinem Artikel: À propos de la minute »Surexit«, in Études Celtiques 23, 1997, S. 143–158.

8 Das sind die aus vielen europäischen Rechtstraditionen bekannten *boni homines*.

DEUTSCHSPRACHIGE UND NIEDERLÄNDISCHE GEOGRAPHISCHE NAMEN KELTISCHER HERKUNFT

Nicht übersetzt werden bislang nicht recht gedeutete Namen. Fragezeichen markieren unsichere Übersetzungen. Formen mit *Sternchen sind nicht belegt, sondern rekonstruiert. Näher erläutert werden die meisten der hier genannten Namen in dem Artikel »Keltische Ortnamen« von P. de Bernardo Stempel, Reallexikon der Germanischen Altertumskunde, Bd. 16, Berlin 2000, S. 407–413.

Aachen	lat. Aquae Granni: Grannos, Name eines kelt. Heilgottes; *granno-, »heiß« (?)
Andernach	Antennacum: anto-, »Ende, Grenze« ?
Ardennen (Gebirge)	Arduenna silva: arduo-, »hoch, steil«
Ammer, Amper (Flüsse)	ambe-, »um … herum«
Baar, Barr	barro-, »Spitze«
Balm	balma, »Höhle«
Beiter-bach, Beider-wiese	Boio-duron, »Boier-Pforte«[1] + dt. Bach/Wiese
Bendern	*Benno-duron, »Spitzenpforte«
Birten	Bertunum < Viro-dunum, »wahre Festung«
Beuel < Bouele	*Bodo-i̯alom, »Lichtung des Sieges/der Beute«
Billig	Belgica (vicus), »belgisches (Dorf)«
Bonn	Bonna *budnā, »fester Boden«
Boppard, Bupprich	Boudo-briga, »Siegeshöhe«
Bötzen	(mons) Vo-cetius, »Niederwald«
Bregenz	Brigantiā, »die Hohe«
Brixen	Prixina: * brigsino-, »hoch«
Cannstatt < Condi-stat	Con-date, »Zusammenfluss« + dt. Stadt
Cham (Fluss)	cambo-, »krumm«
Daun	dūnum, »Festung, Höhe«
Dewangen	Dēvona: *deiw(o)nā, »Göttin« + ahd. wang, »Wiese«
Dormagen	Durno-magus, »Kiesfeld«
Dreckenach	*Draccinacum, »?« + gall. Suffix für Namen von Landgütern
Dreisam (Fluss)	*tragisamā, »die sehr Schnelle«
Düren	duron, »Pforte«
Erlaf	Are-lape, »auf/vor« + ?
Frutt, Frutz, Fritz, Fritzens, Frödlich	*frutt(i)ā, »Wasserfall«

^
Geographische Namen keltischen Ursprungs

Glan (Fluss)	glano-, »rein«
Heel	Catu-(v)alium, »Ort des Kampfführers«(?)
Heerlen	Corio-vallum, »Heeres-Wall«
Herwen	Carvium, »Hirsch-«
Hohe Acht (Berg)	Acht: germ. Áchon< kelt. *akaunon, »hochragend, Fels-«
Itzing	Iciniacum: ico-, »Spitze«
Jülich	Iuliacum: lat. Iulius + gall. Suffix
Jünkerath	Ico-rigium, »Königsspitze« (?)
Kam (Fluss)	kambo-, »krumm«
Karnberg, Krappitz	Carro-dunum, »Wagenburg«
Kassenich, Kessenich	*Cassaniacum, »Eichenwald«
Kempten	Cambo-dūnon, »Burg an der Krümmung« (?)[2]
Koblenz	lat. Confluentes, übersetzt kelt. Condate (s. o. Cannstadt)
Laber (Fluss)	labaro-, »geräuschvoll, sprechend«
Ladenburg	Lopo-dunum, »?« +, »Burg«
Leiden[3]	Lugdunum Batavorum: Lugo-dunon, »Burg des Lugus«, »Rabenburg« oder, »Luchsburg«?
Limmat (Fluss)	lindo- oder lindu-, »Wasser« + magos, »Feld«
Mainz	Magantia, Maguntia Mogontia/Mogont-iacum, »Landgut des Mächtigen« (?)
Marmagen	Marco-magus, »Pferdefeld«
Medelingen, Meilen, Metelen	Medio-lanum, »Mittelebene«
Merken	Marco-durum, »Pferdepforte« (?)
Metz	Mettis < Mediomatricis < Divodurum Mediomatricorum, vom Stammesnamen Mediomatrici, »die (Leute) der mittleren Mütter« (?)
Neumagen, Nijmegen	Novio-magus, »Neufeld«
Neuss	Novaision (gräzisiert), »Neu-«
Remagen	Rigo-magus, »Königsfeld«
Riol	Rigo-dulum < *Rigoduron, »Königspforte«
Solothurn	Salo-duron, »?« +, »Pforte«
Sülchen	Sumelo-cenna, »?« +, »Kopf, Spitze«
Thun	dūnum (s. o.)
Titterden	*Tituri-dunum
Traisen (Fluss)	*tragisamā, »die sehr Schnelle«
Trier	Treveris < Augusta Treverorum, vom Stammesnamen Treveri, »Übersetzer, Fährleute«
Tüddern, Zeutern	Teudurum < *Teuto-duron, »Volkspforte«
Vogesen (Gebirge)[4]	Vo-segus: gall. vo-, »unter, bei« +, »?« (vgl. frz. Vosges, dt. Wasgenwald)
Wien	Vindo-bona, »weißer/glücklicher Grund« (?)
Windisch	Vindonissa, »die sehr weiße« (?)

Winterthur < Winturdura	*Vito-durum (?)
Wirten	Viro-dunum, »wahre Festung« (?)
Worms < Wormiza	*Bormetia/Bormito-magus, »Warmfeld« oder eher zum Götternamen Bormo/Borvo, »der Kochende, heiß Sprudelnde«
Zarten < Zarduna	Taro-dunon (falls < *Tarvo-dunon, »Stierburg«)
Zieverich	Tiberiacum (vgl. Jülich)
Zülpich	Tolbiacum (sicher kein lat. Name).[5]
Zürich	*Turicum: *turo-, »stark« (?)
Zurzach	*Ortiacum[6]

1 Altkelt. **duron*, hier mit »Pforte« übersetzt, bezeichnete möglicherweise einen befestigten Ort in der Ebene im Gegensatz zu **dunon*, »Bergfestung«.

2 *Cambo-* könnte hier Flussname sein, vgl. *Kam*, *Cham* und *Cam-bridge* am Fluss *Cam*.

3 Die Gleichsetzung des Städtenamens *Leiden* mit dem antiken *Lugdunum* ist allerdings nur eine gelehrte Fiktion des 16. Jahrhunderts. Der antike Name bezieht sich auf ein römisches Lager in der Nähe von Leiden, das heute unter dem Meer liegt, die so genannte Brittenburg bei Katwijk (vgl. L. Toorians, Ollodagos 18, 2003, S. 146–147). Der keltische Ortsname lebt weiter in frz. *Lyon*, *Laon*, *Loudun* usw.

4 Der Grund für die Umstellung s–g ➛ g–s ist unbekannt.

5 Und viele andere Namen auf *-ich* im Rheinland; vor dem keltischen Suffix stehen meist lat. Personennamen, selten keltische oder germanische.

6 Das anlautende Z-stammt aus einer deutschen Präposition, etwa *zu*.

KELTISCHE NAMEN UND WÖRTER IM DEUTSCHEN UND IM FRANZÖSISCHEN

DEUTSCHE NAMEN UND WÖRTER KELTISCHEN URSPRUNGS

Einst über weite Teile des europäischen Festlands verbreitet, haben die keltischen Sprachen vor allem im Wortschatz der romanischen Sprachen, aber auch im Deutschen bleibende Spuren hinterlassen. Die folgende Liste von Wörtern keltischer Herkunft mag dem Leser einen ersten Eindruck davon vermitteln, in welch verschiedenen Bereichen unserer Sprache keltisches Wortgut bis heute weiterlebt. Über die modernen keltischen Entsprechungen der betreffenden Stichwörter, Parallelen in anderen europäischen Sprachen und den kulturgeschichtlichen Hintergrund informiert Bernhard Maier: Kleines Lexikon der Namen und Wörter keltischen Ursprungs, München 2003.

Alse: (ein mitteleuropäischer Hering): aus keltisch *alausa* (in dieser Form belegt bei dem spätantiken Dichter Ausonius: Mosella *S. 127*).

Amt: zu keltisch **ambaktos*, »Gefolgsmann«.

Barde: zu keltisch **bardos* (latinisiert *bardus*).

Bitumen: über das Lateinische aus keltisch **betu-*, »Birke«, da die Kelten Pech aus dem Harz junger Birken gewannen (so Plinius: Naturgeschichte 16, S. 74 f.).

Brünne: (eine Art Harnisch oder Brustpanzer): zu keltisch **brusnjo-*, »Brust«.

Budget: über englisch *budget* und französisch *bougette* aus altfranzösisch *bouge*, das wiederum auf gallisch bzw. vulgärlateinisch *bulga*, »Sack« zurückgeht.

Druide: (ein keltischer Priester): aus keltisch **dru-wids* (latinisiert *druida*), »Eichenkundiger«.

Eisen: aus keltisch **isarno-*.

Fiaker: aus französisch *fiacre*, »Mietkutsche«, benannt nach dem Pariser Hôtel St-Fiacre, das wiederum nach dem irischen Heiligen *Fíachrai* (die gallische Form des Namens lautet *Vecorix*) benannt ist.

Flanell: (eine Art Wollgewebe): über englisch *flannel* zu walisisch *gwlan*, »Wolle« (keltisch **wlana*).

Karren: aus dem lateinischen Wort *carrus*, das in früher Zeit aus dem Keltischen entlehnt wurde (seine echt-lateinische Entsprechung ist *currus*).

Lanze: über französisch *lance* aus lateinisch *lancea*, einem Lehnwort aus dem Keltischen.

Pferd: aus lateinisch *para-veredus*, »Postpferd auf Nebenlinien«, dessen zweiter Bestandteil auf keltisch **woredus*, ein Wort für »Pferd«, zurückgeht.

Reich: aus germanisch **rikja-*, einer Entlehnung aus keltisch **rigjon*.

Vasall: über mittellateinisch *vassallus* zu keltisch **vassos*, »Knecht, Diener«.

WÖRTER KELTISCHEN (GALLISCHEN) URSPRUNGS IM FRANZÖSISCHEN

französisch	**keltisch (gallisch)**	**deutsche Bedeutung des keltischen Wortes**
alose	alausa	Ahle (ein Fisch)
alouette, (altfr. aloue)	alauda	Lerche
arpent (span. arapende)	arepennis	ein Ackermaß, etwa Morgen
auvent	ande-banno	Vor-Dach
banne, benne (ital. benna)	benna	Korb, Wagen
bec	becco-	Schnabel
berle	berula	Wasserkresse
berret	birrus	kurzer Kapuzenmantel
bief	bedu-	Graben
bièvre (altfr.)	bebro-, bibro-	Biber
bille	*bilio-, *biliā-	Baumstamm
blaireau »Dachs«	blaro-	hellgrau
borne	bodina	Grenzstein
bouc	*bukko-	(Ziegen-)Bock
boue	*bawā	Schlamm, Schmutz
bouge (altfr.)	bulga	Sack
bourbe	vgl. Boruō, Bormō, Gott der Thermalbäder	Schlamm
braie	braca	Hose
brai, brais (vgl. brasser)	brace	Malz
Breuil	brogi, *brogilo-	Feld
brochet, broc	*brocco-	mit vorstehenden Zähnen
bruyère	*wroiko-	Heidekraut
caillou	calio-	hart
cervoise	ceruesia	Bier
change	cambion	Tausch, Wechsel
char	carrus	Wagen
charpente	*karbento-, *karbanto-	Gebälk
charrue	carruca	Räderpflug
chat-huant	cauannus	Waldkauz
chemin	*cammīno- <*kammano-	Weg, Straße
chêne	*cassāno-	Eiche
claie	*clēta	Hürde
combe »Schlucht«	cumba »Schiffsboden«	(Vertiefung)
coule	cucullus, cuculla	Kutte, Kapuze
drèche	*drasicā	Treber
dru »fest«	druto-	<*lebhaft?

gaillard »munterer Bursche«	*galiā	Kraft
glaise	*glisā	glänzende Tonerde, Lehm
gober »verschlingen«	*gobbo-	Schnabel
gosier	geusiae	Schlund
gouge »Hohlmeißel«	gulbia, zu *gulbo-	Schnabel
grève	grauā	Sand, Kiesel
if	iuos	Eibe
jante	falls *gambitā <*cambitā	(Rad-)Felge
jarret	*garrito-: *garrā	Kniekehle
lande	landā	Heideland
mègue	*mizgā	(ein Milchprodukt)
mouton (ital. moutone)	*multā	Hammel, Widder
nant	vgl. kymr. nant	Bach
ouche	olca	Stück Land
pairol (prov.)	vgl. kymr. pair	Kessel
palefroi (lat. paraveredus)	*uo-reido-	Reitpferd
pièce	*petsi-	Stück
quai	caio- <*kagion	Einschließung
raie	*rica	Furche
ruche »Bienenkorb«	*ruscā, *rusco-	Rinde
souche	*tsukkā	Baumstumpf
suie	*sudiā	Ruß
taisson	taxō < tasgo-, *tazgi-	Dachs
talus »Böschung«	talo-	Vorderseite
taranche	tarinca, taringa	großer Eisennagel
tarière	taratron	Bohrer
trogne »Vollmondgesicht«	*trugnā	Nase
truand »Gauner«	*trugant-	armselig
truie	*trogiā	Mutterschwein
vandoise	*uindesiā	Weißfisch
vassal, valet	uasso-	Diener
vautre	uer-tragos	schneller Jagdhund
vergne, verne	vgl. ir. fern, kymr. gwern	Erle
vouge	uidubium	Messer (»Holzschneider«)

Nach P.-Y. Lambert, La langue gauloise, Paris 2003.

MUSEEN ZUM THEMA »KELTEN«

Die folgende Liste enthält eine Auswahl an Museen aus den unterschiedlichen keltischen Siedlungsgebieten, deren Sammlungen für die Archäologie der Kelten von besonderem Interesse sind. Über die jeweiligen URLs lassen sich Informationen zu Öffnungszeiten und zur Zugänglichkeit einzelner Abteilungen rasch ermitteln. Daneben besitzen viele mittlere und kleinere Museen gute Ausstellungen zur Hallstatt- und zur Latènekultur der jeweiligen Region, in denen sich noch viel entdecken lässt.

BELGIEN

Brüssel: Musées Royaux d'Art et d'Histoire (Musée du Cinquantenaire),
Parc du Cinquantenaire 10, B-1000 Bruxelles
http://www.kmkg-mrah.be/index.html

Tongern: Provinciaal Gallo-Romeins Museum,
Kielenstraat 15, B-3700 Tongeren
http://www.limburg.be/galloromeinsmuseum/

BOSNIEN-HERZEGOWINA

Sarajewo: Zemaljski Muzej Bosne i Hercegovine,
Zmaja od Bosne 3, 71000 Sarajevo, Bosna i Hercegovina
http://www.zemaljskimuzej.ba/

BULGARIEN

Sofia: National Museum of History,
16 Vitoshko lale str., BG-1618 Sofia
http://www.historymuseum.org/

DÄNEMARK

Kopenhagen: Nationalmuseet,
Frederiksholms Kanal 12, DK-1220 København K
http://www.nationalmuseet.dk/

DEUTSCHLAND

Berlin:	Museum für Vor- und Frühgeschichte, Schloß Charlottenburg, Langhansbau, 14059 Berlin *http://www.smb.spk-berlin.de/mvf/s.html*
Bonn:	Rheinisches Landesmuseum, Colmantstr. 14–16, 53115 Bonn *http://www.lvr.de/fachdez/kultur/museen/rlmb/startseite.htm*
Darmstadt:	Hessisches Landesmuseum Darmstadt, Friedensplatz 1, 64283 Darmstadt *http://www.hlmd.de/architecture/index.html*
Eberdingen-Hochdorf:	Keltenmuseum Hochdorf/Enz, Keltenstr. 2, 71735 Eberdingen-Hochdorf *http://www.keltenmuseum.de/*
Frankfurt:	Archäologisches Museum Frankfurt, Karmelitergasse 1, 60311 Frankfurt am Main *http://www.rma.de/kultur/museen/vor-und-fruehgeschichte.htm*
Freiburg i. Br.:	Museum für Ur- und Frühgeschichte, Colombischlößle, Rotteckring 5, 79019 Freiburg im Breisgau *http://www.zum.de/Faecher/G/BW/Landeskunde/rhein/kultur/museen/colombi/*
Heidelberg:	Kurpfälzisches Museum Heidelberg, Hauptstraße 97, 69045 Heidelberg *http://www.kurpfaelzisches-museum.de.vu/*
Herbertingen-Hundersingen:	Heuneburgmuseum in der ehemaligen Zehntscheuer, Binzwanger Straße 14, 88518 Herbertingen-Hundersingen *http://www.dhm.de/museen/heuneburg/index.html*
Karlsruhe:	Badisches Landesmuseum Karlsruhe, ehem. Großherzogliches Schloß, 76131 Karlsruhe *http://www.landesmuseum.de/*
Kassel:	Hessisches Landesmuseum Kassel, Schloß Wilhelmshöhe, 34131 Kassel *http://www.museum-kassel.de/*
Kelheim:	Archäologisches Museum der Stadt Kelheim, Lederergasse 11, 93309 Kelheim *http://www.altmuehltal.de/kelheim/muse-ke.htm*
Konstanz:	Archäologisches Landesmuseum Baden-Württemberg, Benediktinerplatz 5, D-78467 Konstanz *http://www.konstanz.alm-bw.de/*
Mainz:	Mittelrheinisches Landesmuseum Mainz, Große Bleiche 49–51, 55116 Mainz *http://www.landesmuseum-mainz.rlp.de/start.htm*
	Römisch-Germanisches Zentralmuseum,

	Ernst-Ludwig-Platz 2, 55116 Mainz http://193.159.161.70/kultur/museen/kul009.htm
Manching:	Keltisch-Römisches Museum Manching, Ingolstädter Str. (Altes Rathaus), 85077 Manching *http://www.hopfenmuseum.de/Manching/info/info.htm*
Mannheim:	Museum für Archäologie, Außereuropäische Kulturen und Naturkunde in D 5, Reiss-Engelhorn-Museen, Zeughaus, 68159 Mannheim *http://www.reiss-museum.de/*
München:	Archäologische Staatssammlung, Lerchenfeldstraße 2, 80538 München *http://www.archaeologie-bayern.de/*
Regensburg:	Historisches Museum der Stadt Regensburg, Dachauplatz 2–4, 93047 Regensburg *http://www.regensburg.de/museumsportal/museen/historisches_museum.html*
Römhild:	Steinsburgmuseum Römhild, Waldhaussiedlung 8, 98631 Römhild *http://www.roemhild.info/steinsburgmuseum.html* *http://www.tlad.de/p04.htm*
Saarbrücken:	Museum für Vor- und Frühgeschichte Saarbrücken; Schloßplatz 16, 66119 Saarbrücken *http://www.vorgeschichte.de/*
Speyer:	Historisches Museum der Pfalz, Domplatz, 67324 Speyer *http://www.museum.speyer.de/*
Stuttgart:	Württembergisches Landesmuseum Stuttgart im Alten Schloss, Schillerplatz 6, 70173 Stuttgart *http://www.landesmuseum-stuttgart.de/*
Trier:	Rheinisches Landesmuseum, Weimarer Allee 1, 54290 Trier *http://www.landesmuseum-trier.de/*
Villingen-Schwenningen:	Franziskanermuseum, Rietgasse 2, 78050 Villingen-Schwenningen *http://www.villingen-schwenningen.de/servlet/PB/menu/1002490_pbf/index.htm*
Wiesbaden:	Museum Wiesbaden, Friedrich-Ebert-Allee 2, 65185 Wiesbaden *http://www.museum-wiesbaden.de/*
Würzburg:	Mainfränkisches Museum Würzburg, Festung Marienberg, 97082 Würzburg *http://www.mainfraenkisches-museum.de*

FRANKREICH

Aix-en-Provence:	Musée Granet, Place Saint-Jean de Malte, quartier Mazarin, F-13100 Aix-en-Provence *http://www.aixenprovencetourism.com/sites1.htm*
Alise-Sainte-Reine:	Musée Alesia, Rue de l'Hôpital, F-21150 Alise-Sainte-Reine *http://www.culture.fr/PublicItems/musees/2100801*
Angoulême:	Musée des Beaux-Arts, 1, rue de Friedland, F-16000 Angoulême *http://www.culture.fr/PublicItems/musees/1601501*
Argenton-sur-Creuse:	Musée archéologique d'Argentomagus, Les Mersans – BP 6, F-36200 Saint-Marcel *http://www.argentomagus.com/*
Châtillon-sur-Seine:	Musée du Châtillonnais, Rue du Bourg, F-21400 Châtillon-sur-Seine *http://www.musees-bourgogne.org/les_musees/musee_bourgogne_resultat.php?id=48&theme=archeologie*
Clermont-Ferrand:	Musée d'archéologie Bargoin, 45 rue Ballainvilliers, F-63000 Clermont-Ferrand *http://www.ville-clermont-ferrand.fr/musees/bargoin.htm*
Dijon:	Musée Archéologique de Dijon, 5, rue docteur Maret, F-21000 Dijon *http://www.ville-dijon.fr/ville/culture/archeologique/somarche.htm*
Lyon:	Musée de la Civilisation gallo-romaine, 17 rue Cléberg, F-69005 Lyon *http://www.mairie-lyon.fr/vdl/sections/fr/culture/musees/musee_civilisation_gallo_romaine/*
Marseille:	Musée d'Archéologie Méditerranéenne, Centre de la Vieille Charité, 2, rue de la Charité, F-13002 Marseille *http://www.mairie-marseille.fr/vivre/culture/musees/archeo.htm*
Orléans:	Musée Historique et Archéologique de l'Orléanais, square Abbé Desnoyers, F-45000 Orléans *http://www.ville-orleans.fr/html/fr/museehistorique.html*
Paris:	Bibliothèque Nationale de France, Cabinet des Médailles, 58, rue de Richelieu A.P., F-75002 Paris *http://www.paris.org/Musees/Medailles/info.html*
Saint-Germain-en-Laye:	Musée des Antiquités nationales, Château – Place Charles de Gaulle, F-78105 Saint-Germain-en-Laye *http://www.musee-antiquitesnationales.fr/*

Strasbourg: Musée Archéologique,
Palais Rohan, 2, place du Château, F-67000 Strasbourg
http://www.musees-strasbourg.org/F/archeologique.html

GROSSBRITANNIEN UND NORDIRLAND

Belfast: Ulster Museum, Botanic Gardens,
Belfast BT9 5AB, Northern Ireland
http://www.ulstermuseum.org.uk/

Cardiff: National Museum and Gallery of Wales,
Cathays Park, Cardiff CF10 3NP, Wales
http://www.nmgw.ac.uk/

Edinburgh: Museum of Scotland,
Chambers Street, Edinburgh EH1 1JF, Scotland
http://www.nms.ac.uk/mos/index.htm

London: The British Museum,
Great Russell Street, London WC1B 3DG,
United Kingdom
http://www.thebritishmuseum.ac.uk/

IRLAND

Dublin: National Museum of Ireland, Museum of Archaeology and History,
Kildare Street, Dublin 2, Ireland
http://www.museum.ie/archaeology/

ITALIEN

Bologna: Museo Civico Archeologico di Bologna,
Via dell'Archiginnasio 2, I-40124 Bologna
http://www.comune.bologna.it/bologna/Musei/Archeologico/

Brescia: Museo Civico dell' Età Romana e Tempio Capitolino,
Via dei Musei 57/a, I-25100 Brescia
http://arte.tiscali.it/musei/lombardia/

Como: Museo Civico Archeologico »Paolo Giovio«,
Piazza Medaglie d'Oro 1, I-22100Como
http://www.comune.como.it/comohtml/MuseoGiovio/

Mailand: Civiche Raccolte Archeologiche e Numismatiche,
Sezione Egizia e Preistorica, Castello Sforzesco,
Piazza Castello, I-20100 Milano
http://www.milanocastello.it/ita/home.html

Padua: Musei Civici agli Eremitani, Museo Archeologico,
Piazza Eremitani 8, I-35100 Padova
http://padovacultura.padovanet.it/musei/archivio/000065.html

Rom: Musei Capitolini,
Piazza del Campidoglio 1, I-00186 Roma
http://www.museicapitolini.org/it/index_msie.htm

Turin: Museo di Antichità,
Via XX Settembre 88/c, I-10100 Torino
http://www.museoantichita.it/

JUGOSLAWIEN

Belgrad: Narodni Muzej Beograd,
Trg Republike 1a, 11000 Beograd, Srbija
http://www.narodnimuzej.org.yu/index.php

KROATIEN

Zagreb: Arheološki Muzej u Zagrebu,
Trg Nikole Šubića Zrinskog 19, 10000 Zagreb, Hrvatska
http://www.amz.hr/

ÖSTERREICH

Bregenz: Vorarlberger Landesmuseum,
Kornmarkt 1, A-6900 Bregenz
http://www.vlm.at/

Eisenstadt: Landesmuseum Burgenland,
Museumsgasse 1-5, A-7000 Eisenstadt
http://www.burgenland.at/landesmuseum/index.jsp

Graz: Landesmuseum Joanneum,
Raubergasse 10, A-8010 Graz
http://www.museum-joanneum.at/

Hallein: Keltenmuseum Hallein,
Pflegerplatz 5, A-5400 Hallein
http://www.keltenmuseum.at/htdocs/

Hallstatt: Prähistorisches Museum,
Seestr. 56, A-4830 Hallstatt
http://www.museum-hallstatt.at/

Innsbruck: Tiroler Landesmuseum Ferdinandeum,
Museumstraße 15, A-6020 Innsbruck
http://www.tiroler-landesmuseum.at/

Klagenfurt: Landesmuseum Rudolfinum,
Museumgasse 2, A-9021 Klagenfurt
http://www.landesmuseum-ktn.at/

Linz: Oberösterreichisches Landesmuseum,
Museumstraße 14, A-4010 Linz
http://www.landesmuseum.at

Salzburg: Salzburger Museum Carolino Augusteum,
Museumsplatz 1, A-5020 Salzburg
http://www.smca.at/

Wien: Naturhistorisches Museum, Prähistorische Abteilung,
Burgring 7, A-1014 Wien
http://www.nhm-wien.ac.at/

RUMÄNIEN

Bukarest: Muzeul National de Istorie a României,
12 Calea Victoriei, RO-Bucuresti
http://www.mnir.ro/

SCHWEIZ

Basel: Historisches Museum Basel,
Barfüßerplatz, CH-4051 Basel
http://www.historischesmuseumbasel.ch/

Bern: Historisches Museum Bern,
Helvetiaplatz 5, CH-3005 Bern
http://www.bhm.ch/

Biel/Bienne: Museum Schwab,
Seevorstadt 50, CH-2502 Biel
http://www.biel-bienne.ch/de/pub/kultur/museen/schwab.htm

Genf: Musée d'Art et d'Histoire,
rue Charles-Galland 2, CH-1206 Genève
http://mah.ville-ge.ch/musee/mah/mah.html

Lausanne: Musée d'Archéologie et d'Histoire,
Palais de Rumine, CH-1014 Lausanne
http://www.regart.ch/lausanne/archeologie/fra/index.asp?navig=1

Hauterive: Laténium, Parc et Musée d'Archéologie de Neuchâtel, Espace Paul Vouga, CH-2068 Hauterive
http://www.latenium.ch/

Zürich: Schweizerisches Landesmuseum,
Museumstr. 2, CH-8023 Zürich
http://www.zuerich.com/sightseeing/index.php?kategorie=Sehenswertes&unterkategorie=Highlights&details=416

SLOWAKISCHE REPUBLIK

Bratislava: Slovenské Národné Múzeum, Acheologické Múzeum, Žižkova ul. 12, SK-81006 Bratislava 16
http://www.snm.sk/

SLOWENIEN

Ljubljana: Narodni Muzej,
Muzejska ul. 1, 1000 Ljubljana, Slovenska
http://www.narmuz-lj.si/index_ok.html

Novo Mesto: Dolenjski muzej Novo mesto,
Muzejska ulica 7, 8000 Novo Mesto, Slovenska
http://www.dolmuzej.com/

SPANIEN

Madrid: Museo Arqueológico Nacional,
Serrano 13, E-28001 Madrid
http://www.man.es/index.html

Saragossa: Museo Provincial de Zaragoza,
Plaza de los Sitios 6, E-50001 Zaragoza
http://www.aragoneria.com/museopza.php

Soria: Museo Numantino,
Paseo del Espolón, 8, E-42001 Soria
http://www.dipsoria.com/MUSEONUMANTINO/museonumantinointeres.htm

TSCHECHISCHE REPUBLIK

Brno: Moravské Zemské Muzeum,
Dietrichsteinsky palac, Zelny trh 8, CZ-65937 Brno
http://www.mzm.cz/engmzm/expozice/dietrichsteinsky_palac.html

Prag: Národní Muzeum,
Václavské náměstí 68, CZ-11579 Praha
http://www.nm.cz/

UNGARN

Budapest: Magyar Nemzeti Múzeum,
Múzeum körút 14–16, H-1088 Budapest (Pest)
http://www.museum.hu/search/museum.asp?ID=55

Sopron: Soproni múzeum,
H-9400 Fõtér 8, Sopron
http://www.sopron.hu/intranet/muzeum.html#muzeum2

LITERATUR

GESAMTDARSTELLUNGEN

Birkhan, Helmut: Kelten. Versuch einer Gesamtdarstellung ihrer Kultur, 2. Auflage, Wien 1997.

Birkhan, Helmut: Kelten – Celts. Bilder ihrer Kultur – Images of their culture, Wien 1999.

Dannheimer, H./ Gebhard, R. (Hrsg.): Das keltische Jahrtausend, Mainz 1993 (Ausstellungskatalog).

Demandt, A.: Die Kelten, 2. Aufl., München 1999.

Maier, Bernhard: Die Kelten. Ihre Geschichte von den Anfängen bis zur Gegenwart, München 2000.

Fries-Knoblach, Janine: Die Kelten. 3000 Jahre europäischer Kultur und Geschichte, Stuttgart 2002.

ANTIKE/ ARCHÄOLOGIE

Rieckhoff, Sabine/ Biel, Jörg: Die Kelten in Deutschland, Stuttgart 2001.

C. Iulius Caesar: Der Gallische Krieg, Lateinisch und Deutsch, hg. u. völlig neu übers. v. O. Schönberger, 3. Aufl., Darmstadt 2003.

Freyberger, B.: Südgallien im 1. Jahrhundert v. Chr. Phasen, Konsequenzen und Grenzen römischer Eroberung, Stuttgart 1999.

Goudineau, Ch.: César et la Gaule, Paris 1990.

Goudineau, Ch.: Caesar und Vercingetorix (Deutsche Fassung von R. Fellmann), Mainz 2000.

Kremer, Bernhard: Das Bild der Kelten bis in augusteische Zeit. Studien zur Instrumentalisierung eines antiken Feindbildes bei griechischen und römischen Autoren, Stuttgart 1994.

Moreau, J: Die Welt der Kelten, Stuttgart (ND) 1985.

Rankin, H. D.: Celts and the Classical World, 2. Aufl., London 1996.

Strobel, K.: Die Galater. Geschichte und Eigenart der keltischen Staatenbildung auf dem Boden des hellenistischen Kleinasien, Bd. 1, Berlin 1996.

RELIGION

Haffner, Alfred (Hrsg.): Gräber – Spiegel des Lebens. Zum Totenbrauchtum der Kelten und Römer am Beispiel des Treverer-Gräberfeldes Wederath-Beginum, Mainz 1989.

Haffner, Alfred (Hrsg.): Heiligtümer und Opferkulte der Kelten, Stuttgart 1995.

Maier, Bernhard: Lexikon der keltischen Religion und Kultur, Stuttgart 1994.

Maier, Bernhard: Die Religion der Kelten. Götter – Mythen – Weltbild, München 2001.

Schickler, Hilmar: Heilige Ordnungen. Zu keltischen Funden im Württembergischen Landesmuseum, Stuttgart 2001.

GESCHICHTE

Moscati, Sabatino u. a. (Hrsg.): The celts. Ausstellungskatalog Venedig, Milano 1991/London 1993.

SPRACHE

Umfassend

Ball, Martin J./Fife, James (Hrsg.): The Celtic Languages, London/New York 1993 (behandelt alle Sprachen; eigene Kapitel über Soziolinguistik der modernen Sprachen).
MacAulay, Donald (Hrsg.): The Celtic Languages, Cambridge 1992 (behandelt nur die sechs neuzeitlichen inselkeltischen Sprachen).
Russell, Paul: An Introduction to the Celtic Languages, London 1995.

Gallisch

Delamarre, Xavier: Dictionnaire de la langue gauloise, 2. Auflage, Paris 2003.
Lambert, Pierre-Yves: La langue gauloise, 2. Auflage, Paris 2003.

Irisch

Bammesberger, Alfred: A Handbook of Irish, Bd. 1: Essentials of Modern Irish; Bd. 2: An Outline of Modern Irish Grammar; Bd. 3: Twentieth Century Irish Prose, Heidelberg 1982–84 (sehr knapp).
Feito Caldas, Thomas/Schleicher, Clemens: Wörterbuch Irisch-Deutsch, Hamburg 1999.
Ó Shiadail, Mícheál/Wigger, Arndt: Lehrbuch der irischen Sprache. Mit Begleitkassetten, 2. Auflage, Hamburg 1992.

Schottisch

Gillies, William: Scottish Gaelic, in: The Celtic Languages, hg. von Martin J. Ball/ James Fife, London/New York 1993, 145–227.

Manx

Broderick, George: A Handbook of Late Spoken Manx, 3 Bde, Tübingen 1984–86.

Walisisch

Greller, Wolfgang u. a.: Wörterbuch deutsch-walisisch/walisisch-deutsch, Aberystwyth 1999.
Lewis, Henry: Die kymrische Sprache, Grundzüge ihrer geschichtlichen Entwicklung, Innsbruck 1989 (walisische Originalausgabe zuerst 1931, 2. Aufl. 1946).
Löffler, Marion: Englisch und Kymrisch in Wales. Geschichte der Sprachsituation und Sprachpolitik, Hamburg 1997.
Watkins, T. Arwyn: Kurze Beschreibung des Kymrischen, Innsbruck 1992.

Kornisch

Lewis, Henry: Handbuch des Mittelkornischen, Innsbruck 1990 (walisische Originalausgabe zuerst 1923).

Bretonisch

Broudic, Fañch, Histoire de la langue bretonne, Rennes 1999 (kurze populäre Darstellung, v. a. soziolinguistisch).

Delaparte, Raymond: Brezhoneg ... buan hag aes. A Beginner's Course in Breton, adapted from the French of Per Denez, Cork 1980.

Ders: Elementary Breton-English Dictionary, Cork 1979.

Ders.: Elementary English-Breton Dictionary. Rennes 1990.

Favereau, Francis: Grammaire du breton contemporain, Morlaix 1997.

Hémon, Roparz: Dictionnaire Breton-Français, Français-Breton, Brest 1985.

Lewis, Henry/Piette, Jean R.F.: Handbuch des Mittelbretonischen, Innsbruck 1990 (walisische Originalausgabe zuerst 1922).

LITERATUR

Birkhan, Helmut: Keltische Erzählungen vom Kaiser Arthur, 2 Bde, Kettwig 1989.

Corthals, Johan: Altirische Erzählkunst, Münster 1996.

Jones, Gwyn/Jones, Thomas, The Mabinogion, London 1949; rev. ed. 1989, repr. 1993.

Kinsella, Thomas: The Táin. Translated from the Irish epic Táin Bó Cúailnge, Oxford 1970.

Maier, Bernhard: Das Sagenbuch der walisischen Kelten: Die vier Zweige des Mabinogi, München 1999.

Pokorny Julius: Altkeltische Dichtungen, Bern 1944.

Stephens, Meic: The New Companion to the Literature of Wales, Cardiff 1988.

Thurneysen, Rudolf: Keltische Sagen, Berlin 1901; Nachdruck Frankfurt a.M. 1991.

Welch, Robert: The Oxford Companion to Irish Literature, Oxford 1996.

RECHT

Charles-Edwards, T.M.: The Welsh Laws, Cardiff 1989.

Jenkins, Dafydd: The Law of Hywel Dda, Llandysul 1986.

Kelly, Fergus: A Guide to Early Irish Law, Dublin 1988.

FOLKLORE

Breathnach, Breandán: Ceol Rince na hÉireann (»Die Tanzmusik Irlands«), Baile Átha Cliath (Dublin) 1963 (regelmäßig nachgedruckt).

Guilcher, Jean-Michel: La tradition populaire de danse en Basse-Bretagne, Douarnenez 1982.

O'Neill, Francis: Dance Music of Ireland, Chicago 1907; erweiterte Neuausgabe von Miles Krassen unter dem Titel O'Neill's Music of Ireland, New York 1976.

NACHLEBEN

Alter, Peter: Die irische Nationalbewegung zwischen Parlament und Revolution. Der konstitutionelle Nationalismus in Irland 1880–1918, München und Wien 1971.

Armstrong, Robert Bruce: The Irish and Highland Harps, Edinburgh 1904.

Chapman, Malcolm: The Celts: The Construction of a Myth, London 1992.

Laurent, Donatien: Aux sources du Barzaz-Breiz. La mémoire d'un peuple, Douarnenez 1989.

McDonald, Maryon: »We are not French!«. Language, Culture and Identity in Brittany, London/New York 1989.

O'Sullivan, Donal: Carolan. The Lifetimes and Music of an Irish Harper, London 1958.

Rimmer, Joan: The Irishharp, Cork/Ireland 1969.

REGISTER

Hz. = Herzog
Hzn. = Herzogin
Kg. = König

BILDNACHWEIS

Seite

13: Universität Leipzig, Institut für Klassische Archäologie
24: Centre archéologique européen du Mont Beuvray
26: Martin Kuckenburg, Tübingen
31: akg-images
34: Karl Heinz Pondral, Tübingen
35: Landesdenkmalamt Baden-Württemberg; Zeichnung J. Oellers
36: Rose Hajdu, Stuttgart
37: Württembergisches Landesmuseum, Stuttgart
38: Zeichnung: nach Gersbach
39: Martin Kuckenburg, Tübingen
40: Aus K. Spindler, die frühen Kelten (1983) 330 Abb. 82
41: Landesamt für Denkmalpflege Hessen
42: Landesamt für Denkmalpflege Hessen
44: aus: K. Bittel, W. Kimmig u. S. Schiek (Hrsg.), Die Kelten in Baden-Württemberg (1981) Abb. 71
46: aus: K. Bittel, W. Kimmig u. S. Schiek (Hrsg.), Die Kelten in Baden-Württemberg (1981) Abb. 62
47: aus: K. Bittel, W. Kimmig u. S. Schiek (Hrsg.), Die Kelten in Baden-Württemberg (1981) Abb. 72
48: Landesdenkmalamt Baden-Württemberg
49 o.: Rheinisches Landesmuseum, Bonn
49 u.: Gäubodenmuseum Straubing
50: Archiv Forschungsstelle der RGK Ingolstadt
51: Württembergisches Landesmuseum, Stuttgart
53: Luftbildarchiv Landesdenkmalamt Baden-Württemberg (O. Braasch)
54: Landesdenkmalamt Baden-Württemberg
55: Éditions Errance, Paris; Aquarell: Jean-Claude Golvin
60: Picture Desk/G. Dagli Orti
63: zit. nach: J. Haywood, Die Zeit der Kelten (2003) 52
64: Martin Kuckenburg, Tübingen
65: akg-images, Erich Lessing
71: akg-images, Andrea Jemolo
72: akg-images
87: Pierre-Yves Lambert, Paris
88: Pierre-Yves Lambert, Paris
89: Inschrift: Collection du Musée Municipal d'Alise-Sainte-Reine; Transkription: Helmut Birkhan, Wien
91: zit. nach: C. J. Cólera, Introducción al Celtiberico, Zaragoza 1998, S. 24
92 o.: Jürgen Untermann, Köln

92 u.: Jürgen Untermann, Köln
93: zit. nach: Michel Lejeune, Lepontica, Paris 1971, Tafeln III und IV
94: Pierre-Yves Lambert, Paris
96: Helmut Birkhan, Wien
97: Helmut Birkhan, Wien
99: zit.nach: M. Dillon, Teach yourself Irish, London 1961, S. 3
118: Helmut Birkhan, Wien
119: zit. nach: Peadar O'Laoghaire, An Tiomna nuadh, Tuam o. J., S. 78 f.
119: zit. nach: Uilliam O'Domhaill, An Tiomna nuadh, o. O. 1925.
175: Gisbert Hemprich, Jena
177: Gisbert Hemprich, Jena
194: zit. nach: Irisleabhar na Gaedhlige 13 (No. 153), Juni 1903, S. 325
196: zit. nach: Michael Praetorius, Syntagma Musicum, 1619.

Nicht in allen Fällen war es uns möglich, den Rechteinhaber der Abbildungen ausfindig zu machen. Berechtigte Ansprüche werden selbstverständlich im Rahmen der üblichen Vereinbarungen abgegolten.

Die Kelten in Mitteleuropa

Zum ersten Mal wird in diesem prachtvollen Bildband der Blick auf die keltische Kultur und Geschichte über die Grenzen Deutschlands hinaus auf ganz Mitteleuropa erweitert. Anhand neuester Erkenntnisse zeigt der Autor alle Facetten dieses rätselhaften Volkes im Herzen Europas: Prächtige Gräber, Fürstensitze und große Städte, Schriftgebrauch und Münzwirtschaft sowie hoch entwickelte Kunst öffnen den Blick für die kulturellen und gesellschaftlichen Eigenheiten der Kelten.
Von Martin Kuckenburg. 160 Seiten mit 170 meist farbigen Abbildungen, 15 Karten und Plänen.

Wege zu den Kelten

100 Ausflüge in die Vergangenheit

Zu Fürstengräbern, Höhensiedlungen und Viereckschanzen: ein kompakter, kurzer Überblick zur keltischen Kultur und Geschichte und Führer zu den wichtigsten keltischen Hinterlassenschaften in Deutschland, Österreich, der Schweiz, Ostfrankreich und Luxemburg. Dabei werden thematische und geografische Schwerpunkte eng miteinander verknüpft.
Mit zahlreichen Karten und wichtigen Besucherinformationen wird das Buch zum handlichen Reisebegleiter.
Von Thomas F. Klein. 208 Seiten mit 118 meist farbigen Abbildungen, Skizzen und Karten.

THEISS